Grundlagen der Rechtswissenschaft

herausgegeben von

Marietta Auer, Horst Dreier und Ulrike Müßig

40

Rechtswissenschaft zwischen Industrialisierung und Republik

Josef Kohler (1849–1919)

Herausgegeben von

Eva Inés Obergfell und
Louis Pahlow

Mohr Siebeck

Eva Inés Obergfell ist Inhaberin des Lehrstuhls für Bürgerliches Recht, Gewerblichen Rechtsschutz und Urheberrecht, Internationales Privatrecht und Rechtsvergleichung an der Humboldt-Universität zu Berlin.

Louis Pahlow ist Inhaber des Lehrstuhls für Neuere und Neueste Rechtsgeschichte, Zivilrecht und Gewerblichen Rechtsschutz an der Universität Frankfurt/Main.

ISBN 978-3-16-160987-9 / eISBN 978-3-16-161118-6
DOI 10.1628/978-3-16-161118-6

ISSN 1614-8169 / eISSN 2569-3964 (Grundlagen der Rechtswissenschaft)

Die Deutsche Nationalbibliothek verzeichnet diese Publikation in der Deutschen Nationalbibliographie; detaillierte bibliographische Daten sind über *http://dnb.dnb.de* abrufbar.

Das Buch wurde von Gulde Druck in Tübingen auf alterungsbeständiges Werkdruckpapier gedruckt und dort gebunden.

Printed in Germany.

Vorwort

Über Josef Kohler scheiden sich bis heute die Geister: Einerseits wird seine Bedeutung etwa für die Entwicklung des Schutzes immaterieller Güter weithin anerkannt, andererseits werden auch Zweifel an seinen Ideen und Methoden laut. Allein die Anzahl der von ihm überlieferten Schriften, seit 1931 in einer gedruckten Bibliographie eigens nachgewiesen, machen ihn zu einer Ausnahmeerscheinung der deutschen Rechtswissenschaft. Sein hundertster Todestag am 3. August 2019 gab den begründeten Anlass, das weit verzweigte und bislang lediglich in Teilbereichen analysierte Werk intensiver in den Blick zu nehmen. Viele Bereiche seines Œuvres liegen bis heute – von „seinem" Immaterialgüterrecht oder der Rechtsvergleichung einmal abgesehen – eher im Dunkeln. Das gilt auch – neben den vor allem von Günter Spendel 1983 zusammengetragenen biographischen Details – für seine Einordnung in das Wissenschaftssystem und den Publikationsmarkt des Kaiserreichs. Vor diesem Hintergrund widmete sich das 5. Josef Kohler-Symposion an der Humboldt-Universität zu Berlin am 21./22. November 2019 dem Generalthema „Rechtswissenschaft zwischen Industrialisierung und Republik – Josef Kohler 1849–1919", dessen Beiträge nun in gedruckter Form vorliegen.

Wir danken der „Deutschen Vereinigung für Gewerblichen Rechtsschutz und Urheberrecht" und der „Verwertungsgesellschaft Wort" für die großzügige finanzielle Unterstützung, sowie Frau Rechtsanwältin Dr. Anke Nordemann-Schiffel und Herrn Rechtsanwalt Prof. Dr. Jan Bernd Nordemann für ihr spontanes Interesse am Thema und ihre Spende. Für die Tagungsorganisation haben sich Bettina Götz M.A., Dr. Alexander Thamer und Andreas Mann sowie Olivia Klaehn und Heiko Blaut verdient gemacht. Der Verlag Mohr Siebeck hat für eine zügige Aufnahme in die Schriftenreihe „Grundlagen der Rechtswissenschaft" gesorgt, wofür wir den Verantwortlichen Marietta Auer, Horst Dreier und Ulrike Müßig ausdrücklich danken.

Berlin/Frankfurt a. M. im Juni 2021

Eva Inés Obergfell
Louis Pahlow

Grußwort der Präsidentin der Humboldt-Universität zu Berlin zur Eröffnung des 5. Josef Kohler-Symposions am 21. November 2019

Sehr geehrte Vizepräsidentin, liebe Frau Kollegin Obergfell,
sehr geehrter Herr Professor Pahlow,
sehr geehrte Referentinnen und Referenten,
meine sehr verehrten Damen und Herren,

es ist mir eine große Freude, Sie im Namen der Humboldt-Universität zum 5. Josef Kohler-Symposion unter dem Titel „Rechtswissenschaft zwischen Industrialisierung und Republik – Josef Kohler 1849–1919" hier in unserem Senatssaal begrüßen zu dürfen.

Mit dem Thema des Symposions steht heute der Namensgeber unseres Josef Kohler-Forschungsinstituts für Immaterialgüterrecht im Mittelpunkt, der von 1888 bis zu seinem Tod im August 1919 als Professor an der Juristischen Fakultät der Berliner Universität lehrte und forschte. Das an der juristischen Fakultät angesiedelte Forschungsinstitut knüpft schon durch seinen Namen an die lange Tradition des Immaterialgüterrechts an der Humboldt-Universität an, deren Grundstein Josef Kohler mit seiner Forschung vor 130 Jahren legte. Der Vorgänger des Forschungsinstituts, das Institut für gewerblichen Rechtsschutz und Urheberrecht, wurde 1963 gegründet und blickt seinerseits auf eine lange und bewegte Geschichte zurück. Im Mai 2012 wurde das Forschungsinstitut in Anlehnung an den von Josef Kohler geprägten Rechtsbegriff als „Josef Kohler-Forschungsinstitut für Immaterialgüterrecht" wiedereröffnet. Es bietet seitdem mit zahlreichen Veranstaltungen und Veröffentlichungen ein Forum für alle Themen aus dem breiten Feld des Immaterialgüterrechts.

In den vergangenen Jahren hat Frau Prof. Obergfell als Geschäftsführende Direktorin des Josef Kohler-Forschungsinstituts allein zwanzig Vortragsabende und – einschließlich des heutigen – fünf Symposien veranstaltet und dafür hochkarätige Referentinnen und Referenten aus Forschung, Richterschaft und Anwaltschaft sowie ein großes interessiertes Publikum an die Humboldt-Universität zu Berlin gelockt. Dabei behandelten die Symposien und Vortragsveranstaltungen durchweg hochaktuelle, heftig diskutierte Themen und waren damit impulsgebend für Wissenschaft und Praxis.

So findet sich beispielsweise der Tagungsband des 1. Josef Kohler-Symposions, das im Jahr 2012 als Bestandsaufnahme des damals geltenden Urhebervertragsrechts unter dem Titel „Zehn Jahre reformiertes Urhebervertragsrecht" an unserer Universität veranstaltet wurde, wenig später – als Fundort für Vorschläge aus der Rechtswissenschaft – in der Begründung des Referentenentwurfs für ein neues Urhebervertragsrecht wieder. Der Umstand, dass hier an der Humboldt-Universität entwickelte Ideen sogleich Eingang in den Gesetzgebungsprozess haben, entspricht der Idealvorstellung einer in die Gesellschaft wirkenden universitären Wissenschaft.

Aktualität war auch das Markenzeichen der weiteren Symposien. So fand das 4. Josef Kohler-Symposion im Jahr 2017 unter dem Titel „Urheberrecht in der Wissensgesellschaft – Ein neues Urheberrecht für Lehre und Forschung?" kurz vor Verabschiedung des Urheberrechts-Wissensgesellschaftsgesetzes (ein Wortungetüm!) statt und widmete sich dementsprechend der Anpassung des Urheberrechts an die aktuellen Erfordernisse der Wissensgesellschaft und insbesondere die Nutzungsbedürfnisse von Forschung und Lehre an Universitäten.

Bereits im Jahr 2014 – also fünf Jahre vor Verabschiedung der neuen europäischen Urheberrechtsrichtlinie in diesem Frühjahr – wurde beim 3. Josef Kohler-Symposion der Interessenausgleich zwischen Urheber und Nutzern im Lichte der Rechtsentwicklungen in der Europäischen Union diskutiert. Das Generalthema des Symposions lautete: „Interessenausgleich zwischen Urhebern und Nutzern: Die private Vervielfältigung im Lichte der jüngsten Rechtsentwicklung in der EU".

Mit dem wissenschaftlichen Erbe seines Namensgebers setzte sich das Forschungsinstitut im Rahmen des 2. Josef Kohler-Symposions zur „Bedeutung Josef Kohlers und der Fortentwicklung seiner Ideen im modernen Immaterialgüterrecht" auseinander. Das Symposion wurde im Oktober 2013 anlässlich des 125 Jahrestages von Kohlers Berufung an die Juristische Fakultät der Berliner Universität veranstaltet. Anlässlich des 100. Todestags Josef Kohlers in diesem Jahr soll diese Auseinandersetzung mit dem breit gefächerten Oeuvre von Josef Kohler nun fortgesetzt werden. Gemeinsam mit dem Frankfurter Rechtshistoriker Louis Pahlow lädt das Josef Kohler-Forschungsinstitut für Immaterialgüterrecht daher zum 5. Josef Kohler-Symposion. Dabei soll an das wissenschaftliche Wirken des Universalgelehrten Josef Kohler insgesamt erinnert werden, der neben dem Immaterialgüterrecht zu unzähligen anderen Rechtsgebieten forschte und dabei nationale wie internationale Anerkennung erlangte.

Ich freue mich, heute das 5. Josef Kohler-Symposion zu eröffnen, mit dem nun die unbekannteren Seiten des „größten Universaljuristen seit Leibniz" (wie er mit einiger Bewunderung genannt wird) beleuchtet werden. Kommen Sie also mit auf eine „Entdeckungsreise" zu diesen eher unbekannten Seiten Josef Kohlers, der auch außerhalb der Rechtswissenschaft Erstaunliches zu bieten hat. Weniger bekannt ist vielleicht, dass er z.B. auch kulturwissenschaftliche Schriften zur Malerei und Musik publizierte, dass er als musischer

Mensch auch selbst komponierte und dass er – wenn auch nur mit mäßigem Erfolg – literarisch tätig war. Auch wenn diese Betätigungsfelder Kohlers einen Blick wert sein könnten, bewegen sich die Referate eines juristischen Symposions natürlich im Bereich der Rechtswissenschaft.

Ich danke den Organisatoren und ihren Teams für die Ausrichtung dieser spannenden Veranstaltung an der Humboldt-Universität und wünsche Ihnen zwei anregende und ertragreiche Konferenztage!

Prof. Dr.-Ing. Dr. Sabine Kunst

Inhaltsverzeichnis

Das Recht als Instrument des Fortschritts

Eine Einführung

Eva Inés Obergfell und *Louis Pahlow*

A. Eine Liebesgeschichte aus dem Jahre 2093

In der Vossischen Zeitung skizzierte Josef Kohler am Neujahrstag 1893 seine Vision von Berlin für das Jahr 2093: Berlin sei „eine schöne Stadt von 4 Millionen Einwohnern", die „weit in den Grunewald" hineinreiche, „die Häuser von fabelhafter Höhe". Die Gebäude drehten sich automatisch nach der Sonnenseite, beheizt mit elektrischer Energie und durchzogen von einem „fächerartige[n] Panka" über den Wohnungen, der frische Luftströmungen verbreite. Mosaikverzierungen ließen Straßen wie persische Teppiche erscheinen, die Einwohner schwebten in elektrischen Familienwagen durch die Luft, angetrieben von sog. Kraftplatten. Gespräche konnten mit Phonographen überall aufgezeichnet werden, was aufwendig mit Strafandrohung in Bann gehalten werden musste, bis eine hervorragende Erfindung, der „Anti-Edison" solche Aufnahmen technisch verhindern konnte[1]. Kohlers Essay endete in einer kleinen Romanze, die dem damaligen Leser zumindest mit der Gewissheit in das neue Jahr entließ, dass verliebte Paare auch in einer hochtechnisierten Welt, oder besser: „Kultur", ein ungestörtes Dasein führen können.

Essayistische Utopien aus der Hand eines Ordinarius einer juristischen Fakultät waren um 1900 sicher nicht der Normalfall; eher hätten die Leser 1893 Stellungnahmen zur Börsenenquete oder eine Kritik der bald in Kraft tretenden Warenzeichengesetznovelle erwartet. Für Josef Kohler galt das zwar auch, aber eben noch viel mehr: Er publizierte nicht nur zu rechtlichen Themen und nicht nur für Juristen; er übersetzte Dante und Petrarca, schrieb Essays über Kunst und Literatur, verfasste diverse Reiseberichte, analysierte Shakespeares Dramen juristisch, dichtete und komponierte usw. Nahezu alles, was er schrieb, wurde auch gedruckt und am Ende zählte sein Sohn – ohne die 25 Kompositionen – 2457 Titel in einer eigens 1931 publizierten

---

[1] Vossische Zeitung v. 1.1.1893, Beiblatt; wieder abgedruckt unter dem Titel „Eine Liebesgeschichte aus dem Jahr 2100", in: Vom Lebenspfad. Gesammelte Essays, 1902, 157–161.

Bibliographie. Das alles bei einer zudem übermäßigen Lehrtätigkeit: Kohler las bekanntlich über alle erdenklichen Fächer, und das bis zu 27 Stunden in der Woche, aber mitunter auch ziemlich unvorbereitet, was er notfalls mit „Kollegscherzen oft erotischen", aber „nie anstößigen Inhalts" zu überdecken versuchte[2]. Seine Textproduktivität, sein Lehr- und Arbeitsdrang machen ihn bis heute zu einer Ausnahmeerscheinung in der Rechtswissenschaft.

Zeitgenossen wie auch heutige Beobachter kommen nicht zuletzt wegen dieser Besonderheiten zu ganz unterschiedlichen Bewertungen: Für die einen, wie Günter Spendel[3], gehörte er zu den „universalsten deutschen Rechtsgelehrten seit Leibniz". Ganz ähnlich fielen zahlreiche Würdigungen bei seinem Tod aus: Zu seinen Lebzeiten galt er als „Rechtskünstler ersten Ranges", als „legendäre Persönlichkeit"[4], seine Schaffenskraft war für Ernst Rabel „unbegreiflich"[5], für andere wie den Strafrechtler und Kohlervertrauten Karl Klee „fast übermenschlich"[6]. Nach 1945 verblasst seine Bedeutung, obgleich er in den USA durchaus präsent blieb. Der amerikanische Rechtsphilosoph und Botaniker Roscoe Pound hielt ihn 1959 für den „leading representative" des Neo-Hegelianismus, dem er einen internationalen Spitzenrang zuerkannte[7]. Hans Kelsen beschrieb ihn 1949 im „American Journal of International Law" als „internationally recognized expert in almost all branches of jurisprudence"[8]. In den rechtswissenschaftlichen Grundlagenfächern sind heutige Aussagen weniger schmeichelhaft: Bei seinen konzeptionellen Überlegungen zu einem „Kulturrecht" blieb für Dieter Schwab stets ein „Verdacht der Beliebigkeit" zurück[9]. Seine literarischen oder poetischen Werke galten für Rainer-Maria Kiesow als „grottenschlecht" und „zu Recht vergessen"[10]. Auch die praktische Rechtsvergleichung hat er bisher nicht vollständig erreicht. Ingeborg Schwenzer sprach jüngst von seiner „careless accumulation of heterogenous sources, the imprudent use of different methods, and the combination of observations and purely speculative thoughts"[11].

---

[2] *Kantorowicz*, Erinnerungen an Josef Kohler, in: Bensheimers Studienführer für Rechts- und Staatswissenschaften mit Bücherverzeichnis, Heft 1, 1925, 7–10, 7.

[3] *Spendel*, Josef Kohler. Bild eines Universaljuristen, 1983, 2; viele der danach erschienenen, vor allem biographisch orientierten Arbeiten bauen darauf auf, u.a. *Gross*, Josef Kohler. Lebenspfade eines badischen Universaljuristen, 2009, insb. 7 u. 37.

[4] *Krückmann*, Zeitschrift für deutschen Zivilprozess 1920, 309–318, 310 u. 311.

[5] *Rabel*, Rheinische Zeitschrift für Zivil- und Prozessrecht 1919/20, 123–133, 124.

[6] *Klee*, Goltdammer's Archiv (GA) für Strafrecht und Strafprozeß 67 (1919), 342.

[7] *Pound*, Jurisprudence, Bd. 1, 1959, 158–170, 159, 160: „He was remarkable for the breadth of his experience, the breadth and depth of his scholarship, and the variety of his interests"; *ders.*, Interpretations of Legal History, 1923, 141–165.

[8] Hundredth Birthday of Josef Kohler, Vol. 43, 1949, 346–347, 346.

[9] *Schwab*, Zeitschrift für Neuere Rechtsgeschichte (ZNR) 2014, 45–64, 58.

[10] *Kiesow*, Josef Kohlers Poesie, in: ders. et al. (Hrsg.), Summa. Dieter Simon zum 70. Geburtstag, 2005, 297–318, 311/317.

[11] *Schwenzer*, Development of Comparative Law in Germany, Switzerland, and Aus-

Dieser Befund deckt sich mit einer bemerkenswerten Diskrepanz in seiner Wirkungsgeschichte: Außerhalb des Immaterialgüter- und Wettbewerbsrechts oder der Rechtsvergleichung, zu welcher er auch seine Rechtsanthropologie zählte, ziehen ihn heute nur wenige als Referenzgröße heran. Vergleichsweise selten tauchte er nach 1945 etwa im Bürgerlichen Recht, im Handelsrecht, im Prozess- und Konkursrecht oder im Strafrecht auf. Auch in biographischen Sammlungen großer deutscher Juristen ist ihm kein herausragender Platz sicher: Die letzte Auflage des Kleinheyer/Schröder widmete ihm – von den bibliographischen Angaben abgesehen – gerade einmal zwölf Zeilen im Anhang[12]. Lieferte der „Mommsen in Moll" (Paul Krückmann) also nur viel Text, aber letztlich wenig Substanz?

Bis heute fehlt eine umfassende wissenschaftliche Biographie, was angesichts der Quantität seiner Veröffentlichungen und der Bandbreite der Themen zwar nicht überrascht, aber angesichts des zum Teil skurrilen Œuvres auch erstaunlich ist[13]. Besonderes Interesse wurde seinem Beitrag zum Immaterialgüterrecht, zum Wettbewerbsrecht und zum Persönlichkeitsschutz zuteil[14]; zu seinem politischen und völkerrechtlichen Denken hat Kirsten Nies 2009 eine umfassende Studie vorgelegt[15]. Vergleichsweise wenig erforscht sind dagegen die vielen anderen Bereiche, zu denen er publiziert hat. Mit Ernst Rabel kann im Grunde noch heute gelten, dass es „meist nur ein kleiner Ausschnitt aus seinem Lebenswerk" ist, „den der einzelne unter uns kennen gelernt hat"[16].

Diesen Befund kann auch der vorliegende Band nicht vollständig revidieren, wohl aber Annäherungen an Bereiche seines Schaffens liefern, die bislang kaum eingehend untersucht worden sind. Das gilt insbesondere für das

---

tria, in: Reimann/Zimmermann (Hrsg.), Oxford Handbook of Comparative Law, 2006, 54–86, 69, 74.

[12] *Kleinheyer/Schröder*, Deutsche und Europäische Juristen aus neun Jahrhunderten. Eine biographische Einführung in die Geschichte der Rechtswissenschaft, 6. Aufl., 2017, 529.

[13] Die nicht wenigen biographischen Skizzen beruhen meist auf *Spendel* (Fn. 3); weitere Nachw. bei *Pahlow*, Josef Kohler (1849–1919), in: Simon Apel et al. (Hrsg.), Biographisches Handbuch des Geistigen Eigentums, 2017, 165–173, 173.

[14] *Obergfell*, ZEuP 2019, 499–517; siehe vor allem die von Obergfell herausgegebenen Beiträge zum 2. Josef Kohler-Symposion 2013 zum Thema „Die Bedeutung Josef Kohlers und die Fortentwicklung seiner Ideen im modernen Immaterialgüterrecht" in der Zeitschrift für Geistiges Eigentum (ZGE): *Obergfell*, ZGE 2014, 397–406; *Gross*, ebd., 407–428; *Pahlow*, ebd., 429–442; *Klippel*, ebd., 443–469; *Haberstumpf*, ebd., 470–496; *Gross*, Josef Kohler. Wege zu einem deutschen Wettbewerbsrecht, in: Festschrift für Eike Ullmann, 2006, 615–642.

[15] *Nies*, „Die Geschichte ist weiter als wir". Zur Entwicklung des politischen und völkerrechtlichen Denkens Josef Kohlers in der Wilhelminischen Ära, 2009.

[16] *Rabel* (Fn. 5), 123.

Bürgerliche Recht (*Hans-Peter Haferkamp*), das Prozess- und Verfahrensrecht (*Peter Collin*), das Völkerrecht (*Margrit Seckelmann*), die Rechtsphilosophie (*Diethelm Klippel*) oder seine Rechtsethnologie (*Gabriele Metzler*). Auch hundert Jahre nach seinem Tod bleibt die Auseinandersetzung mit ihm damit ausschnitthaft. Seine strafrechtlichen Arbeiten, die schon zu Lebzeiten kontroverse Diskussionen[17] ausgelöst haben, konnten hier nicht berücksichtigt werden. Doch ermöglichen die hier zusammengetragenen Beiträge eine Schärfung unseres bisherigen Kohlerbildes.

Bis heute schwingt in der Auseinandersetzung mit ihm angesichts der Masse und Vielfalt seiner Themen schnell Skepsis mit, scheinen seine Ideen (außerhalb des Immaterialgüter- und Wettbewerbsrechts) im Vergleich zu anderen Zeitgenossen wie Jhering, Radbruch oder Gierke auch wegen der erwähnten Diskrepanz eher bescheiden. Doch wäre es methodisch fragwürdig, Kohler allein in Bezug auf die Ideen und Methoden anderer Zeitgenossen zu vermessen und vor diesem Hintergrund zu be- oder gar abzuwerten. Solche Vergleiche führen nur bedingt weiter, vor allem dann, wenn man seinen biographischen Werdegang unter den Erfahrungen seiner Epoche, die ihn mehr als andere geprägt haben, außeracht lässt. Im Folgenden geht es daher auch um den Versuch einer Historisierung seines Werdegangs, also einer Kontextualisierung seiner vielfältigen Interessen und Ideen anhand seiner Erfahrungen und Lebenswelten.

B. Im Fortschritt ist das Leben

Kohler wächst in der nachrevolutionären Ära im Deutschland des 19. Jahrhunderts auf und erlebte die nationalen Einigungsbestrebungen wie auch die Gründung des Kaiserreichs als Heranwachsender. Daneben und für das vorliegende Thema weitaus gravierender war die in der Mitte des Jahrhunderts einsetzende wirtschaftliche Dynamik, die sich zum einen an der Produktivität, zum anderen am pro Kopf Einkommen heute gut ablesen lässt[18]. Im Durchschnitt nahm die reale Industrieproduktion im Zeitraum zwischen 1850 und 1913 stetig um mehrere Prozent zu, wobei das Wachstum vor allem während der 1880er Jahre besonders hoch war. Blickt man auf einzelne industrielle Sektoren, dann stach die noch relativ unbedeutende Versorgungswirtschaft – Gas, Wasser, Elektrizität – mit einer durchschnittlichen Wachstumsrate von 9,2 Prozent am stärksten hervor, gefolgt von der Papierindustrie, der chemischen Industrie sowie dem Bereich der Metallerzeugung und

[17] Nachw. bei *Spendel* (Fn. 3), 6–9.

[18] Dazu und zum folgenden *Burhop*, Wirtschaftsgeschichte des Kaiserreichs 1871–1918, 2011, 31–48; *ders.*/*Wolff*, Journal of Economic History, 2005, 613–657.

Metallverarbeitung. Vergleichsweise langsam entwickelten sich dagegen die konsumnahen Bereiche, die Textil-, die Bekleidungs- und Nahrungsmittelindustrie. In diesem Umfeld konnte sich das Einkommen der Bevölkerung pro Kopf signifikant steigern, im Durchschnitt hatte es sich zwischen 1871 und 1913 nahezu verdoppelt. Bei allen regionalen und sektorspezifischen Unterschieden und Besonderheiten ist das Kaiserreich damit unter dem Strich von beständigen Wachstumskräften begleitet worden, die vielen seiner Bewohner einen bis dahin unbekannten Wohlstand, freilich auch soziale Ungleichheit bescherten.

Wirtschaftlich gesehen lässt das Deutsche Reich als „second mover" in Kohlers Lebenszeit den „first mover" Großbritannien auf zahlreichen Gebieten hinter sich und steigt zu Beginn des 20. Jahrhunderts zu einer erfolgreichen Exportnation hinter den USA auf[19]. Dieser Erfolg lässt sich vor allem in den innovativen Industriezweigen wie dem Maschinenbau, der Elektroindustrie, der feinmechanisch-optischen Industrie oder der Chemieindustrie beobachten, die nach 1860 zu den jungen und innovativen Wachstumsbranchen zählten. Die Gründe dafür liegen nicht allein in naturwissenschaftlichen Errungenschaften. In der wirtschaftshistorischen Forschung werden inzwischen weitere Faktoren wie die rechtlichen Rahmenbedingungen sowie die Ausbildung von institutionellen und personellen Netzwerken für den nachhaltigen Erfolg verantwortlich gemacht. Der Gesetzgeber hatte die wirtschaftlichen Dynamiken nach 1860 mit zahlreichen, vor allem vereinheitlichenden Regelungen flankiert und damit die Erwartungssicherheit der Marktakteure deutlich verbessert und dadurch – in der Sprache heutiger Ökonomen – Transaktionskosten gesenkt. Das Allgemeine Deutsche Handelsgesetzbuch schuf 1861 einheitliche Bestimmungen des Vertrags- und Handelsrechts, die Bundes- bzw. Reichsgewerbeordnung harmonisierte seit 1869 die administrativen Voraussetzungen der Gewerbefreiheit, und die Aktiennovelle von 1870 befreite die Kapitalakkumulation großer Unternehmen weitgehend von staatlicher Einflussnahme. Das Deutsche Kaiserreich setzte diesen Trend nach 1871 u.a. durch die Kodifikation wichtiger Teilbereiche fort. Die Einführung eines einheitlichen Patentrechts und die Gründung eines kaiserlichen Patentamtes durch das Reichspatentgesetz von 1877, um nur ein Beispiel zu nennen, sicherte den Unternehmen eine mindestens fünfzehnjährige Monopolstellung zur Verwertung ihrer technischen Innovationen. Von daher ist es kein Zufall, dass die Erfolgsgeschichte junger Chemieunternehmen wie etwa der BASF in Ludwigshafen oder der Farbenfabriken Bayer in Elberfeld (später Leverkusen) in dieser Zeit ihren Anfang nahm[20].

---

[19] Dieser Prozess ist in der Wirtschafts- und Unternehmensgeschichte inzwischen gut erforscht, vgl. dazu *Kleinschmidt*, Technik und Wirtschaft im 19. und 20. Jahrhundert, 2007, 16–31 m. zahlr. Nachw.

[20] *Von Hippel*, Auf dem Weg zum Weltunternehmen (1865–1900), in: Abelshauser

Für Außenstehende spielten sich diese Prozesse eher im Verborgenen ab, nicht aber für Josef Kohler: Er hatte zunächst in Freiburg, dann in Heidelberg Rechtswissenschaft studiert, und ging nach ausgezeichneten Staatsexamina 1873 als Assessor zu Josef Geißmar nach Mannheim, einem versierten und angesehenen Rechtsanwalt in einer aufstrebenden Industrieregion, der 1879 zu den ersten vier vertretungsberechtigten Anwälten am neu errichteten OLG Karlsruhe gehörte[21]. Kohlers Interessen als Assessor wurden dort auf patent- und unternehmensrechtliche Fragen gelenkt und dieses Aufgabenfeld war für Juristen noch vergleichsweise untypisch. Ihm kam der allgemeine Trend zur engen Kooperationsbereitschaft zwischen Wissenschaft und Industrie entgegen, der den Aufstieg vieler innovativer Unternehmen begünstigte. Sichtbar wurde das im Aufbau von Rechts- und Patentabteilungen, was aber auch in heiklen juristischen Fragen externe Expertise, etwa durch Josef Kohler, nicht ausschließen musste. In der von Johann Peter Murmann beschriebenen „Koevolution von Unternehmen, Technologie und nationalen Institutionen“[22] kam die Expertise des jungen, umtriebigen Assessors offenbar gerade recht. In seiner Mannheimer Zeit war Kohler persönlich unmittelbar in aktuelle Rechtsfragen aufstrebender Industrieunternehmen wie der BASF eingebunden. Davon zeugen nicht nur die von ihm später veröffentlichten Gutachten. Die hier gewonnenen Eindrücke haben in einigen seiner poetischen und literarischen Schriften deutliche Spuren hinterlassen. Bei all ihrem Dilettantismus legen sie doch die Vermutung nahe, dass die in Mannheim gemachten Erfahrungen auf seine Persönlichkeit nachhaltigen Einfluss hatten[23].

Bald darauf wechselte er als Amtsrichter an das Mannheimer Kreisgericht, später erfolgte dann die Ernennung zum Kreisgerichtsrat. Seine juristische Karriere begann also, und das ist kaum zu unterschätzen, als Rechtspraktiker in einer aufstrebenden Handels- und Industrieregion; hier verdient er sich seine ersten Meriten, die eine Grundlage seiner universitären Karriere bilden sollten. Die Auseinandersetzung mit dem vereinheitlichten Prozessrecht wird Kohler auf seinem ersten Lehrstuhl 1878 in Würzburg zur Auf-

---

(Hrsg.), Die BASF. Eine Unternehmensgeschichte, 2003, 19–116; *Verg/Plumpe/Schultheis*, Meilensteine, 1988.

[21] *Scherner*, Advokaten, Revolutionäre, Anwälte. Die Geschichte der Mannheimer Anwaltschaft, 1997, 256.

[22] *Murmann*, Knowledge and Competitive Advantage. The Coevolution of Firms, Technology, and National Institutions, 2003; *Kleinschmidt* (Fn. 19), 26; *Engel*, Zeitschrift für Unternehmensgeschichte 2005, 83–104; *Marsch*, Zwischen Wissenschaft und Wirtschaft. Industrieforschung in Deutschland und Großbritannien 1880–1936, 2000.

[23] Z.B. „An Mannheim“, in: Aus Kultur und Leben. Gesammelte Essays, Berlin 1904, 230: „Was mir von Mannheim blieb? – mein ganzes Wesen; Was mir von Mannheim blieb? – mein eigen Ich“.

gabe gemacht, wo er durch die Rufablehnung des Heidelberger Otto Karlowa zum Zuge kam. Diese Berufung erfolgte bekanntlich ganz ohne Habilitation, was seinem allseits diagnostizierten Selbstbewusstsein sicher nicht geschadet hat. Vor allem seine primär zivilprozessrechtliche Denomination konfrontierte ihn frühzeitig mit den 1879 in Kraft getretenen Reichsjustizgesetzen. Für Kohler aber noch wichtiger waren die frühen Kodifikationen in den praktisch bedeutsamen Gebieten des Handels- und den von ihm gerne so titulierten „Industrierechts", also das Urhebergesetz von 1870, das Markenschutzgesetz von 1874, das Patentgesetz von 1877 oder das Gesetz gegen den unlauteren Wettbewerb (UWG) von 1896.

Aufbruch und Fortschritt dominierten die Zeit zwischen 1870 und 1914 – und sie dominierten auch Kohler. Es ist die Zeit einer spürbaren Transformation, die sich nicht nur anhand der genannten Wachstumskräfte im Zuge der Industrialisierung, sondern auch einer Zunahme des globalen Handels und eines fulminanten technischen Fortschritts ablesen lässt. Mindestens ebenso beeindruckt haben dürfte ihn die im Auf- und Umbau befindliche Metropole Berlin, in der er 1888 nach seiner ersten Lehrtätigkeit im eher beschaulichen Würzburg berufen wurde; die oben skizzierten wirtschaftlichen Dynamiken waren dort mit allen Licht- und Schattenseiten auf engstem Raum sichtbar. An keinem anderen Ort im Kaiserreich konnte der urbane Wandel eindrucksvoller beobachtet werden als in Berlin. Bis 1900 verdoppelte sich hier die Einwohnerzahl alle dreißig Jahre[24]. Gab es 1873 zwölf Kilometer Pferdebahnstrecke, waren es 1894 bereits 273 (mehr als das zwanzigfache); bereits 1877 war die elektrifizierte Ringbahn vollendet, 1882 führte eine Bahnlinie quer durch die Stadt und buchstäblich durch Wohnhäuser hindurch. Als Kohler nach Berlin kam, konnte er damit die Vorzüge einer in weiten Teilen elektrifizierten, zunehmend mobilen und boomenden Stadt erleben, die ihren selbsterklärten Wandel zur Weltstadt gerade vollzog. Stärker als früher wurden in Berlin nun reihenweise Stadtteile erschaffen oder bestehende an die neuen Verhältnisse angepasst. Neue Boulevards und Plätze, Prachtstraßen mit großräumigen Wohnungen und Villenviertel entstanden neben Mietskasernen und „Arbeitervierteln". Zwischen 1889 und 1904 wurden allein 74 Kirchen im Großraum Berlin neu gebaut, Unternehmen wie Siemens, AEG oder Borsig bauten ganze Fabrikstädte an der Spree, daneben ein breites und buntes Panorama an Kleingewerbe, Verlags-, Künstler- und Zeitungsvierteln, Kultureinrichtungen, Warenhäusern, U-Bahnen und erste Automobile – Aufbruch und Fortschritt überall. Kohler bezog mit seiner Familie eine der „Protzburgen" am Kurfürstendamm 216 (das Haus steht heute noch), eine freilich gehobene Adresse, an die es damals vor allem wohlhabende Bankiers, Kaufleute, Künstler, Ärzte und Anwälte zog. 1913 wohn-

---

[24] *Bisky*, Berlin. Biographie einer großen Stadt, 3. Aufl., 2019, 267–331.

ten direkt am Kurfürstendamm 120 Millionäre und noch einmal so viele in den benachbarten Straßen[25].

Bei Kohler kommen damit zwei Erfahrungsebenen zusammen, die für das Verständnis seines Schaffens, auch der unübertroffenen Produktivität, von Bedeutung sind. Auf der einen Seite die Begegnung mit innovativen und erfolgreichen Unternehmen des pulsierenden Handels- und Industriezentrums Mannheim, in dessen Umfeld sich vor allem Fragen des „Erfinderrechts“ oder des „Aktienrechts“ stellten. Auf der anderen Seite die Metropole Berlin, mit allen technischen, wirtschaftlichen und kulturellen Vorzügen und Annehmlichkeiten, natürlich auch gravierenden sozialen Gegensätzen. Beide Bereiche waren ein Brennglas der im Deutschen Kaiserreich, aber auch in anderen Teilen der Welt stattfindenden Transformationsprozesse. Aus beiden Erfahrungen resultierte bei Josef Kohler ein beinahe naiver Fortschrittsglaube, aber auch das Bewusstsein, dass die rechtlichen Grundlagen mit diesem Fortschritt in einem koevolutionären Verhältnis stehen. Entwicklung, Fortschritt, Transformation sind wichtige Konstanten, die nicht nur sein Rechtsverständnis prägen sollten, sondern die er auch literarisch und poetisch verarbeitete. Der eingangs zitierte Essay ist da nur ein Beispiel.

C. Die Rechtswissenschaft soll praktisch sein

Der greifbare Wandel hat nur wenige Rechtswissenschaftler derart umgetrieben wie Kohler. Das noch Unbekannte, sich Wandelnde und Herausfordernde, zieht sich wie ein roter Faden durch sein Œuvre. Seit Ende der 1870er Jahre hat er es geschickt verstanden, die sich aus den Dynamiken ergebenden Herausforderungen nicht nur zu erkennen, sondern auch frühzeitig zu besetzen. Noch als Kreisrichter in Mannheim publizierte er 1878 (nur ein Jahr nach dem Reichspatentgesetz von 1877) sein „Deutsches Patentrecht“, ein Werk von 729 Seiten, den 124-seitigen Anhang nicht mitgerechnet. Geschickt organisierte er dafür erfolgreich Rezensionsplatzierungen, und thematisierte viele der dort behandelten Fragen noch einmal separat in Einzelaufsätzen (*Eva Inés Obergfell*). Zügig folgten Werke zum Marken- und Urheberrecht wie auch zum Wettbewerbsrecht, das damals noch weitgehend mit dem UWG identisch war[26].

[25] *Dunker/Metzger*, Der Kurfürstendamm. Leben und Mythos des Boulevards in 100 Jahren deutscher Geschichte, 2. Aufl., 1986, 34.

[26] Das Recht des Markenschutzes mit Berücksichtigung ausländischer Gesetzgebungen und mit besonderer Rücksicht auf die englische, anglo-amerikanische, französische, belgische und italienische Jurisprudenz, Würzburg 1884; 2. Aufl. unter dem Titel: Warenzeichenrecht, Mannheim/Leipzig 1910; Der unlautere Wettbewerb. Darstellung des Wettbewerbsrechts, Berlin/Leipzig 1914.

Wo immer sich neue Fragen stellten, vor allem im Bereich des technischen, oder in seinen Worten: „kulturellen“ Fortschritts – Kohler wusste etwas dazu zu sagen. Wenn man die Bibliographie seines Sohnes zu Rate zieht, dann spielt das Immaterialgüter-, Wettbewerbs- und Persönlichkeitsrecht zwar eine bedeutende, aber keineswegs die alleinige Rolle. Ebenso vertreten sind andere, nicht weniger aufstrebende Bereiche einer sich wandelnden Rechtsgesellschaft. Neben dem Handelsrecht gehörte dazu das „Privatversicherungsrecht“, das „Verkehrsrecht“ (darunter das „Kraftfahrzeugrecht“ oder „Luftfahrtrecht“), neue Organisationsformen wie Kartelle, Konzerne oder Tarifverträge durften da natürlich nicht fehlen. Zwar sind einige der neuen Herausforderungen auch durch den Gesetzgeber aufgegriffen und geregelt worden; aber auch wenn diese Regelungen fehlten (oder in seinen Augen unzureichend waren), ließ Kohlers Antwort nicht lange auf sich warten[27]. Manche haben Kohler eine besondere „Rastlosigkeit“ und einen eher „enzyklopädischen Zugang“ bescheinigt, der „fast manisch hinter jedem aktuellen Lebenssachverhalt“ her gewesen sei, dem er „als Erster ein rechtsdogmatisches Korsett verpassen konnte“[28]. Dem wird man sicher uneingeschränkt zustimmen können, doch lässt sich ein gewisses Gespür künftiger juristischer Problemstellungen nicht leugnen. Ernst Rabel resümierte 1919 anerkennend: „Das Verhältnis des Kapitalismus zur Wirtschaft und die soziale Gestaltung des Privatrechts – die Probleme unserer nächsten Zukunft – waren ihm längst vertraute Fragestellungen“[29].

Viele seiner Arbeiten waren auch deshalb rechtspolitisch motiviert, und hier hatte er keine Berührungsängste mit kontroversen Themen: So trat er bekanntlich für die Straffreiheit der Homosexualität oder für die Rechte von Frauen ein[30]. Tradierte Strömungen und Ideen aus der ersten Hälfte des 19. Jahrhunderts, die sich an feststehenden oder vermeintlich feststehenden Rechtskonzeptionen orientierten, und die seiner Meinung nach auf die sichtbaren Umwälzungen und Dynamiken keine oder keine befriedigenden Antworten zu geben vermochten, erteilte er in der Regel eine schroffe Absage. Darunter fiel etwa das Naturrecht, der Gesetzespositivismus oder, da seiner

---

[27] Wie etwa in seinem 1909 erschienen „Musterrecht“, in dem er offen dem Gesetzgeber vorgreifen müsse, denn es sei nicht unsere Aufgabe „das Rechtsleben zu verkümmern, sondern es zu erweitern“, Musterrecht. Geschmacks- und Gebrauchsmusterrecht, Stuttgart 1909, VI.

[28] *Rath*, „Hitler mit ie“. Juristen im Sommer 1913, LTO vom 18.8.2013, siehe unter: https://www.lto.de/recht/feuilleton/f/rechtsgeschichte-sommer-1913-juergen-kohler-adolf-hitler-kaiser-wilhelm-kurtaxe/2/ (31.3.2021) und der Beitrag von *Seckelmann* in diesem Band.

[29] *Rabel* (Fn. 5), 129.

[30] Dante und die Homosexualität, Goltdammer's Archiv (GA) für Strafrecht und Strafprozeß 48 (1901), 63–67, 67; zu den Rechten der Frau: Recht und Persönlichkeit in der Kultur der Gegenwart, Stuttgart und Berlin 1914, 108.

Auffassung nach verstaubt und rückwärtsgewandt, die Historische Rechtsschule. Die Rechtsphilosophie war auch deshalb für ihn ein wichtiges Arbeitsfeld, um rechtspolitische Überlegungen methodisch abzusichern, auch um den Preis von Inkonsistenzen und Widersprüchen (*Diethelm Klippel*).

Albert Osterrieth, der langjährige Präsident der Gesellschaft zum Schutz des Gewerblichen Eigentums in Berlin, urteilte 1920 über ihn: „Kohlers Werk ist der Kampf freier, menschlicher Auffassung gegen die überkommene formelhaft gewordene Lehre, gegen die erstarrte Wissenschaft und die vertrocknete Übung des Rechts“[31]. Diese Beschreibung ist freilich überhöht und den Gepflogenheiten eines Nachrufs geschuldet, doch sie enthält einen wahren Kern: Kohler, der ohne familiäre Beziehungen, ohne akademisches Umfeld oder akademischen Lehrer und ohne formale Habilitation seinen Weg in die Rechtswissenschaft nahm, tat das vor allem aus seinen eigenen praktischen Erfahrungen und realen Begegnungen heraus. Viele seiner Schriften sind daher Ausdruck einer von ihm selbst erfahrenen Gegenwart, die er zügig für Juristen handhabbar machen wollte. In diesem Praxisbezug lag zugleich eine ihn kennzeichnende Konzeption der Rechtswissenschaft: „Die Rechtswissenschaft soll praktisch sein, weil das praktische Recht das richtige Recht ist, weil ein Recht, das zu ungesunden praktischen Resultaten führt, sich damit von selbst als ein falsches Recht, als ein Hirngespinst erweist“[32]. Unter diesem Leitmotto setzte er sich mit den Lebenswelten auseinander und erschloss neue Bereiche mit den Methoden des Rechts, oder erweiterte bestehende Gestaltungsräume. Erst seine Konzeption des Immaterialgüterrechts machte u.a. Erfinder-, Marken- und Autorenrechte zu einem festen Bestandteil des Privatrechts, und ließ die öffentlich-rechtliche Verankerung früherer Jahre hinter sich[33]. Das zog die Aufmerksamkeit der etablierten Fachvertreter wie Jhering oder Windscheid auf sich, deren Fürsprache er bekanntlich seine akademische Karriere mitverdankte.

Die Rechtsanschauung folgte für ihn aus der „Kultur der Gegenwart“, und „Kultur“ ergab sich für ihn ganz allgemein aus den Tatsachen des Lebens, die sich in einem ständigen Fortschritt zu befinden schienen. Recht und Kultur standen damit in einem Verhältnis der Koevolution. Im Unterschied zu Hegel, dem er sich als selbst erklärter Neuhegelianer verpflichtet fühlte, diagnostizierte Kohler aber den Kulturfortschritt nicht nur, er blieb für ihn auch nicht zufällig oder unbestimmt. In seinen Augen war ein ideales Recht, ein „Weltrecht“, vielmehr der zwangsläufige Endpunkt der Entwicklung[34].

---

[31] *Osterrieth*, Josef Kohler. Ein Lebensbild, 1920, 23.

[32] Rechtsgeschichte und Culturgeschichte, Zeitschrift für das Privat- und öffentliche Recht der Gegenwart 1885, 588.

[33] *Pahlow* (Fn. 14), 429–442, 431.

[34] *Gast*, Zeitschrift für Vergleichende Rechtswissenschaft 85 (1986), 1–10; *Dölemeyer*, „Das Urheberrecht ist ein Weltrecht“ – Rechtsvergleichung und Immaterialgüterrecht bei

Sein offener Kulturbegriff, der Völker, Epochen, Religion, ja generell die Menschheit umfasste, lag durchaus im Trend der Zeit[35]. Er nahm nahezu jedes Rechtsgebilde als „Kulturerscheinung" wahr, in seiner „Relativität", als einen Ausschnitt aus dem Leben einschließlich seiner vielfältigen und mitunter verschlungenen Ausformungen. Folgerichtig war das Recht für ihn keine absolut gesetzte Größe, sondern stand in permanenter Wechselwirkung mit seiner Umwelt: „Das Recht ist daher wesentlich bedingt durch die Zwecke des Daseins, welchen eine bestimmte Kulturperiode zustrebt: jedes Kulturleben hat sein besonderes Recht, und jedes Recht wieder sein besonderes Kulturleben – ganz ebenso wie jede Kulturwelt ihre Kunst und Oekonomik hat"[36]. Das mag auf den ersten Blick beliebig, ja willkürlich klingen, auch weil gewohnte Leitprinzipien fehlen (*Hans-Peter Haferkamp*). Aber genau darin bestand seine entscheidende Prämisse: Das Recht unterlag für Kohler keinem statischen oder einem aus sich selbst heraus erklärbaren System, sondern war eingebunden in seine Umwelt und nur durch diese vollständig erfassbar. Das war nicht einseitig zu verstehen: Das Recht konnte von realen Veränderungen überholt, umgekehrt aber auch reale Entwicklungen überhaupt erst anstoßen, einhegen bzw. transformieren. Das Recht selbst wurde damit zum Instrument des Fortschritts, zu einem Medium, das den dynamischen Wandel nicht nur steuert, sondern durch diesen auch mitgestaltet wird und das diese Prozesse auch abbildet. Nun ist diese evolutionäre Konzeption des Rechts auch für das 19. Jahrhundert nicht neu, aber in seiner Zukunftsorientierung und in seinem universellen Anspruch, auch in dem bis 1914 unerschütterlichen Optimismus einzigartig.

D. Gesetzesauslegung und „Richtkönigtum"

Auf die Probe gestellt wurde dieser Rechtsbegriff in der Gesetzesanwendung, also auf einer Ebene, in der das Recht bewusst fixiert werden soll und als „gesetzt" erscheint. In der Gesetzesauslegung emanzipierte sich Kohler frühzeitig von bisherigen Auffassungen und bekannte sich – fast zeitgleich mit anderen – zu einer „objektiven" Auslegungslehre[37]. Trotz einzelner Vorläufer

Josef Kohler, in: Wadle (Hrsg.), Historische Studien zum Urheberrecht in Europa. Entwicklungslinien und Grundfragen, 1993, 139–150.

[35] *Schwab* (Fn. 9), 48–51, 49.

[36] Das Recht als Kulturerscheinung. Einleitung in die vergleichende Rechtswissenschaft, Würzburg 1885, 5.

[37] *Schröder*, Recht als Wissenschaft. Geschichte der juristischen Methodenlehre in der Neuzeit (1500 bis 1990), Bd. 1 (1500–1933), 3. Aufl., 2020, 335–339; *ders.*, Rechtsbegriff und Auslegungsgrundsätze im frühen 20. Jahrhundert: Anmerkungen zum Streit zwischen „objektiver" und „subjektiver" Interpretationstheorie, in: Wackerbarth et al. (Hrsg.),

in der Mitte des 19. Jahrhunderts lässt sich eine zusammenhängende, in sich kohärente Struktur dieser Lehre erst in den 1880er Jahren nachweisen[38]. Kohler hatte daran wesentlichen Anteil: Gesetzesauslegung wurde zu einer Erkenntnis des Inhalts, der Tragweite und der Autorität eines konkreten Teilstücks des Rechtswillens, nicht des Gedankens oder Willens des Gesetzgebers, gar politischer oder ministerieller Referenten. Der Rechtsanwender soll ermitteln, so Kohler, „was das Gesetz will", nicht „was der Verfasser des Gesetzes will"[39]. Das war auch deutlich gegen sein früheres Vorbild Bernhard Windscheid formuliert, der darauf aber eher gelassen reagierte[40]. Die unübersehbare Absicht war es, dem Rechtsanwender mehr Freiheit zu geben, um ein für den Einzelfall vernünftiges, nicht nur ein historisch korrektes Auslegungsergebnis zu erzielen. Es gehe bei der Auslegung darum, „dass die gesetzliche Idee in der praktischen Ausprägung, welche der Gesetzesartikel zu bieten hat, keine völlig reine, volle und ungetrübte Darstellung gefunden hat"[41]. Nicht zufällig vergleicht Kohler den Juristen mit einem Naturforscher, der das Gesetz untersucht und neue Erkenntnisse zutage fördere[42].

Neben dem Wortlaut des Gesetzes werden System und Zweck zu den wichtigsten Hilfsmitteln seiner Gesetzesinterpretation. Für Kohler ist 1886 die systematische Arbeit „die letzte und höchste Aufgabe des Interpreten", während die Zweckermittlung nur als deren Hilfsmittel und „niedere" Interpretation erscheint[43]. Dabei ist der „Zweck" nicht mehr, wie in der „logischen" Interpretation des 19. Jahrhunderts, ein subjektives Motiv des historischen Gesetzgebers, sondern ein „objektiver" Rechtszweck. An die Stelle der logischen tritt, wie Kohler es ausdrückte, die „teleologische Auslegung"[44], während die historischen Grundlagen in ihrer Bedeutung reduziert werden oder

---

Festschrift für Ulrich Eisenhardt zum 70. Geburtstag, 2007, 125–137; *Vogenauer*, Die Auslegungen von Gesetzen in England und auf dem Kontinent. Eine vergleichende Untersuchung der Rechtsprechung und ihrer historischen Grundlage, Bd. 1, 2001, 438.

[38] Anders *Ogorek*, Rechtshistorisches Journal 1985, 52–61, 58 f., die eher einen Wandel der Legitimationstopoi annimmt, aber die Gründe für den Umschwung um 1880 nicht benennt.

[39] Ueber die Interpretation von Gesetzen, Zeitschrift für das Privat- und öffentliche Recht der Gegenwart 1886, 1–61; *Binding*, Handbuch des Strafrechts, Bd. 1, 1885, 450–474; *Wach*, Handbuch des deutschen Civilprozessrechts, 1885, 254–305.

[40] *Falk*, Ein Gelehrter wie Windscheid. Erkundungen auf den Feldern der sogenannten Begriffsjurisprudenz, 1989, 150 f.

[41] Ueber die Interpretation (Fn. 39), 18.

[42] Ueber die Interpretation (Fn. 39), 15: „Der Jurist ist hier überall in der Lage des Naturforschers, der aus der äusseren Erscheinung auf die wirkenden Kräfte, auf die zeugenden Factoren der Natur zu schliessen hat."

[43] Ueber die Interpretation (Fn. 39), 8 und 15, Anm. 42, 19, 20.

[44] Ueber die Interpretation (Fn. 39), 35, Anm. 98 („Man spricht hier von logischer Interpretation; man sollte eher von teleologischer Interpretation sprechen").

ganz verschwinden. Und doch war das nicht widerspruchsfrei. Denn wenn das Gesetz einen „objektiv" erkennbaren Inhalt hatte, blieb dieser offenbar variabel: „Die Auslegung kann daher wechseln und muß wechseln"[45]. Das war offenbar weniger als Blankovollmacht an den Rechtsanwender gedacht, sondern immer in Bezug zum „Zweck" zu verstehen, zum „Kulturfortschritt". Exemplarisch genügte ihm dafür der Verweis auf den französischen Code civil und das dort normierte Deliktsrecht, aus dem im Laufe des 19. Jahrhunderts der „ganze Apparat des Rechts des lauteren Wettbewerbs" entwickelt wurde. Die Entwicklung von Industrie und Handel hatte also neues Recht aus alten Gesetzen hervorgebracht[46]. Daher sei bei der Auslegung „vor allem auf die Vernünftigkeit" und erst dann auf die „systematische Folgerichtigkeit" zu sehen. Ganz ähnlich äußerte sich auch Adolf Wach: Das Gesetz sei „derart auszulegen, wie es seinem erkennbaren Zwecke und den Forderungen der Gerechtigkeit am meisten entspricht"[47]. Feststehende Formeln finden sich auch hier nicht: Soweit dazu Ausführungen gemacht werden, solle sich der „Wille des Gesetzes" immer auf das Vernünftige, Gerechte, Zweckmäßige oder sozial Nützliche beziehen[48]. Bis zum Ende des 19. Jahrhunderts gewinnt diese „objektive" Theorie zunehmend Anhänger. Philipp Heck wird sie 1914 „als herrschende Lehre" beschreiben[49].

Kohlers Ideen vorschnell als „beliebig" abzutun, erscheint eher als späte Übernahme gesetzespositivistischer Messlatten und wird seiner Intention auch nur unzureichend gerecht. Seine methodischen Überlegungen zur Auslegungslehre entsprechen in ihren Grundkoordinaten seinen Streitgenossen und seine angeführten historischen Beispiele gaben ihm durchaus recht. Weiter als andere vertraute er dem Richter auch in Deutschland eine weite Kompetenz bei der Rechtsproduktion zu[50], und hier stand er keineswegs allein[51].

---

[45] Lehrbuch des Bürgerlichen Rechts, Bd. 1: Allgemeiner Teil, Berlin 1904, 122–134, 128.

[46] Ebd.

[47] *Wach*, Handbuch (Fn. 39), 257 f.

[48] Zahlreiche Nachweise bei *Schröder* (Fn. 37), 350, Fn. 337.

[49] *Heck*, AcP 112 (1914), 1–318, 6; weitere Nachw. bei *Schröder* (Fn. 37), 336.

[50] Der unlautere Wettbewerb. Darstellung des Wettbewerbsrechts, Berlin 1914, Vorwort: „Wir wissen, daß der Richter nach Kräften mitzuwirken hat an der Bildung des Rechtes, während das Gesetz nur einige Grundzüge zu schaffen vermag, und wir wissen, daß der Richter dies zu tun hat unter gesunder Betrachtung der Lebensverhältnisse und im Bewußtsein, daß das Recht die Kulturkräfte steigern und nicht hemmen soll. Das englische Richtkönigtum hat auch auf dem deutschen Richtstuhl seinen Platz genommen".

[51] Zur Diskussion um Richterrecht in der zweiten Hälfte des 19. Jahrhunderts vgl. *Mohnhaupt*, Quaderni Fiorentini per la storia del pensiero giuridico moderno 2011, 19–52; *Schröder*, „Richterrecht" und Rechtsbegriff im frühen 20. Jahrhundert, in: Berger et al. (Hrsg.), Zivil- und Wirtschaftsrecht im Europäischen und Globalen Kontext. Festschrift für Norbert Horn zum 70. Geburtstag, 2006, 1255–1270; *Landau*, Die Rechtsquellenlehre

Kohlers Auffassung zur Gesetzesinterpretation waren eng mit seinem Richterbild verknüpft, auch als Vertrauensbeweis an die Gerichte gemeint, um deren Bedeutung für die tägliche Rechtsfortbildung er seit Mannheimer Tagen wusste. Das schloss Billigkeitslösungen ausdrücklich ein. Die aufsehenerregenden Anpassungs- und Transformationsprozesse des Reichsgerichts (etwa im Rahmen von § 242 BGB) nach 1914 nahm er aufmerksam wahr und sah bereits die Konsequenzen nach 1918 voraus. 1915 schreibt er: „Auch in Friedenszeiten können sich schwere wirtschaftliche Krisen entwickeln, welche es absolut erfordern, die strengen Konturen des Rechtes in die mannigfaltigen Schattierungen der Billigkeit übergehen zu lassen, und hier kann uns künftig dasjenige dienen, was der Krieg gelehrt hat“[52].

Sein Plädoyer für ein kraftvolles Richterrecht, ja „Richtkönigtum“, folgte konsequent seinem Verfahrensmodell. In seinen prozessrechtlichen Schriften lässt sich zeigen, dass er eine andere, aber durchaus kohärente Konzeption des Zivilprozesses zugrunde legte. Darin erteilte er den liberalen Prozesskonzeptionen des 19. Jahrhunderts, die im Zivilprozess von einem Rechtsverhältnis zwischen Partei und Richter ausgingen, eine Absage. An seine Stelle setzte er ein Konzept, das den Richter aus Parteibindungen löste und ihm mehr Freiraum verschaffen wollte (*Peter Collin*). Das schloss – worauf auch seine völkerrechtlichen Arbeiten hinweisen – eine überhöhte und auch überschätzte Sympathie für Schiedsgerichte als Form internationaler Streitbeilegung ein, die er auf den privatrechtlichen Bereich erweitert wissen wollte. Hier gingen seine Ideen konform mit zeitgenössischen Verbandsforderungen[53] und nahmen bereits die Denklogiken moderner Global Governance-Ideen vorweg (*Margrit Seckelmann*).

Die Offenheit seines Rechtsbegriffs machten ihn – anders als viele seiner Kollegen – für das anglo-amerikanische Recht anschlussfähig; auch das dürfte 1904 seine Ehrendoktorwürde der Universität Chicago begünstigt haben. Feste Rechtsprinzipien außerhalb seines Evolutionsparadigmas vermied er nicht zuletzt auch deshalb, weil er sich in der Breite seiner Interessen nicht einengen lassen wollte. Wichtiger waren für ihn feste Bezugspunkte in den Rechtsquellen und das Erfahrungswissen ihrer Anwendung, aus denen er unbegrenzt schöpfen konnte. Vielfach richtungsweisend war hier das französische Recht und seine gerichtliche Entwicklung, das in seinen Augen

---

in der deutschen Rechtswissenschaft des 19. Jahrhunderts, in: Peterson (Hrsg.), Juristische Theoriebildung und Rechtliche Einheit, 1993, 69–89, 79–89.

[52] Jurisprudenz und Krieg, Berlin 1915, 28.

[53] Der Internationale Kongreß der Handelskammern und der Industrieverbände forderte 1910 bereits Erleichterungen in der Vollstreckbarkeit ausländischer Schiedssprüche und 1912 die Errichtung eines internationalen Gerichtshofs für Streitigkeiten zwischen Privatpersonen und ausländischen Staaten, vgl. Die Korporation der Kaufmannschaft von Berlin. Festschrift zum hundertjährigen Jubiläum am 2. März 1920, 1920, 594 f.

durch die „Logik der Thatsachen", vor allem durch den Erfolg des Code civil über alle Kritik erhaben schien. Das französische Zivilrecht gehörte für den Offenburger zum elementaren Rechtsstoff, mit dem er seine Synthesen speiste. Schon bei seinem Patentrecht von 1878 war es seine Absicht, „die Fülle der französischen Rechtswissenschaft" – deren umfassende Spruchsammlungen zu seinem täglichen Rüstzeug gehörten – „mit der Tiefe deutscher wissenschaftlicher Forschung zu verbinden"[54]. Gelebte Ordnungsmuster und praktisches Erfahrungswissen waren auch die Grundlagen für seine rechtsethnologischen Forschungen. Gemeinsam mit dem Auswärtigen Amt entwickelte er Fragebögen zur Ermittlung des „Rechts der Naturvölker", aus heutiger Sicht mit freilich fragwürdigen methodischen Prämissen und Herangehensweisen (*Gabriele Metzler*). Die Rechtsvergleichung und die rechtsethnologischen Untersuchungen erschöpften sich für ihn meist in der Aufbereitung und Systematisierung in- und ausländischer Rechtsquellen, in der Methode induktiv und in der Darstellung deskriptiv. Auch die aufsehenerregende vierbändige Sammlung der „Patentgesetze aller Völker", die er gemeinsam mit Maximilian Mintz, einem Patentanwalt aus Berlin, 1907 herausgab, ging nicht darüber hinaus; immerhin eine überfällige Aktualisierung der 1876 von Rudolf Klostermann vorgelegten Übersicht[55].

Für die Rechtspraxis, insbesondere eine zunehmend auf den Weltmärkten operierende Industrie, etwa in den Leitsektoren der Chemie, Elektrotechnik oder im Maschinenbau, war das eine wichtige Expertise. Viele der hier führenden deutschen Großunternehmen waren vor 1914 bereits global aufgestellt; strategische Überlegungen wurden in den Leitungsgremien der Unternehmen inzwischen auch von den internationalen Rahmenbedingungen bestimmt[56]. Nicht nur die Gründung der Pariser Union für den Schutz des industriellen Eigentums 1883 zeigt, dass die neuen globalen Herausforderungen auch internationale Rechtsregimes nach sich zogen. Kohlers Gutachten, die er zum Teil auch veröffentlichte[57], waren daher auch ein Zeugnis der sich

[54] Zitiert nach *Osterrieth* (Fn. 31), 10.

[55] Die Patentgesetze aller Völker. The Patent Laws of all Nations. Bearbeitet und mit Vorbemerkungen und Übersichten, sowie einem Schlagwortverzeichnis versehen, 2 Bde., Berlin 1907 u. 1912; *Klostermann*, Die Patentgesetzgebung aller Länder nebst den Gesetzen über Musterschutz und Markenschutz. Systematisch und vergleichend dargestellt, 1876.

[56] *Plumpe*, Carl Duisberg 1861–1935. Anatomie eines Industriellen, 2016, insb. 216; *Berghoff*, Moderne Unternehmensgeschichte, 2. Aufl., 2016, 130–151.

[57] Aus der Praxis, in: Annalen der Großherzoglich Badischen Gerichte, 41. Jg., 1875, 100–108; Zur rechtlichen Charakteristik des Vorstandes einer Aktiengesellschaft und über die Kontrolbefugnisse des Aufsichtsraths, in: Archiv für Theorie und Praxis des Allgemeinen Deutschen Handels= und Wechselrechts (BuschsA), 1877, 279–286; weitere Anfragen, Skizzen und Entwürfe finden sich in seinem Nachlass, z.B. Gutachten für die Literarische Anstalt Rütten & Loenig v. 31.1.1912, SBB-PK, Nachl. Joseph Kohler, Sign. 20 (Ro-Rz), 13.10.1917; ebd., Anfrage von Rechtsanwalt Rosenstein (Stuttgart), 5.12.1911.

stellenden Rechtsfragen, aber auch des Austauschs zwischen Rechtswissenschaft und Unternehmen in der Kaiserzeit.

Ihn deswegen aber zum unternehmens- und industriefreundlichen „Gefälligkeitsgutachter" zu stempeln wäre ebenso unzutreffend, wie ihn zum Wegbereiter der „Freirechtsschule" zu erklären, auch wenn er mit ihr durchaus sympathisierte[58]. Aus seinem „evolutionistischen" Rechtsbegriff folgte in der Regel eine mehrheitlich ausgleichende Funktion im Umgang mit widerstreitenden Interessen, und die Aufgabe wies er vor allem dem Richter zu. Gut zeigen lässt sich das in seinen Stellungnahmen gegenüber der Angestelltenerfindung, die im letzten Jahrzehnt vor dem Ersten Weltkrieg auch das politische Berlin umtrieb. Die richtige Lösung sei, so Kohler 1914, „daß eine Vergütung beansprucht werden kann, wenn nach den Umständen des Falles eine billige Honorierung angemessen ist, und daß eine gegenteilige Bestimmung dann, wenn sie gegen die Billigkeit verstößt, der Wirksamkeit entbehrt"[59]. Damit legte er die Entscheidung letztlich in die Hände des Richters, wobei es ihm empfehlenswert erschien, ein „sachverständiges Einigungsamt als Billigkeitsbehörde" vorzuschlagen[60]. Das erinnerte die Zeitgenossen an die Einigungsämter in den 1890 eingerichteten Gewerbegerichten, etwa zur Schlichtung von Streiks. Die Unternehmer, die jede äußere Einmischung des Staates in dieser Frage lieber vermieden hätten, dürfte das kaum überzeugt haben – also keineswegs eine per se industriefreundliche Position, aber auch keine vorbehaltlose Parteinahme für die Angestellten.

E. Imperatorenhaftes Professorentum

Kohler war mit Sicherheit um seine Person und die Wirkung seiner Lehren sowohl in das eigene Fach hinein als auch nach außen bedacht, in seinen Nachrufen wird ihm sogar eine „bis ins Groteske gesteigerte Eitelkeit" als sein „größter" Fehler attestiert[61]. Dazu kam eine starke Eigenwilligkeit, die Widerspruch kaum ertragen konnte. Albert Osterrieth schrieb 1920: „Er liebte nicht Rede und Gegenrede und ließ sich ungern in Auseinandersetzungen ein. Er sammelte seine Gründe, die in seiner Weltanschauung verwurzelt waren, in einen Punkt und trug sie mit starker Betonung vor, abweichende Meinungen manchmal schroff ablehnend"[62]. Neben aufrichtigen Bewunderern gab es auch diejenigen, die sich als „eine Art byzantinischer Hofstaat in

---

[58] Lehrbuch der Rechtsphilosophie, 2. Aufl., Berlin/Leipzig 1917, 53.

[59] Der Entwurf eines Patentgesetzes, in: Gewerblicher Rechtsschutz und Urheberrecht, 19. Jg., 1914, 25–29, 29.

[60] Entwurf (Fn. 59), 29.

[61] *Kantorowicz* (Fn. 2), 9.

[62] *Osterrieth* (Fn. 31), 20.

abgeschmackter Schmeichelei" überboten[63]. Auch der Umstand, dass ihm lange der Einfluss auf Gesetzgebung und Rechtsprechung versagt blieb, den er aus seiner Sicht hätte erwarten können und für die es im Kaiserreich zahlreiche Beispiele gab, dürfte ihn gekränkt haben. Nennenswert politisch in Erscheinung getreten ist er – soweit ersichtlich – nur als „Forschungsbeauftragter der Reichsregierung" für die deutschen Schutzgebiete bzw. als Vorsitzender einer Kommission zur Erforschung des „Eingeborenenrechts" (*Gabriele Metzler*).

Es wäre aber zu kurz gegriffen, seine mitunter schroffe Kritik an Kollegen allein mit gekränkter Eitelkeit erklären zu wollen. In seinen Publikationen geht er vergleichsweise scharf mit Gegenmeinungen, auch mit tradierten Strömungen und Rechtsauffassungen ins Gericht, vor allem gegenüber den großen Rechtslehrern des 19. Jahrhunderts, die er wohl auch als Konkurrenz empfand. Beißende Kritik diente daher auch dem Effekt der Legitimation der eigenen Position. Savigny habe es eigentlich an geschichtlichem Sinn gefehlt, Windscheid und Vangerow seien „geistlose Naturen", Jhering glich einem „amüsanten Causeurs, der in der Geschichte und Philosophie des Rechts dilettiert" habe[64]. Allein die Aussagen über Windscheid oder Jhering zeigen, dass er seine Kritik in der Sache auch mit der Person verknüpfte, und das nahmen ihm nicht zu Unrecht viele übel. Zumal er beiden bekanntlich viel für die eigene Karriere verdankte. Halbherzig blieben auch spätere Rechtfertigungen. Das bekannte Zerwürfnis mit Rudolf von Jhering erklärte er rückblickend mit der beiderseitigen Enttäuschung nach ihrer ersten Begegnung: „Ich besuchte ihn in Göttingen, nicht ohne daß ein jeder von der Persönlichkeit des anderen enttäuscht war. Bei mir hatte er ein anschlägiges, zugreifendes und aggressives Wesen erwartet und wunderte sich über meine Zurückhaltung, die mich früher stets so lange erfaßte, bis ich mich in der Umgebung völlig heimisch fühlte; während seine explosive Natur, sein ständiges Hasten und Jagen, das Unberechenbare seines Wesens mir nicht gerade sympathisch war."[65] Überzeugen konnte er mit diesen Erklärungsversuchen die Fachwelt kaum. Sein „imperatorenhaftes Professorentum" (Paul Krückmann) monierten einige, auch nach seinem Tod; er hingegen lehnte es stets ab, „aus Pietät oder Freundschaft wissenschaftliche Irrtümer oder Rückständigkeiten zu verdecken"[66].

Andere gingen mit seiner Eitelkeit geschickt um: Unter Rechtspraktikern, insbesondere aus dem Bereich des gewerblichen Rechtsschutzes war er als Kritiker gefürchtet, aber seine Eitelkeit auch bekannt. Autoren wie Alfred Rosenthal waren sich nicht zu schade, vor der Drucklegung ihrer eigenen

---

[63] *Rabel* (Fn. 5), 124/125.

[64] Nachw. bei *Schwab* (Fn. 9), 55.

[65] Meine Beziehung zu Jhering, in: Berliner Tageblatt, Nr. 264, 25.5.1911, Beilagenblatt.

[66] Berliner Tageblatt a.a.O.

Werke sicherheitshalber bei Kohler nachzufragen, ob er sich darin auch gebührend zitiert sähe. In einem Brief Rosenthals an Kohler von 1913 heißt es: In meiner Darstellung habe ich „selbstverständlich an den verschiedensten Stellen Ihre Arbeiten zitiert, erlaube mir aber, Ihnen ergebenst anheim zu stellen, mir eine Mitteilung zukommen zu lassen, wenn Sie für bestimmte Punkte die Zitierung wünschen bzw. im allgemeinen Interesse für erforderlich halten."[67] Hier ließ sich Kohler nicht lange bitten und antwortete unverzüglich per Telegramm; und Rosenthal übernahm die Vorgaben uneingeschränkt[68]. Gegenüber Studierenden, Referendaren und Assessoren sind demgegenüber keine kritischen Begegnungen überliefert. Er empfing sie auch in seiner Wohnung am Kurfürstendamm 216, verlieh Zeitschriften, die nur er im Abonnement besaß, oder stellte verloren gegangen Scheine anstandslos neu aus[69].

In seinem juristischen Kosmos standen vor allem solche Kollegen in seiner Gunst, die sich seinen Lehren verpflichtet fühlten. Das galt in seinen jungen Jahren noch für Bernhard Windscheid, dem er als „dem Neubeleber der Wissenschaft des praktischen Civilrechts" sein Deutsches Patentrecht widmete, bevor er seine „Pandekten", das entscheidende Praktikerhandbuch des Zivilrechts vor dem BGB, mit einem „Herbarium" verglich, „alle paar Jahre neu gereinigt, neu präpariert und mit neuen Einlagen bereichert", „mit zierlich bewahrten Staubfäden und Pistillen"[70]. Später standen vor allem Richter in seiner Gunst: Sein Lehrbuch des Bürgerlichen Rechts widmete er 1906 dem Präsidenten des Ersten Zivilsenats beim Reichsgericht, Friedrich Wilhelm August Bolze, „dem größten deutschen praktischen Juristen der Gegenwart"[71]. Natürlich musste das „manchem Zeitgenossen als eine übertriebene Hymne" vorkommen[72], allerdings dürfte es Kohler nicht nur um ein sachlich ausgewogenes Urteil gegangen sein (er überzeichnete ohnehin gern), sondern um die in seinen Augen immer noch unterbewertete Leistung der Rechtsprechung, was sich wiederum aus seinen eigenen Konzeptionen und Erfahrungen erklärt. Es waren denn auch allein die Vertreter der Rechtspraxis, die Kohler mit Festschriften zum 60. und 70. Geburtstag bedachten[73].

---

[67] Rosenthal an Kohler am 13.1.1913, SBB-PK, Nachl. Joseph Kohler, Sign. 20 (Ro-Rz).

[68] Schreiben Rosenthal an Kohler vom 16.1.1913, ebd.

[69] SBB-PK, Nachl. Joseph Kohler, Sign. 20 (Ro-Rz), 31.1.1912.

[70] Windscheid, in: Vom Lebenspfad. Gesammelte Essays, Mannheim 1902, 32–42, 38 (der Beitrag erschien erstmals 1893).

[71] Lehrbuch des Bürgerlichen Rechts, Bd. 1, Berlin 1906, IV.

[72] Über Bolze, in: Deutsche Juristen-Zeitung, 1906, Sp. 863; 1912, Sp. 854.

[73] Nur wenige Festschriften mobilisierten namhafte Persönlichkeiten der Rechtswissenschaft. Allein der grüne Verein schaffte es 1909, das Who-is-who der damaligen Wirtschaftsjuristen (u.a. Arnold Seligsohn, Alexander-Katz, Hermann Isay oder Martin Wassermann) zu gewinnen: Damme et al. (Hrsg.), Studien zur Förderung des Gewerblichen

Kohler war – darauf deuten auch viele der vorliegenden Beiträge hin – kein Wissenschaftler, der sich geduldig seinen Analysen widmete, vielleicht einen Text auch einmal liegen ließ, um ihn nochmal in Ruhe zu durchdenken. Vieles wirkt getrieben, schnell produziert, manches sprunghaft, eher hingeworfen als zu Ende gedacht. Wie die Korrespondenzen mit seinem Verleger Walther Rothschild zeigen, waren zahlreiche Arbeiten von außen angefragt worden oder den Logiken des wissenschaftlichen Publikationsmarktes im Kaiserreich geschuldet. Und mit diesen Logiken war Kohler bestens vertraut. Mit Verlegern wie Rothschild ging er eine dauerhafte geschäftliche Symbiose ein, um die sich bietenden Chancen in einem sich dynamisch wandelnden Buchmarkt geschickt und effizient für seine Reputation zu nutzen. Der junge Verlagsunternehmer Rothschild profitierte von Kohlers Namen und seiner Produktivität, der Wissensproduzent Kohler mit seinem breiten Spektrum an Themen von einem aufstrebenden Verlagshaus, das unterschiedliche, auch riskante Projekte rasch realisierte, um seine Ideen möglichst breit zu streuen. Doch diese Produktivität hatte auch Defizite: Seine literarischen Werke, seine Essaysammlungen und Gedichtbände waren für Verleger ein Risiko; vieles wurde nach wenigen Jahren bereits verramscht oder landete in Antiquariaten. Aber hier war Kohler sicher kein Einzelfall: Auch andere seiner Universitätskollegen publizierten keineswegs nur fachgebunden, sondern operierten öffentlichkeitswirksam in einem sich formierenden Wissensmarkt um 1900, dessen Logiken sich gerade erst ausbildeten (*Louis Pahlow*). Nicht nur aufgrund dieser Zusammenhänge und Gemeinsamkeiten lässt sich Kohler durchaus als „Gelehrtengestalt des Wilhelminismus" beschreiben (*Hans-Christof Kraus*), wenn er auch zu manchen seiner Ideen besser geschwiegen hätte. Für die Einordnung seiner Arbeiten sind diese Popularisierungs- und Profilierungsstrategien nicht unwichtig: Kohler war, das zeigte sich nicht zuletzt an seinem „Archiv für Rechts- und Wirtschaftsphilosophie" und der „Internationalen Vereinigung für Rechtsphilosophie" auch ein „Wissenschaftsmanager" (*Louis Pahlow* und *Margrit Seckelmann*), der seine eigenen Schriften gezielt, auch effektorientiert zuschnitt und platzierte.

Methodische Defizite und der Eindruck mangelnder Gründlichkeit hängen Kohlers Werk bis heute an[74]. Sein enormer Tatendrang und die Band-

---

Rechtsschutzes. Josef Kohler als Festgabe zum 60. Geburtstage zugeeignet von deutschen Praktikern, 1909; Berolzheimer (Hrsg.), Rechtswissenschaftliche Beiträge. Juristische Festgabe des Auslandes zu Josef Kohlers 60. Geburtstag, 1909; danach sind es lediglich Sonderhefte der von ihm herausgegebenen Zeitschriften, was auch den Umständen des Krieges geschuldet sein dürfte: Festgabe zum 70. Geburtstag Josef Kohlers am 9. März 1919 (zugleich Archiv für Strafrecht und Strafprozess, Bd. 67), 1919; Adam (Hrsg.), Festgabe für Josef Kohler zum siebzigsten Geburtstag, Zeitschrift für Vergleichende Rechtswissenschaft 37 (1920).

[74] *Schwab* (Fn. 9); *Kiesow* (Fn. 10); *Schild*, Die Ambivalenz einer Neo-Philosophie. Zu

breite seiner Themen und Interessen gleichen das nicht aus. Die methodischen Schwächen haben die Rezeptionskraft seiner Ideen gemindert, auch weil er sich nur schwer und keineswegs eindeutig in eine der bekannten Schulen oder Theoriemuster um 1900 einordnen lässt. „Beliebigkeit" und fehlende Konsistenz in seinen Arbeiten sind häufig zu lesende Vorwürfe – auch in diesem Band. Doch wird er gerade deshalb bis heute auch wissenschaftsgeschichtlich eher unterschätzt. Die Rechtswissenschaft des 20. Jahrhunderts wäre ohne ihn eine andere: Im Immaterialgüterrecht, im Wettbewerbsrecht und im Persönlichkeitsschutz ist seine Bedeutung gut erforscht und kaum zu übersehen (*Eva Inés Obergfell*). Die von ihm mitbegründete Lehre einer „objektiven" Auslegung hat das Reichsgericht alsbald übernommen und auch nach 1918 fortgeführt einschließlich einer Mobilisierung der „Billigkeit" – freilich ohne sich auf ihn explizit zu berufen[75]. Dem Grunde nach ist auch sein „evolutionistischer" Rechtsbegriff in der Rechtspraxis des 19. und des 20. Jahrhunderts an vielen Stellen nachweisbar, ohne dass im Nationalsozialismus eine willkürliche Rechtsanwendung mit ihm begründet worden wäre. Seine universale Konzeption blieb in der Rechtsgeschichte wie auch in der Rechtsphilosophie singulär. Zwar haben sich die Versuche einer Wiederbelebung und Fortführung seiner ethnologischen Jurisprudenz weder in der Rechtsvergleichung noch in der Rechtstheorie durchgesetzt[76], aber die Idee koevolutionärer Entwicklungslogiken des Rechts als Analysekategorie ist – allen positivistischen Tendenzen zum Trotz – bis heute präsent[77]. Bei aller berechtigten Kritik an seinem Gestus, an Form und Methoden bleibt Kohler in seinen Ideen und Visionen durchaus wegweisend – und das macht ihn auch heute noch für die Rechtswissenschaft interessant.

Josef Kohlers Neuhegelianismus, in: Sprenger (Hrsg.), Deutsche Rechts- und Sozialphilosophie um 1900, 1991, 46–65.

[75] Nachw. bei *Mertens*, AcP 174 (1974), 333–380, 344; *Klemmer*, Gesetzesbindung und Richterfreiheit. Die Entscheidungen des Reichsgerichts in Zivilsachen während der Weimarer Republik und im späten Kaiserreich, 1996.

[76] *Zemen*, Evolution des Rechts. Eine Vorstudie zu den Evolutionsprinzipien des Rechts auf anthropologischer Grundlage, 1983, 1–23 m. Nachw.

[77] Siehe nur und mit weiteren Nachw. *Amstutz*, Evolutorisches Wirtschaftsrecht. Vorstudien zum Recht und seiner Methode in den Diskurskollisionen der Marktgesellschaft, 2001; *Priddat/Wegner*, Zwischen Evolution und Institution. Neue Ansätze in der ökonomischen Theorie, Marburg 1996.

Josef Kohler – eine Gelehrtengestalt des Wilhelminismus

Hans-Christof Kraus

Gut ein Vierteljahrhundert nach dem Tod Josef Kohlers, im düsteren Nachkriegswinter 1947/48, verfasste ein ehemaliger Student der alten, nun nicht mehr so heißenden Friedrich-Wilhelms-Universität zu Berlin eine aufschlussreiche Erinnerung an die eigene Studienzeit und an eine denkwürdige Begegnung. Der junge Mann, der im Jahr 1900 sein Studium begann und in einem Hinterhaus in der Knesebeckstraße wohnte, kam in dieser Zeit einmal abends, wie er berichtet, zwischen elf und zwölf Uhr nach Hause zurück und sah, wie im herrschaftlichen Vorderhaus „eine wunderliche Vision die Marmortreppe herabschwebte". Da seinerzeit eine elektrische Treppenbeleuchtung noch nicht üblich war, schritt zuerst ein junges Hausmädchen, „abendlich und auf Gesellschaft kostümiert", die Treppe herab, langsam seitwärts gehend und mit mehreren Kerzen die Treppe beleuchtend. „Hinter ihr aber schritten, von dem flackernden Lichte […] wunderlich traumhaft geleitet, langsam drei Männer die Treppe hinab". In der Mitte zwischen zwei größeren

„zur Rechten und zur Linken ging vorsichtig die zierliche Gestalt eines kleinen, schmalen alten Herrn. Er war bartlos, das Kerzenlicht spiegelte sich zuweilen grell in seinen Brillengläsern; rechts und links von dem umleuchteten Gesicht mit den scharfen, schattenüberspielten Zügen eines Geistlichen fielen unter dem Hut nach rückwärts zwei breit auseinandergleitende, weiße, leicht gewellte Haarsträhnen, die dem Kopf des alten Mannes in dieser nächtlichen Stunde […] etwas seltsam Gespensterhaftes, wie aus versunkenen Zeiten noch in unsere Welt Herüberragendes gaben.

Rechts von ihm schritt schwer und wuchtig die breite Gestalt eines großen Mannes mit einem vollen, geröteten Gesicht unter einem breitrandigen schwarzen Filzhut von betont altmodischem, fast historischem Schnitt. Er hielt den Kopf mit leichter Imperatorengeste emporgebogen; auch unter seinem Hut quoll dichtes Haar, graumeliert den Schädel rahmend, hervor; die große Nase, die vollen Lippen unter dem Schnurrbart traten wuchtig hervor. Wäre man ihm in seinem glatt zylindrisch herabfallenden, hochgeknöpften Mantel nachts allein begegnet, man hätte gemeint, vor dem Großen Kurfürsten selber zu stehen, zum mindesten vor einem Schauspieler, der aus einer Aufführung des Prinzen von Homburg kam und das Abschminken vergessen hatte.

Zur Linken aber des kleinen alten Herrn ging ein Dritter, der war noch etwas größer als der zur Rechten. Nicht so breit, schmaler, ebenfalls Träger einer zuweilen mit dem Doppelreflex der beiden Kerzen wunderlich aufflammenden goldenen Brille – ein Gesicht, dessen scharf von der Nase zu dem schmalen Mund unter dem kurzen Schnurrbart hinabgehende Falten den Eindruck ebenso bestimmten, wie die immer fast etwas erstaunt emporgezogenen dunklen Brauen, die noch in diesem Dämmerlicht entscheidende Grundlinie des ganzen Eindrucks waren.

Langsam, vorsichtig, fast lautlos kamen die drei die läuferbelegte Marmortreppe herab. Ein Stück vom Weltruhm der Berliner Universität streifte für Augenblicke das Leben des Studenten, der da im Dämmer neben der Tür stand und fast stolz darauf war, daß hier auf einmal Theodor Mommsen, Josef Kohler und Adolf von Harnack durch die Tür, die er ihnen aufgeschlossen hatte, das Haus verließen, in dem er, wenn auch nur im Hinterhaus, ebenfalls wohnte. Der Student sah noch einmal die berühmten weißen Haarsträhnen des Verfassers der Römischen Geschichte an sich vorübergleiten – eine war im Jahre zuvor das Opfer einer unvorsichtigen Kerze geworden, und die Berliner erzählten sich, der alte Herr, der sehr viel Wert auf diesen Schmuck seines Hauptes legte, sei so lange nicht in Gesellschaft gegangen, bis die verbrannte wieder nachgewachsen war. Der Student sah das Große Kurfürstenhaupt des großen Juristen, Dichters und Danteforschers Kohler, der diese Ähnlichkeit ebenso liebevoll pflegte wie Mommsen seine Locken – und er suchte noch rasch den Blick in das Antlitz des Mannes zu erhaschen, der ihm von den dreien der vertrauteste war. Er hatte sogar einmal seine Hand gedrückt, allerdings nur bei der Immatrikulation – Harnack war 1900 gerade Rektor gewesen. [...]

Die Drei waren verschwunden, die Tür fiel ins Schloß. [...] ‚Kannten Sie die?', fragte [das Mädchen] mit leichtem Mißtrauen den Studenten. Der nickte: ‚Drei berühmte Männer'. Sie lachte: ‚Der Kleine mit seinen Zöpfen ist eitel wie eine Frau. Ich lief' als Mann doch nicht so rum!' Er zuckte die Achseln: ‚Jeder kennt ihn so.' Sie nickte heftig: ‚Eben darum. Ein Mann und solche Haare! Und der andere! Wie'n Denkmal', lachte sie respektlos. Der Student mußte einstimmen. Vielleicht hatte sie recht. Und wenn nicht – was tat's? Sie war jung und hübsch, und die anderen waren alte Herren"[1].

Diese späte, zuerst 1948 publizierte Erinnerung des Journalisten, Schriftstellers und langjährigen Feuilletonchefs der „Deutschen Allgemeinen Zeitung", Paul Fechter, sagt etwas aus über den bedeutenden Ruhm, den Josef Kohler als eine der überragenden Größen der alten Berliner Friedrich-Wilhelms-Universität um 1900 weit über die Grenzen des eigenen Faches hinaus genoss. Der national wie international hoch angesehene Berliner Jurist gehörte – aus späterer Perspektive betrachtet – tatsächlich zu jener Generation der deutschen „Wilhelminer", die sich mit der politischen, kulturellen und sozialen Ordnung des späten deutschen Kaiserreichs fast nahtlos identifizierten, die diese Ordnung maßgeblich mit prägten und von ihr wiederum selbst massiv profitierten.

Diese als typische Repräsentanten des deutschen „Wilhelminismus" der drei Jahrzehnte zwischen 1888 und 1918 verstandenen „Wilhelminer" sind von der späteren Forschung im Allgemeinen sehr kritisch beurteilt worden – so etwa von Fritz K. Ringer, der 1969 in den USA sein bekanntes Buch „The Decline of the German Mandarins" zwischen 1890 und 1933 publizierte, in dem er die spezifische Mentalität der deutschen Professoren während dieser Epoche kritisch sezierte[2]. Ein anderes Beispiel wiederum stellt die 1986 ver-

---

[1] *Fechter*, Menschen und Zeiten. Begegnungen aus fünf Jahrzehnten, 3. Aufl., 1949, 44–48.

[2] *Ringer,* The Decline of the German Mandarins. The German Academic Community, 1890–1933, 1969; dt.: Die Gelehrten. Der Niedergang der deutschen Mandarine 1890–1933, 1987.

öffentlichte Studie von Martin Doerry über die „Übergangsmenschen" der wilhelminischen Zeit dar, die anhand einer breit angelegten Untersuchung die spezifische Mentalität jener zwischen 1890 und 1918 in Deutschland dominierenden Generation ebenfalls ausgesprochen distanziert und kritisch zu analysieren unternahm[3]. Beide kamen (bedenkt man die Entstehungszeit jener Studien, erscheint dies wenig verwunderlich) zu ähnlichen Resultaten, die ein im Ganzen eher trübes Licht auf die „Wilhelminer" warfen – bei allem Respekt vor den unzweifelhaften wissenschaftlichen und sonstigen Leistungen, die diese Generation natürlich ebenfalls aufzuweisen hatte[4].

Doerry arbeitete als Hauptcharakteristika der führenden Persönlichkeiten des Wilhelminismus vor allem deren Autoritätsfixierung und ihren daraus folgenden „Untertanengeist" heraus, sodann, hiermit eng zusammenhängend, deren entschiedene Neigung zur kritiklosen Affirmation der bis Ende 1918 in Deutschland bestehenden politischen Ordnung; hinzu kamen eine von ihm ebenfalls herausgestellte Dichotomie von Anpassung und Ausgrenzung anderer, eine ausgeprägte Tendenz zum Nationalismus sowie eine ebenfalls deutlich erkennbare Harmonieorientierung, die in einem zumeist eher unkritischen, heute geradezu naiv anmutenden Fortschrittsglauben gipfelte[5].

Und Ringer wiederum, der sich in seiner Untersuchung auf die deutschen Universitätsprofessoren beschränkte, betonte vornehmlich den Gegensatz der akademischen Wilhelminer zu ihren Vorgängern seit dem frühen 19. Jahrhundert, in der Zeit des Vormärz, der achtundvierziger Revolution sowie der Reichsgründungsära, denn diese „politischen Professoren" hatten sich seinerzeit als scharfe Kritiker der bestehenden Verhältnisse profiliert und gelegentlich sogar ihre berufliche Existenz aufs Spiel gesetzt. Ringers These gipfelte in dem Vorwurf, dass sich die, wie er sie nennt, „deutschen Mandarine", also die akademische Elite des Kaiserreichs den politischen Zuständen nach 1871 fast immer kritiklos angepasst hätten:

---

[3] *Doerry*, Übergangsmenschen. Die Mentalität der Wilhelminer und die Krise des Kaiserreichs, 1986.

[4] Etwas positiver, aber ebenfalls keineswegs unkritisch urteilt über die „Wilhelminer" *Graf zu Stolberg-Wernigerode*: Die unentschiedene Generation. Deutschlands konservative Führungsschichten am Vorabend des Ersten Weltkrieges, München/Wien 1968, der allerdings die Bereiche von Universität und Wissenschaft in seinen Analysen nicht berücksichtigt; zum Kontext des Wilhelminismus und dessen Deutung ebenfalls wichtig: *vom Bruch*, Kaiser und Bürger: Wilhelminismus als Ausdruck kulturellen Umbruchs um 1900, in: *ders.*, Bürgerlichkeit, Staat und Kultur im Deutschen Kaiserreich, hrsg. v. Hans-Christoph Liess, 2005, 25–51.

[5] Vgl. *Doerry* (Fn. 3), 55 ff., 155 ff., 161 ff., 165 ff. u.a.

„Veränderte gesellschaftliche Verhältnisse zwangen das Mandarinentum (oder zumindest einen großen Teil von ihm) zu einer immer bedingungsloseren Unterstützung des bestehenden Regimes. Vor dem Ende des Jahrhunderts war die deutsche akademische Welt insgesamt in die Rolle eines konservativen und offiziösen Establishments geraten“[6].

Tatsächlich liegt die Frage nahe, ob und wenn ja inwieweit auch Josef Kohler zu der in dieser Weise charakterisierten Generation der Wilhelminer gehörte, und hier muss bei näherem Hinsehen die Stellungnahme eher differenziert ausfallen[7]. Es ist jedenfalls nicht zu verkennen, dies hat auch eine wichtige neuere Studie zum politischen und völkerrechtlichen Denken Kohlers herausgearbeitet, dass der Berliner Jurist ein überzeugter Anhänger der konstitutionellen Monarchie des Kaiserreichs und damit auch der Bismarckschen Reichsverfassung gewesen ist, die Kohler übrigens bis zuletzt entschieden verteidigt hat[8]. Auch während des Ersten Weltkrieges hat er sich – wie viele andere seiner prominenten Kollegen – an der professoralen Kriegspublizistik sehr aktiv beteiligt; hier trat er besonders mit antibritischen Schriften hervor, ebenfalls rechtfertigte er ausdrücklich mit völkerrechtlichen Argumenten den von der deutschen politischen und militärischen Führung unternommenen uneingeschränkten U-Bootkrieg[9].

Und es fällt ebenfalls auf, dass Kohler sich in der seit 1915 äußerst heftig geführten öffentlichen Auseinandersetzung um eine Abschaffung des preußischen Dreiklassenwahlrechts[10] ausdrücklich auf die Seite seiner konserva-

---

[6] *Ringer* (Fn. 2), 119.

[7] Eine umfassende Darstellung von Leben und Werk fehlt bis heute; siehe stattdessen etwa die Skizzen von *Osterrieth*, Josef Kohler – Ein Lebensbild, 1920; biographisches Material enthalten auch die Nachrufe in: Josef Kohler zum Gedächtnis. Reden gehalten von den Universitätsprofessoren Geh. Justizrat Dr. E. Heymann, Geh. Konsistorialrat D. Dr. R. Seeberg, Prof. Dr. K. Klee und Prof. Dr. M. Schmidt, 1920; aus der neueren Literatur *Spendel*, Josef Kohler. Bild eines Universaljuristen, 1983; *Gängel/Schaumburg*, Archiv für Rechts- und Sozialphilosophie (ARSP) 75 (1989), 289–312; *Grzesch*, Zeitschrift für Europarecht, internationales Privatrecht und Rechtsvergleichung 40 (1999), 2–4, und *Gross*, Josef Kohler – Lebenspfade eines badischen Universaljuristen, 2009, 8–25; eine neuere Spezialstudie auch mit wichtigen biographischen Informationen ist *Nies*, „Die Geschichte ist weiter als wir“. Zur Entwicklung des politischen und völkerrechtlichen Denkens Josef Kohlers in der Wilhelminischen Ära, 2009; neuerdings ebenfalls *Obergfell*, Zeitschrift für Europäisches Privatrecht 3 (2019), 499–517. In der neuesten Berliner Universitäts- und Disziplingeschichte ist von Kohler erstaunlicherweise kaum viel mehr als eine Fußnote geblieben; siehe etwa *Schröder*, Das Zivilrecht an der Juristischen Fakultät 1850–1945, in: Geschichte der Universität Unter den Linden 1810–2010, Bd. 5: Transformation der Wissensordnung, hrsg. v. Heinz-Elmar Tenorth in Zusammenarbeit mit Volker Hess und Dieter Hoffmann, 2010, 151–172, hier 155, Anm. 22; vgl. ebenfalls 164.

[8] Vgl. *Nies* (Fn. 7), 83, 194 ff., 322 ff. u.a.

[9] Ebd., 302 ff.

[10] Hierzu siehe *Patemann*, Der Kampf um die preußische Wahlreform im Ersten Weltkrieg, 1964, passim.

tiven Berliner Kollegen wie etwa Dietrich Schäfer, Reinhold Seeberg, Otto von Gierke, Gustav Roethe und Ulrich von Wilamowitz-Moellendorff stellte, anstatt sich der liberaler orientierten Gruppe um Hans Delbrück, Adolf von Harnack, Friedrich Meinecke, Gustav Schmoller oder Otto Hintze anzuschließen[11]. Damit ist nicht zu übersehen, dass sich Kohler bis Ende des Krieges sehr entschieden auf die Seite der konservativen Verteidiger der bestehenden politischen Verhältnisse im Deutschen Reich stellte. Auf der anderen Seite wiederum muss es in Kenntnis dieser Zusammenhänge überraschen, dass er nach der Novemberrevolution von 1918 in die neugegründete linksliberale Deutsche Demokratische Partei eintrat, „die als bürgerliche Exponentin der pazifistischen Strömungen des Liberalismus galt“[12].

Von der grundsätzlichen Affirmation des Bestehenden ist es zumeist nicht weit bis zu einer harmonisierenden Weltdeutung und einem hiermit verbundenen Fortschrittsglauben; auch in dieser Hinsicht wird man bei Kohler fündig, jedenfalls in der Zeit vor 1914. Eine neuere genaue Untersuchung von Kohlers völkerrechtlichen Ideen und seiner reichhaltigen Publizistik zu Fragen der internationalen Ordnung in der Friedenszeit hat ergeben, dass er tatsächlich gemäßigt kosmopolitische und auch pazifistische Positionen vertrat. Er wirkte seit deren Gründung 1892 in der Deutschen Friedensgesellschaft mit und bejahte ebenfalls die Idee eines zukünftigen friedenssichernden Völkerbundes, doch er ging – im Gegensatz zu manchen anderen Pazifisten und Völkerrechtlern seiner Zeit – durchaus nicht so weit, dass er den Krieg als legitimes Mittel der Politik an sich abgelehnt hätte. Er hielt nicht nur den Verteidigungskrieg für legitim, sondern er sah im Krieg ebenfalls, entsprechend den Grundsätzen des klassischen Völkerrechts, „ein Mittel völkerrechtlich zulässiger Selbsthilfe“, freilich auch ein „anormales Verhältnis, ein Übel, das allerdings immer noch als ein notwendiges Übel erscheinen“[13] konnte.

Das hielt Kohler jedoch andererseits nicht davon ab, sich in seiner Zeit immer wieder für die Idee eines Weltfriedens öffentlich einzusetzen: „Wir leben heutzutage schneller als vor Jahrhunderten“, schreibt er beispielsweise in einem um 1900 entstandenen Text mit dem Titel „Ueber den Weltfrieden“[14], „die Entwicklung des menschlichen Gedankens hat in der letzten Zeit

---

[11] *Nies* (Fn. 7), 321 ff.; zu den Konflikten zwischen den verschiedenen politischen Fraktionen der deutschen Hochschullehrer siehe immer noch *Schwabe*, Wissenschaft und Kriegsmoral. Die deutschen Hochschullehrer und die politischen Grundfragen des Ersten Weltkrieges, 1969.

[12] *Nies* (Fn. 7), 346.

[13] Ebd., 164; siehe auch 159 ff.; vgl. hierzu etwa die Ausführungen in: *Kohler,* Lehrbuch der Rechtsphilosophie, 1909, 210 f.; *ders.*, Moderne Rechtsprobleme, 2. Aufl., 1913, 88 ff.

[14] *Kohler*, Ueber den Weltfrieden, in: *ders.*, Aus Kultur und Leben. Gesammelte Essays, 1904, 216–219.

Fortschritte gemacht, die alles bisher geleistete in Schatten stellen. So hoffen wir auch, daß die Idee des Völkerfriedens den Geist des Krieges [...] zurückdrängen wird". Kohler begründete seinen Glauben an einen künftigen Weltfrieden mit der Erfahrung der Zurückdrängung des uralten Rechtsinstruments der Blutrache, die, wie er sagt, lange Zeit „als unverbrüchliche, unvermeidliche Form der Betätigung des Familienzusammenhanges, als das Band, das die Familienmitglieder zur Einheit schließt", gegolten habe. Dieses Instrument sei in der Gegenwart nunmehr endgültig aus dem Rechtsleben der Menschen verschwunden; sollte man, so Kohler, „da an dem weiteren Fortschritte zweifeln, daß auch dereinst die Völkerzwiste oder die Mächte des Krieges und der Zerstörung ihre Erledigung finden?"[15]. Auch hierin also war und blieb Kohler ein Wilhelminer, wenn man das sozial-gesellschaftliche Harmoniestreben dieses Typus und einen fast naiv zu nennenden Fortschrittsglauben – hier den Glauben an eine harmonische Zukunft des Planeten – in diesen Kontext setzen möchte[16].

Der konsequente Kulturoptimismus der Zeit um 1900[17] und der hieraus folgende Fortschrittsglaube findet sich bei Kohler noch auf einem anderen Gebiet: in seiner Überzeugung von der geradezu unentrinnbaren Perfektibilität der Technik. Im Jahr 1892 veröffentlichte er seine kleine „humoristische" Skizze „Marsreise"[18], die im Jahr 100.000 n. Chr. spielt: Da die Erde eine neue Eiszeit erlebt, sieht sich die Menschheit gezwungen, auf einen anderen Planeten, in diesem Fall den Mars, auszuwandern, was sie mit Hilfe „elektroider Maschinen", weiterentwickelter Ballons, auch schafft – nicht ohne die Venus von Milo und auch „ein Exemplar des *Corpus juris* mit und ohne die Glossen" mit ins Gepäck zu nehmen. Und in seiner 1902 entstandenen Skizze „Eine Weltbetrachtung"[19] spricht er ebenfalls die Erwartung aus, dass dann, wenn „die Erde veraltet und zäh und rissig wird, wenn sie im Weltall zerschellt", sich hoffentlich „ein ganzes Kolonistenvolk retten und die Erdkultur weiterführen" werde, um schließlich das gesamte Weltall zu kolonisieren, „ebenso wie die wenigen Europäer Amerika und Australien kolonisiert haben". Er schließt mit einer Frage:

---

[15] Alle Zitate ebd., 218 f.; der Blutrache galt Kohlers besonderes Interesse auch in anderer Hinsicht; so hat er in seinem mit Recht berühmten Shakespeare-Buch (zuerst 1883 erschienen) am Beispiel einer Interpretation des „Hamlet" dieses uralte Rechtsinstrument eingehend analysiert; *Kohler*, Shakespeare vor dem Forum der Jurisprudenz, 2. Aufl., 1919, 181–304; siehe besonders die rechtshistorischen Exkurse, 228 ff.

[16] Vgl. hierzu auch *Kohler*, Recht und Persönlichkeit in der Kultur der Gegenwart, 1914, 226 ff., 254 ff. u.a.

[17] Hierzu siehe u.a. die knappe Skizze von *Kraus*, Geschichte für heute 3 (2010), 44–56.

[18] *Kohler*, Marsreise, in: *ders.*, Vom Lebenspfad – Gesammelte Essays, 1902, 151–157.

[19] *Kohler*, Eine Weltbetrachtung, in: *ders.* (Fn. 14), 11 f.

„Wie wird es im Weltall nach Jahrtausenden aussehen? Wird hier der Mensch als Uebermensch sein Szepter schwingen? Da raunte mir die Schlange ins Ohr: Ihr werdet sein wir Gott! Das ist das Wort, das mich traf. Das Wort war das Wort des Sündenfalls, d. h. das Wort der menschlichen Kultur. Ja wir werden nicht als einzelne, aber als Menschheit eine Macht haben, die sich der Allmacht nähert“[20].

Bei manchen Wilhelminern, besonders bei einer Reihe deutscher (und eigentlich nicht nur deutscher) Gelehrter der Zeit vor dem Ersten Weltkrieg ist ein Phänomen zu beobachten, das in geradezu extremer Weise die Lebensarbeit Josef Kohlers kennzeichnet; man könnte es als angemaßte Allzuständigkeit oder, freundlicher formuliert, als merkwürdigen Drang zur Universalkompetenz bezeichnen. Hiermit stand Kohler nun keineswegs allein; vergleicht man etwa seine anfangs bereits erwähnten prominenten Zeitgenossen und Berliner Universitätskollegen Theodor Mommsen und Adolf Harnack, dann wird man bei Kohler durchaus Ähnliches finden können. Die 1905 erschienenen gesammelten „Reden und Aufsätze“ Mommsens etwa enthalten keineswegs nur Studien zur römischen Geschichte oder zum klassischen Altertum, sondern auch Abhandlungen etwa über Leibniz, die Volkswirtschaftspolitik Friedrichs des Großen, die Königin Luise, Luther und die Brüder Humboldt, die Annexion Schleswig-Holsteins, die deutsche Einheitsfrage und anderes mehr[21]. Ein noch breiteres Themenspektrum umfassen die kleineren Schriften und Äußerungen Harnacks, der sich etwa über Friedrich Naumann, Goethes Religion, die Probleme neuer Forschungsinstitute, die Geschichte der Universität Dorpat, das höhere Mädchenschulwesen in Preußen, Probleme der gegenwärtigen Sozialpolitik, die „Nachlaßsteuer“ und vieles andere öffentlich äußerte[22].

Doch Josef Kohler übertraf diese beiden Giganten der Wissenschaft unter seinen akademischen Zeitgenossen noch um ein Mehrfaches, wie der umfassenden Bibliographie seiner sämtlichen Publikationen zu entnehmen ist, die sein Sohn Arthur nach langjähriger Arbeit 1931 herausgab[23]. Nicht nur, dass Kohler sich zu fast allen Teilgebieten der Rechtswissenschaft in einer Fülle von Fachpublikationen äußerte: zur Rechtsphilosophie und Universalrechtsgeschichte, darunter zur Rechtsgeschichte der meisten modernen und antiken Völker, sodann zum Privatrecht, allen voran zu dem von ihm mitbegründeten modernen Persönlichkeits- und Immaterialgüterrecht sowie zu

[20] Die Zitate ebd., 12; hier beruft sich Kohler ausdrücklich auf Nietzsches „Zarathustra“ und den dort postulierten „Uebermenschen“, der einst den Menschen überwinden müsse.

[21] *Mommsen*, Reden und Aufsätze, 1905.

[22] Adolf von Harnack als Zeitgenosse. Reden und Schriften aus den Jahren des Kaiserreichs und der Weimarer Republik, hrsg. v. Kurt Nowak, Bde. I-II, 1996.

[23] Josef Kohler-Bibliographie. Verzeichnis aller Veröffentlichungen und hauptsächlichen Würdigungen. Unter Mitwirkung von Victoria Eschke bearbeitet von Arthur Kohler, 1931; Ndr. 1984.

Teilgebieten des Handels-, Wechsel-, See- und Privatversicherungsrechts, sodann ebenfalls zum Öffentlichen Recht, darunter auch zum Kolonial- und zum Kirchenrecht, zum Zivilprozess- und Konkursrecht, außerdem zum Strafrecht, Strafprozessrecht und zur Kriminalwissenschaft, schließlich zum Völkerrecht und zum zwischenstaatlichen Recht im Allgemeinen wie im Besonderen.

Aber damit nicht genug: Es gibt auch hunderte von „nichtrechtswissenschaftlichen" Publikationen aus Kohlers Feder, darunter zur vergleichenden Religionswissenschaft, zur Geschichte, Philosophie, Soziologie und Volkswirtschaft, schließlich zur Bildenden Kunst, Musik und Literatur – hier stehen Dante und Shakespeare im Mittelpunkt. Kohler verfasste ein zweimal aufgelegtes umfangreiches Werk mit dem Titel „Shakespeare vor dem Forum der Jurisprudenz"[24], ebenfalls eine durchaus bemerkenswerte dreibändige Nachdichtung von Dantes „Göttlicher Komödie"[25], er veröffentlichte Gedichte, Dramen, Novellen, „humoristische Skizzen", Reiseberichte und sogar einen Roman. Und als ob das immer noch nicht genug gewesen wäre, versuchte er sich auch noch als Komponist von Kunstliedern. Gerade dieses letztere verbindet ihn sogar mit Kaiser Wilhelm II. und dessen Künstlerfreund Philipp zu Eulenburg, der ebenfalls dichtete und komponierte[26].

So eindrucksvoll diese Art einer fraglos multiplen Begabung auf den ersten Blick auch erscheinen mag, so wird man sie aus der Rückschau wohl doch eher mit Zurückhaltung betrachten müssen. Inwiefern die meisten der ungeheuer vielen Fachpublikationen zu den unterschiedlichsten Rechtsgebieten, die schon zu Kohlers Lebzeiten nicht wenige Kritiker unter seinen Kollegen auf den Plan riefen, tatsächlich einen wirklichen wissenschaftlichen Wert besitzen oder doch wenigstens in ihrer Zeit besaßen, müssen die Fachleute beurteilen. Schon Günter Spendel, dem wir eine knappe, aber eindringliche Skizze von Kohlers Leben und Werk verdanken, bemerkte 1983, dass dessen „Schaffen oft mehr in die Breite als in die Tiefe [ging] und […] ein Weniger an Zahl ein Mehr an Wert mancher Schrift [hätte] bedeuten können"[27]. Tatsächlich führte, so ebenfalls Spendel, „das Überströmende" von Kohlers Forschungs- und Gestaltungsdrang

> „zu einem Ausufern seines Schaffens, das Unermüdliche seines Wirkens zur Ruhe- und Rastlosigkeit seines Wesens, die Leidenschaftlichkeit seines wissenschaftlichen und künst-

---

[24] Siehe oben Fn. 15.

[25] Dantes heilige Reise. Freie Nachdichtung der Divina Commedia, von Josef Kohler, Bde. I-III, 1901–1903; vgl. auch *Kohler*, Szenen und Sinnsprüche aus Dantes heiliger Reise, o. J. [1908].

[26] Vgl. *Röhl*, Wilhelm II. Der Aufbau der Persönlichen Monarchie 1888–1900, 2001, 228.

[27] *Spendel* (Fn. 7), 8.

lerischen Strebens zur Subjektivität und Schroffheit vieler seiner Urteile, das Selbstbewußtsein des Genialen zur Selbstherrlichkeit und Selbstgefälligkeit des Gelehrten“[28].

Genau dieser Zug, die nahezu selbstherrliche Egomanie, gehört ebenfalls zum Habitus so manchen, nicht nur akademischen Wilhelminers. Was die pseudokünstlerische Attitüde anbetrifft, so ist immerhin darauf hinzuweisen, dass etwa Kohlers professorale Lyrik – im Grunde nicht viel mehr als eine heute fast lächerlich wirkende epigonale Reimerei – seinerzeit weiter verbreitet war, als man heute denken könnte; erinnert sei etwa an Theodor Mommsen und an den von Kohler wenig geschätzten Heinrich von Treitschke[29], die beide schon in frühen Jahren Gedichtbände publiziert hatten (erinnert sei ebenfalls an Otto Hintze, der seine Gedichte wenigstens nicht veröffentlichte). Kohler hingegen sah durchaus keinen Grund dafür, seine lyrischen Ergüsse der Öffentlichkeit vorzuenthalten, und ob er damit das Richtige getan hat, mag jeder, der diese Gedichtbände einmal zur Hand nimmt, selbst beurteilen[30].

Kohlers Drang zur Vielseitigkeit wurde allerdings noch von einem weiteren, wohl eher weniger erfreulichen Charakterzug begleitet, nämlich von einem merkwürdigen Geniekult und einem damit eng verbundenen übersteigerten Ichbewusstsein. Es kann kein Zweifel daran bestehen, dass Kohler sich selbst als einen genialen Menschen begriff, dessen Genialität sich nicht nur in seiner kaum überbietbaren Produktivität, sondern gerade auch in

[28] Ebd., 9. Etwas freundlicher drückte sich Kohlers Schüler Albert Osterrieth in seinem 1920 veröffentlichten knappen „Lebensbild“ seines akademischen Lehrers aus: *Osterrieth* (Fn. 7), 19: „Der dauernde Wechsel der geistigen Beschäftigung gab ihm die Frische, jedem Reiz zu folgen. – Wie oft erleben wir es, daß im ungeeigneten Augenblick Gedankenblasen in uns auftauchen und wieder in unser Unterbewußtsein versinken, ehe wir sie festhalten können. In Kohlers Geisteshaushalt ging nichts verloren. Er wußte jede Anregung, die Stimmung jedes Augenblicks zu nutzen und festzuhalten. Daher finden wir in gelegentlichen Aufsätzen, in Plaudereien, in Erinnerungsbildern Gedanken von einer Eigenart und Tiefe, wie sie sonst nur mit dem schwersten Geschütz zunftwissenschaftlicher Darstellung geäußert werden. Dadurch gewann seine wissenschaftliche und auch seine künstlerische Leistung etwas Lockeres, etwas Leichtes, das dem Gehalt an neuen Ergebnissen und Erkenntnissen nicht immer entspricht. Er schrieb mit einem gewissen Ungestüm, ohne zu feilen. Seine Schriften waren keine Werkstattarbeit, sie atmeten die freie Luft stürmischer Gedankenbewegung […]“.

[29] Vgl. *Kohler*, Heidelberg und Mannheim, in: *ders.* (Fn. 14), 228: „[…] in Heidelberg […] hörte ich damals auch meinen späteren Kollegen *Treitschke* sprechen und fühlte mich entzündet durch seine Gewalt der Sprache und sein hinreißendes Temperament; allein die Einseitigkeit seiner Auffassung, die Herbheit, mit der er uns Süddeutsche behandelte, und der Mangel eines richtigen Verständnisses für unser Wesen stieß mich ab“; vgl. ebenfalls *Kohler* (Fn. 16), 259.

[30] Ausführlich hierzu die Studie von *Kiesow*, Josef Kohlers Poesie, in: Kiesow/Ogorek/Simitis (Hrsg.), Summa – Dieter Simon zum 70. Geburtstag, 2005, 297–318; aufschlussreich ebenfalls die Bemerkungen Seebergs in: Josef Kohler zum Gedächtnis (Fn. 7), 25 ff.

seiner Vielseitigkeit ausdrückte. Dass er ein bedeutender Gelehrter war, kann und wird auch heute niemand bezweifeln, aber dass er dabei auch über ein fast grotesk übersteigertes Selbstbewusstsein verfügte, machte ihn schon damals zu einer teils angestaunten und bewunderten, teils aber auch etwas belächelten Figur. Und schon in der Zeit vor 1914 gab es auch unter seinen Studenten den einen oder anderen, dem es gelang, hinter die so sorgfältig aufgebaute Fassade dieses Mannes zu blicken.

Einer hiervon war der junge Carl Schmitt, der 1907 sein erstes Studiensemester an der Friedrich-Wilhelms-Universität verbrachte[31]. Jahre später erinnerte er sich:

„Josef Kohler, ein unermeßlich vielseitiger, gelehrter Jurist", habe sich offen als Vertreter eines geradezu extremen Ichkultes präsentiert. „Seine Einfälle sprangen in großer Fülle, oft konfus, oft grossartig und originell. Aber er konnte nichts denken oder sagen, ohne sich dabei mit sich selbst zu beschäftigen, sich selbst zu erklären, sich selbst darzustellen und in alles was er dachte und sagte sein Ich einzuschließen. Wovon er auch immer redete, er redete stets von sich. Die Geschichte des bürgerlichen Rechts wurde für ihn die Geschichte seiner Beschäftigung mit dem bürgerlichen Recht und seiner Einfälle zu diesem Thema. Sprach er von dem Asylrecht der Bantu-Neger, so hörte man nur: Ich und das Asylrecht der Bantu-Neger. Er hielt das für stilvoll, weil er sich für einen großen Künstler hielt. Seine Gesichtsmaske und seine Mähne trug er mit barockem Stolz zur Schau, wobei er sich auf eine Aehnlichkeit mit dem Grossen Kurfürsten stilisiert hatte. So ließ er sich auf dem Katheder und im Café sehen. Die Studenten belachten und bewunderten ihn gerade in dieser seiner Eitelkeit. Das war nur neue Nahrung für seinen inklusiven Ich-Wahn. Sein Vortrag war verwaschen; sein Tonfall stand in einem argen phonetischen Missverhältnis zu der barocken Fürstenmaske"[32].

Tatsächlich gibt es noch ein weiteres, heute fast vergessenes, ohne Zweifel ziemlich peinliches Zeugnis des Kohlerschen Genie- und Ichkults, nämlich seinen einzigen, zugleich autobiographischen Roman „Eine Faustnatur", der noch kürzlich von Volker Neumann als ein Fall zum Fremdschämen bezeichnet worden ist[33]. „Ich las den Roman", erinnert sich Carl Schmitt,

„und schämte mich des berühmten Mannes. Es war die salopp hingeworfene, in dozierendem Gerede sich auflösende, offensichtlich autobiographische aber ebenso stark stilisierte Lebensgeschichte eines Gelehrten, eine pseudoromantisch, pseudodämonisch und pseudogenialisch verschmierte Skizze, ein Glissando aus Nachklängen von Goethe, Wagner, Nietzsche, Schopenhauer und Hegel. Der Held hieß Wolfgang. Das war ein Wink mit dem Zaunpfahl der Goethe-Bildung dieser Jahre. Wolfgang absolviert erst eine Gretchen-Tragödie mit einer blonden Beamtentochter namens Elsa, dann eine mehr dämonische Sache mit einer schwarzhaarigen Malerin namens Isolde. Trotz und während solcher Inanspruchnahmen schreibt Wolfgang ein fabelhaftes wissenschaftliches Buch und erhält

[31] Hierzu *Mehring*, Carl Schmitt – Aufstieg und Fall. Eine Biographie, 2009, 23 ff.

[32] *Schmitt*, 1907 Berlin, in: Tommissen (Hrsg.), Schmittiana 1 (Eclectica, 71–72), 1988, 11–21, hier 15.

[33] *Neumann*, Carl Schmitt als Jurist, 2015, 5; siehe auch ebd., Anm. 4.

dafür einen Ruf an die Universität Berlin, zweifelsohne wohlverdient und auch zum Wohl der Menschheit“[34].

Der Ichkult und die geniale Vielseitigkeit Josef Kohlers gehörten offenbar auf eine merkwürdige Weise zusammen – das eine ohne das andere schien kaum denkbar. „Aber dieser Mann“, bemerkt Schmitt nämlich ebenfalls,

„war für mich der einzige Berliner Rechtslehrer, der sich über die Sackgassen des staatlichen Gesetzespositivismus und über die Materialhaufen der Rechtshistoriker erhob, der von Hegel und Bachofen sprach und uns ein Fenster in die grosse Welt zu öffnen schien. Schliesslich konnte ich den Ich-geladenen, Ich-verrückten Maskenträger nicht mehr ertragen. Es hat lange gedauert, bis ich seine originellen Einfälle sachlich schätzen lernte. Er war für mich das erste leibhaftige Beispiel der Verwirrung, die Ich-Wahn und Genie-Begriff in der deutschen Bildung angerichtet haben“[35].

Insofern bleibt, wenn man auf Josef Kohler, den „Wilhelminer“, zurückblickt, im Ganzen ein doch eher zwiespältiges Gefühl: Bewundernder Respekt vor einem wissenschaftlichen und schriftstellerischen Lebenswerk nahezu gigantischen Umfangs mischt sich mit einer letztlich distanzierten Wahrnehmung eines extrem egozentrischen, ja egomanischen Charakters. Vielleicht tut man am besten daran, wie schon sein einstiger Hörer Carl Schmitt empfahl, Kohlers „Torheiten unter der Decke der Vergessenheit“[36] zu lassen, dafür jedoch seine herausragenden Leistungen auf vielen Gebieten seiner Wissenschaft, seine vielfältigen akademischen Qualitäten und seine bahnbrechenden Verdienste erneut zu vergegenwärtigen. Und es sei ebenfalls daran erinnert, dass bis heute – ungeachtet mancher ebenso fleißiger wie erkenntnisreicher Spezialuntersuchungen – eine umfassende biographisch-monographische Würdigung von Kohlers Leben und Werk fehlt, die sicher manches Licht in bestimmte Lebensphasen und Daseinszusammenhänge dieses bedeutenden Gelehrten bringen – und damit auch so manches Missverständnis aufklären könnte.

Das „Wilhelminische“ an Kohler: Autoritätsfixierung, unkritische Affirmation des Bestehenden, harmonistischer Fortschrittsglaube, schließlich auch seine angemaßte Universalkompetenz sowie sein ausgeprägter Genie- und Ichkult, nicht zuletzt seine – wohl zeittypische – physiognomische Selbststilisierung zum Alter ego des Großen Kurfürsten, gehören allerdings zum Kern dieser Persönlichkeit und müssen stets mitgedacht werden, wenn man seine wissenschaftlichen Leistungen im engeren Sinne rekonstruieren und

---

[34] *Schmitt* (Fn. 32), 15 f.

[35] Ebd., 16. – Ähnlich wie Kohler sollte Schmitt später ein besonderes Interesse an Shakespeares Dramen, besonders am „Hamlet“, entwickeln. In seinem zuerst 1956 erschienenen Hamlet-Büchlein hat Schmitt an einer Stelle ausdrücklich Bezug auf Kohlers „Shakespeare vor dem Forum der Jurisprudenz“ (Fn. 15) genommen; *Schmitt*, Hamlet oder Hekuba. Der Einbruch der Zeit in das Spiel, 1985, 68.

[36] *Schmitt* (Fn. 32), 16.

würdigen möchte. Insofern haben seine extrem zeitverhafteten literarisch-künstlerischen Hinterlassenschaften wohl nicht nur als ephemeres Beiwerk eines nach Umfang und Qualität ohne jeden Zweifel herausragenden wissenschaftlichen Werkes zu gelten.

Josef Kohler blieb – nach allem, was bekannt ist – bis zum Lebensende eine typisch wilhelminische Persönlichkeit, die, tief aufgewühlt durch das Erlebnis des Ersten Weltkriegs, noch einmal einen bedeutenden geistigen Wandel durchmachen musste. In seinen späten Werken und in den Neubearbeitungen früherer Veröffentlichungen sah sich Kohler veranlasst, von manchen naiven Illusionen und optimistischen Zukunftserwartungen deutlich Abschied zu nehmen. In seinem lange vorbereiteten, aber erst, wie er selbst bemerkt, „in den Stürmen des Krieges" ausgearbeiteten und 1918 veröffentlichten Spätwerk, den „Grundlagen des Völkerrechts"[37], erläuterte er am Beispiel der beiden Haager Friedenskonferenzen der Jahre kurz vor dem Krieg den Grund für die auch von ihm gehegten „Illusionen", deren er sich auch jetzt, um einige historische Erfahrungen reicher, durchaus nicht schämte, „denn wir glaubten, daß die Idealität, die uns durchleuchtet, auch anderen Nationen nicht fern bleibe". Und dennoch:

> „Wir verkannten die ideallose Selbstherrlichkeit Englands mit seiner maßlosen Herrschsucht und tyrannischen Völkerdiktatur, wir verkannten die lächerliche Eitelkeit und die Gloireleidenschaft Frankreichs und den zaristischen Völkerhunger, der dahin strebte, durch maßlose Gewalttätigkeit andere Staaten zu unterdrücken und sich die Früchte ihrer Kultur anzueignen. Wir verkannten auch die lächerlichen pandemokratischen Bestrebungen gewisser französischen, italienischen und englischen Gesellschaften, deren Selbstgenüge nur durch die maßlose Verständnislosigkeit gegenüber anderen Völkern und ihrer kulturbringenden Eigenart überboten wird"[38].

Das waren bittere Worte eines durch die Erfahrungen des Weltkrieges belehrten einstigen Idealisten, der sich kurz vor Lebensende in harter Zeit den Realitäten seiner Gegenwart stellen musste[39].

Wenn man manchen Überlieferungen glauben darf, dann überlebte er, „aufs tiefste getroffen" durch den deutschen Zusammenbruch Ende 1918

---

[37] *Kohler*, Grundlagen des Völkerrechts. Vergangenheit, Gegenwart, Zukunft, 1918, hier III (Vorwort).

[38] Ebd., 38; vgl. zum werkgeschichtlichen Kontext auch die Bemerkungen bei *Nies* (Fn. 7), 252 ff.

[39] Siehe dazu auch die Erinnerungen seines Schülers *Osterrieth* (Fn. 7), 26: „Das ungeheure Geschehen [...] packte ihn mit allen Fasern, vielleicht um so mehr, als er sein Leben lang von einer die ganze Menschheit umfassenden Kulturgemeinschaft geträumt hatte. Die Einleitungsrede, die er 1908 auf der Eröffnungssitzung der Berliner Tagung des Berner Urheberrechtsverbandes hielt, klang aus in dem aus gläubiger Seele kommenden Rufe: Vive l'humanité! Der Zusammenbruch dieses Glaubens hat ihn im Innersten erregt. Mit der ganzen Leidenschaft seiner beweglichen Natur machte er seiner Entrüstung Luft, mit Zornesworten, die den Gelehrten verleugneten".

und in seiner „schier unverwüstliche[n] Lebenskraft plötzlich gebrochen“[40], das deutsche Kaiserreich keineswegs zufällig nur um neun Monate, als er im Alter von siebzig Jahren am 3. August 1919 in Berlin starb. Der wohl letzte Text, den er kurz vor seinem Tod niederschrieb, war das Vorwort zur zweiten überarbeiteten Auflage seines Shakespeare-Buchs; es schließt mit den trotzigen Worten, die noch einmal den ganzen Kohler und damit auch den „Wilhelminer“ in ihm aufscheinen lassen: „[...] gerade in der Zeit der politischen Schwere handelt es sich darum, die Fahne der Wissenschaft hochzuhalten und allen Nationen immer und immer zu verkünden, daß wir in der Wissenschaft die Ersten sind und die Ersten bleiben werden“[41].

[40] *Spendel* (Fn. 7), 13; vgl. auch die Bemerkungen von Ernst Heymann und Reinhold Seeberg in: Josef Kohler zum Gedächtnis (Fn. 7), 12, 28; zeittypisch ebenfalls *Osterrieth* (Fn. 7), 26: „Als die Kraft des deutschen Volkes zerbrach und das finstere Unheil kam, da zerbrach auch sein Lebensmut, da entschwand ihm der Lebenswille. [...] In einer Zeit der Schande, des Elends, des Grauens vor der Zukunft hat Kohler uns verlassen“.

[41] *Kohler* (Fn. 15), VII (Vorwort zur zweiten Auflage).

Die Rechtsphilosophie Josef Kohlers

Zugleich ein Beitrag zur Geschichte der Rechtsphilosophie um 1900

Diethelm Klippel

A. Einführung

Das Vorhaben, die Rechtsphilosophie Josef Kohlers zu untersuchen, stößt auf den ersten Blick auf die Schwierigkeit, dass das rechtsphilosophische Œuvre von Kohler einen recht erheblichen Umfang aufweist. Unter den 2482 Nummern von Veröffentlichungen, die sein Sohn, Arthur Kohler, in seiner Bibliographie[1] zusammengestellt hat, finden sich 161 Titel zur Rechtsphilosophie und deren Geschichte, zur Philosophie des Privatrechts, zur Philosophie des Staats- und Verwaltungsrechts und zur Allgemeinen Staatslehre, zur Philosophie und zu den Grundlagen des Zivilprozess- und Konkursrechts und zur Philosophie des Strafrechts. Hinzu kommen zu Beginn dieser Rubriken 112 Verweise auf weitere Veröffentlichungen, von denen Arthur Kohler offensichtlich annahm, dass auch sie Rechtsphilosophisches enthalten, ferner 46 Titel zur (allgemeinen) Philosophie. Zusammen ergibt das die stolze Zahl von 319 Titeln, nicht gerechnet die Mehrfachveröffentlichungen, die in der Bibliographie unter lediglich einer Nummer geführt werden: Kohler verwertete Teile seiner Bücher auch in Aufsätzen und diese und andere wissenschaftliche Aufsätze häufig auch in Journalen, die sich an die Allgemeinheit richteten.

Aus dem bibliographischen Befund ergibt sich zum einen die Erkenntnis, dass rechtsphilosophische Publikationen *einen* Schwerpunkt unter allerdings vielen Schwerpunkten im Werk von Kohler ausmachen. Zum anderen erscheint es als unmöglich, in einem kurzen Aufsatz alle einschlägigen Veröffentlichungen im Einzelnen auszuwerten, obwohl es sich bei einem großen

---

[1] *Arthur Kohler* (unter Mitwirkung von *Victoria Eschke*), Josef Kohler-Bibliographie. Verzeichnis aller Veröffentlichungen und hauptsächlichen Würdigungen, 1931. – *Ziemann*, Archiv für Rechts- und Sozialphilosophie. Bibliographie und Dokumentation (1907–2009), 2010, 176–180, führt in seinem „Artikelverzeichnis und alphabetischem Autorenregister des ARWP/ARSP sowie aller Beihefte und Sonderhefte aus den Jahren 1907 bis 2009“ 113 Beiträge von Kohler im Archiv für Rechts- und Wirtschaftsphilosophie (ARWP) auf, darunter einige, u.a. Diskussionsbeiträge, die nicht in Arthur Kohlers Bibliographie enthalten sind.

Teil der aufgeführten Titel um – wenn auch teils ausführliche – Rezensionen handelt. Immerhin verbleiben, zieht man diese von der Gesamtzahl ab, noch rund 40 Aufsätze und acht Monographien. Die nähere Lektüre beruhigt einerseits, weil Kohler sich inhaltlich, wenn auch in voneinander abweichenden Formulierungen, häufig wiederholte. Umso mehr muss allerdings Beachtung finden, wenn er im Laufe der Jahre bestimmte Auffassungen revidierte. Andererseits zeigt die Lektüre, dass er – wie auch aus der Bibliographie hervorgeht – eine Vielzahl von Themen als rechtsphilosophisch einschlägig behandelte, nämlich u.a. zivil-, straf-, staats- und völkerrechtliche Fragen; diese Bandbreite findet sich nicht zuletzt auch in seinen von Arthur Kohler in dem Abschnitt „Rechtsphilosophie" eingeordneten Monographien[2].

Zahl und inhaltliche Bandbreite der Veröffentlichungen Kohlers mit rechtsphilosophischem Bezug führen dazu, die Fragestellung meines Beitrags – trotz des vollmundigen Titels – inhaltlich und methodisch zu präzisieren und einzuschränken. Gefragt wird nach den Grundlagen und Funktionen der Rechtsphilosophie Kohlers und danach, wie diese in die Entwicklung der deutschen Rechtsphilosophie im 19. Jahrhundert und um die Wende vom 19. zum 20. Jahrhundert einzuordnen ist. Die angewandte Methode ist historisch, genauer gesagt: rechts- und ideengeschichtlich, nicht rechtsphilosophisch oder philosophisch; angesichts der gängigen philosophie- und rechtsphilosophiegeschichtlichen Methode erscheint dieser Hinweis nicht als überflüssig[3]. Gefragt wird also nicht, ob die rechtsphilosophischen Auffassungen Kohlers richtig oder falsch waren oder sind, ob sie (noch) aktuell sind oder ob er die Rechtsphilosophie z.B. von Kant und Hegel zutreffend erkannte (obwohl dies in der Forschungsliteratur eine Rolle spielt). Vielmehr sind sie zu kontextualisieren, d.h. im Zusammenhang mit der Entwicklung der Rechtsphilosophie im 19. Jahrhundert und der Zeit um 1900 zu sehen.

Da das reichhaltige und weitgespannte Œuvre Kohlers eine gewisse Faszination ausübt, haben sein Leben und sein Werk in der Forschungsliteratur durchaus Beachtung gefunden. Freilich fehlt bisher eine umfassende wissenschaftliche Biographie[4], was angesichts der Spannweite seiner Veröffentli-

---

[2] Moderne Rechtsprobleme, 1907; Lehrbuch der Rechtsphilosophie, 1909; dass., 2. Auflage, 1917; dass., 3. Aufl., hrsg. v. Arthur Kohler, 1923; Das Recht, 1909; Recht und Persönlichkeit in der Kultur der Gegenwart, 1914.

[3] Kritisch zur Methode der herkömmlichen philosophiegeschichtlichen Forschung: *Eisfeld*, Erkenntnis, Rechtserzeugung und Staat bei Kant und Fichte, 2015, 21–126; *ders.*, Methodische Überlegungen zur Philosophiegeschichte am Beispiel der Kant-Rezeption, in: Klippel/ Hüning/ Eisfeld (Hrsg.), Die Rezensionen zu Kants Metaphysischen Anfangsgründen der Rechtslehre. Die zeitgenössische Rezeption von Kants Rechtslehre, 2020, 317–354.

[4] Die zahlreich vorhandenen biographischen Skizzen, die selten Neues bieten, beruhen fast ausnahmslos auf: *Spendel*, Josef Kohler. Bild eines Universaljuristen, 1983. – Über-

chungen verständlich ist. Was die Veröffentlichungen von Kohler betrifft, so steht im Vordergrund des Forschungsinteresses eindeutig sein Beitrag zum Immaterialgüterrecht, zum Wettbewerbsrecht und zum Persönlichkeitsschutz[5]: Seine Bedeutung für die Entwicklung dieser Rechtsgebiete in Deutschland ist offensichtlich[6], unabhängig davon, ob seine Auffassungen rezipiert wurden oder nicht. Vergleichsweise wenig Forschungen liegen dagegen zur Rechtsphilosophie Kohlers vor. Meist wird sie nur am Rande erwähnt[7]. Ausführlicher berücksichtigt wurden Kohlers rechtsphilosophische Auffassungen in der DDR von Werner Sellnow aus marxistischer Perspektive[8]. Vor allem aber sind zu erwähnen ein Aufsatz von Wolfgang Schild zum Neuhegelianismus Kohlers[9] und ein Aufsatz von Dieter Schwab zur Rechtstheorie Josef Kohlers[10].

---

blick über die sonstige biographische Literatur: *Pahlow*, Josef Kohler (1849–1919), in: Apel u.a. (Hrsg.), Biographisches Handbuch des Geistigen Eigentums, 2017, 165–173, 173 (auch in: Zeitschrift für Geistiges Eigentum [ZGE] 11 [2019], 234–242, 241 f.). – Trotz des etwas unglücklichen Titels bietet folgendes Werk, das auch ungedruckte Quellen berücksichtigt, die bisher beste (politische) Biographie Kohlers: *Nies*, „Die Geschichte ist weiter als wir". Zur Entwicklung des politischen und völkerrechtlichen Denkens Josef Kohlers in der Wilhelminischen Ära, 2009.

[5] Überblicke von *Pahlow* (Fn. 4); *Obergfell*, Zeitschrift f. Europäisches Privatrecht 2019, 499–517; siehe vor allem die von Obergfell herausgegebenen Beiträge zum 2. Josef Kohler-Symposion 2013 zum Thema „Die Bedeutung Josef Kohlers und die Fortentwicklung seiner Ideen im modernen Immaterialgüterrecht" in der ZGE 6 (2014): *Obergfell*, ZGE 2014, 397–406; *Gross*, ebd., 407–428; *Pahlow*, ebd., 429–442; *Klippel*, ebd., 443–469 (dort auch zum Schutz gegen unlauteren Wettbewerb, 463 f.); *Haberstumpf*, ebd., 470–496. – Ferner *Gross*, Josef Kohler. Wege zu einem deutschen Wettbewerbsrecht, in: Festschrift für Eike Ullmann, 2006, 615–642.

[6] So geht schon der Begriff „Immaterialgüterrecht" auf Kohler zurück: *Pahlow* (Fn. 5). Zudem wird er in Forschungen zum geltenden Recht auch heute noch als Autorität zitiert; dazu *Obergfell* (Fn. 5), 404 f.

[7] So bei *Spendel* (Fn. 4), 5 f.; *Gast*, Zeitschrift für Vergleichende Rechtswissenschaft 1986, 1–10, 5–8; *Gängel/Schaumburg*, Archiv für Rechts- und Sozialphilosophie 75 (1989), 289–312; *Klenner*, Rechtsphilosophie im Deutschen Kaiserreich, in: Sprenger (Hrsg.), Deutsche Rechts- und Sozialphilosophie um 1900. Zugleich ein Beitrag zur Gründungsgeschichte der Internationalen Vereinigung für Rechts- und Sozialgeschichte (IVR), 1991, 11–17, 15 f.; *ders.*, Deutsche Rechtsphilosophie im 19. Jahrhundert. Essays, 1991, 199–206; *Mollnau*, Eine Liaison zwischen Rechtsphilosophie und Gesetzgebung. Skizze anhand der frühen Jahrgänge des Archivs für Rechts- und Wirtschaftsphilosophie, in: Sprenger (Hrsg.), Deutsche Rechts- und Sozialphilosophie, 111–120, 115 f.

[8] *Sellnow*, Gesellschaft – Staat – Recht. Zur Kritik der bürgerlichen Ideologie über die Entstehung von Gesellschaft, Staat und Recht. Von der bürgerlichen Aufklärung bis zum deutschen Positivismus des 19. Jahrhunderts, 1963, 692–716, 864.

[9] *Schild* (Fn. 7), 46–65.

[10] *Schwab*, Zeitschrift für Neuere Rechtsgeschichte (ZNR) 2014, 45–64.

Entsprechend der Fragestellung ist im Folgenden zunächst auf die Geschichte der Rechtsphilosophie im 19. Jahrhundert einzugehen (B.) und sodann auf die von Kohler so genannte „Wiedergeburt der Rechtsphilosophie“[11] nach 1900 (C.). Angesichts der Fülle von Themen, die Kohler als rechtsphilosophisch relevant ansah, beschränkt sich der vorliegende Beitrag nach einem Überblick über sein rechtsphilosophisches Œuvre (D.) auf eine Analyse der Grundlagen seiner Rechtsphilosophie (E.) und auf die seiner Auffassung nach von der Rechtsphilosophie zu erfüllenden Aufgaben und Funktionen (F.).

B. Zur Geschichte der Rechtsphilosophie im 19. Jahrhundert

I. Naturrecht und Rechtsphilosophie

Die Geschichte der Rechtsphilosophie im 19. Jahrhundert beginnt mit dem Naturrecht. Entgegen einer lange Zeit vorherrschenden Auffassung ging das Zeitalter des nichttheologischen Naturrechts als juristischer und philosophischer Wissenschaftsdisziplin nämlich nicht um 1800 und auch noch nicht in der Zeit des Vormärz zu Ende[12]. Vielmehr war das Naturrecht als Teil der Rechtswissenschaft und der Philosophie in der Literatur und in Vorlesungen fast während des gesamten 19. Jahrhunderts präsent, wenn auch nicht in gleichbleibender Quantität und mit gleichbleibenden Funktionen, mit dem Schwerpunkt in der ersten Hälfte des Jahrhunderts[13]. So erschienen zwischen 1800 und 1850 rund 130 Bücher übergreifenden Inhalts zu Naturrecht und Rechtsphilosophie – Lehrbücher und Sammelbände –, zusätzlich rund 30 Neuauflagen davon, ganz zu schweigen von den überaus zahlreichen Einzelveröffentlichungen[14].

Charakteristisch für dieses Naturrecht ist, dass es als Komplex von unveränderlichen, unabhängig von Zeit und Ort geltenden Normen aufgefasst wurde. Es erfüllte im 18. und zu Beginn des 19. Jahrhunderts fünf Funktionen[15]: *Erstens* bot es die Möglichkeit, Grundbegriffe des Rechts wie Staat,

---

[11] *Kohler*, Archiv für Rechts- und Wirtschaftsphilosophie (ARWP) 2 (1908/1909), 445–449; darauf beruhend der Artikel in: (Münchener) Allgemeine Zeitung v. 22.5.1909, 469–470.

[12] Dazu zusammenfassend und mit Nachweisen: *Klippel*, Art. Rechtsphilosophie und Naturrecht, in: Jaeger (Hrsg.), Enzyklopädie der Neuzeit, Bd. 10, 2009, Sp. 715–740, 729 f.

[13] *Schröder/Pielemeyer*, Naturrecht als Lehrfach an den Universitäten des 18. und 19. Jahrhunderts, in: Dann/Klippel (Hrsg.), Naturrecht – Spätaufklärung – Revolution, 1995, 255–269.

[14] *Klippel*, Naturrecht und Rechtsphilosophie im 19. Jahrhundert. Eine Bibliographie. 1780–1850, 2012.

[15] *Klippel* (Fn. 12), Sp. 723 f. u. 730 f.

Gesetz, Eigentum, Ehe, Erbrecht und Strafe zu erörtern. *Zweitens* war es ein Diskussionsforum, auf dem sowohl das geltende Recht legitimiert als auch rechtspolitische Fragen unter Berücksichtigung der politischen, sozialen und wirtschaftlichen Veränderungen erörtert werden konnten, z.B. Privilegien, Pauperismus, die Todesstrafe, Geistiges Eigentum, Wucher und Gefängniswesen. *Drittens* galt es als Maßstab für das positive Recht, in der Terminologie der Zeit: „als Kanon alles positiven Rechts", als „Probirstein jedes positiven Staatsrechts"[16]. *Viertens* wurde es als subsidiär geltendes Recht aufgefasst[17]. *Fünftens* vertraten die meisten Naturrechtsautoren um 1800 und in der ersten Hälfte des 19. Jahrhunderts politisch liberale Standpunkte[18]; so z.B. galt das Naturrecht als „Wissenschaft der Menschenrechte"[19].

Die Lehren der Historischen Rechtsschule stellten das Naturrecht zunächst kaum vor Probleme, trotz heftiger gegenseitiger Polemik. Das Naturrecht umarmte sozusagen die Rechtsgeschichte: Diese zeige, wie das Naturrecht sich zeitlich und örtlich auswirke, wie das positive Recht jeweils den naturrechtlichen Idealen mehr oder weniger nahekomme[20]. Allerdings blieb der wachsende Einfluss der Historischen Rechtsschule in der Rechtswissenschaft nicht ohne Auswirkungen auf das Naturrecht: Nicht zuletzt aus politischen Gründen wurde der – auch in der ersten Hälfte des 19. Jahrhunderts noch geltend gemachte – Anspruch des Naturrechts, (subsidiär) geltendes Recht zu sein, nachdrücklich in Frage gestellt; infolgedessen reduzierten zahlreiche Autoren den Geltungsanspruch des Naturrechts. Das zeigt sich zum einen darin, dass sie das Naturrecht nun nicht mehr als subsidiär geltendes Recht verstanden, sondern als Gesetzgebungslehre, die lediglich Empfehlungen abgab[21]. Zum anderen weisen schon die Titel der Lehrbücher dar-

---

[16] So *Buhle*, Lehrbuch des Naturrechts, 1798, 211.

[17] *Schröder*, Politische Aspekte des Naturrechts in der zweiten Hälfte des 18. Jahrhunderts. Die Begründung des staatlichen Rechtserzeugungsmonopols, in: Klippel/Müller-Luckner (Hrsg.), Naturrecht und Staat. Politische Funktionen des europäischen Naturrechts, 2006, 19–34, 30 f. – Zur Anwendung des Naturrechts in der Rechtspraxis: *Kischkel*, Die Spruchtätigkeit der Gießener Juristenfakultät. Grundlagen – Verlauf – Inhalt, Hildesheim u.a. 2016, 335–397; *Schröder*, Naturrecht in den Tübinger Konsilien von Wolfgang Adam Schöpf, in: Eisfeld u.a. (Hrsg.), Naturrecht und Staat in der Neuzeit. Diethelm Klippel zum 70. Geburtstag, 2013, 101–112.

[18] *Klippel*, Naturrecht und Politik im Deutschland des 19. Jahrhunderts, in: Ballestrem (Hrsg.), Naturrecht und Politik, 1993, 27–67.

[19] *Klippel*, Politische Freiheit und Freiheitsrechte im deutschen Naturrecht des 18. Jahrhunderts, 1976, 184 f.; *ders.*, Die Theorie der Freiheitsrechte am Ende des 18. Jahrhunderts in Deutschland, in: Rechtsgeschichte in den beiden deutschen Staaten. Beispiele, Parallelen, Positionen, 1991, 348–386.

[20] Zu diesen Zusammenhängen: *Klippel*, Die Historisierung des Naturrechts. Rechtsphilosophie und Geschichte im 19. Jahrhundert, in: Kervégan/Mohnhaupt (Hrsg.), Recht zwischen Natur und Geschichte. Le droit entre nature et histoire, 1997, 103–124.

[21] *Klippel*, Die Philosophie der Gesetzgebung. Naturrecht und Rechtsphilosophie als

auf hin, dass es nicht mehr um Recht, um den Anspruch rechtlicher Verbindlichkeit gehen sollte, sondern um rechtlich unverbindliche Rechtsphilosophie: Dieser Begriff tauchte zunächst auf Buchtiteln und in der Bezeichnung der Vorlesungen neben dem Begriff des Naturrechts auf und ersetzte ihn dann zunehmend[22].

Der Veränderungsprozess wurde rückblickend von dem Tübinger Juraprofessor Leopold August Warnkönig 1861 anschaulich beschrieben[23]:

> „Man darf es sagen, das Naturrecht starb, und ging nur noch in der Rechtsphilosophie als Geist umher! von a priori als Vernunftgesetz formulirten, ohne Staatssanction, geltenden Rechtssätzen konnte nach den übereinstimmenden Ansichten fast aller nicht mehr die Rede sein: Das Naturrecht als Rechtsphilosophie war nur die Lehre de lege ferenda!"

Auch die Auffassungen anderer Autoren in der zweiten Hälfte des Jahrhunderts belegen diesen Veränderungsprozess: Wahre Rechtsphilosophie, so August Geyer 1882, Strafrechtler und Rechtsphilosoph zunächst in Innsbruck, dann in München, fordere nur zu Reformen auf[24]. Der Bonner Juraprofessor Ferdinand Walter meinte 1863, es müsse die „Politik der Gesetzgebung [...] ihre Erleuchtung aus der Rechtsphilosophie schöpfen"[25].

Im Laufe der ersten Hälfte des 19. Jahrhunderts fand also eine Funktionsverschiebung der ursprünglich als Naturrecht, dann als Naturrecht und/oder Rechtsphilosophie und schließlich nur noch als Rechtsphilosophie bezeichneten Teildisziplin der Rechtswissenschaft statt. Insbesondere der Anspruch des Naturrechts, subsidiär geltendes Recht zu sein und als Maßstab für die Gültigkeit des positiven Recht zu gelten, wurde zurückgenommen[26]; „Rechtsphilosophie" erhebt schon begrifflich nicht mehr diesen Anspruch. Zunächst das Naturrecht und dann die Rechtsphilosophie verstanden sich allenfalls noch als rechtspolitische Disziplin, eben als „Gesetzge-

Gesetzgebungswissenschaft im 18. und 19. Jahrhundert, in: Dölemeyer/ders. (Hrsg.), Gesetz und Gesetzgebung im Europa der Frühen Neuzeit, 1998, 226–247.

[22] *Schröder/Pielemeyer* (Fn. 13); *Klippel*, Naturrecht und Rechtsphilosophie in der ersten Hälfte des 19. Jahrhunderts, in: Dann/ders. (Hrsg.), Naturrecht – Spätaufklärung – Revolution, 1995, 270–292.

[23] Die Wiederauferstehung des Naturrechts oder kritische Überschau der drei neuesten Lehrbücher, in: Kritische Vierteljahrsschrift für Gesetzgebung und Rechtswissenschaft 1861, 241–282, 244 f.

[24] *Geyer*, Geschichte und System der Rechtsphilosophie in Grundzügen, 1863, 4; ähnlich *ders.*, Philosophische Einleitung in die Rechtswissenschaften, in: von Holtzendorff (Hrsg.), Encyklopädie der Rechtswissenschaft [...], 4. Aufl., Bd. 1, 1882, 3–96, 4: Die Rechts- und Staatsphilosophie „hat vor allem die Fragen zu beantworten nach dem, was das Recht sein soll und was der Staat sein soll".

[25] *Walter*, Naturrecht und Politik, 1863, 23 f.

[26] Bei *Geyer* (Fn. 24) heißt es dann 1863 sehr deutlich (3): „Die Rechtsphilosophie stellt das Ideal für die wirklich zu errichtende Rechtsordnung, nicht aber wirklich geltendes Recht auf. Es gibt kein Naturrecht, welches etwa dem positiven Rechte derogiren könnte".

bungswissenschaft“, zumindest aber weiterhin als Fach, das Grundbegriffe und Grundfragen des Rechts philosophisch behandelte.

II. Der Bedeutungsverlust der Rechtsphilosophie in der zweiten Hälfte des 19. Jahrhunderts

Der Bedeutungsverlust von Naturrecht und Rechtsphilosophie setzte sich in der zweiten Hälfte des 19. Jahrhunderts fort. Das gilt zunächst ganz deutlich für das Naturrecht. Zwar sprach Warnkönig 1861 im Titel des bereits zitierten Aufsatzes voreilig von der „Wiederauferstehung des Naturrechts“[27], und selbstverständlich gab es weiterhin das Naturrecht der Katholischen Kirche, das durch den Neothomismus in den letzten Jahrzehnten des Jahrhunderts sogar eine Blütezeit erlebte[28]. Aber im Übrigen bestand die fast einhellige Auffassung, dass es neben dem positiven Recht kein Naturrecht gebe. So z.B. bezeichnete der Philosoph Friedrich Jodl, Professor zunächst in Prag, dann in Wien, 1893 das Naturrecht als „ein blosses Phantom“, „ein Product und Ueberbleibsel einer falschen metaphysischen und speculativen Philosophie“; alles „sogenannte Naturrecht segelt unter einer falschen Flagge: es ist nichts Anderes als Socialethik“, die sich in der Vergangenheit allerdings anregend und umgestaltend auf das Rechtsleben ausgewirkt habe[29]. Zahlreiche weitere Autoren ließen keinen Zweifel daran, dass der „alte Traum von einem Naturrecht mit ewig unveränderlichem Inhalt, selbst wenn man ihn auf die obersten Prinzipien beschränkt“, für alle Zeiten ausgeträumt sei[30].

Trotz der bereits am Begriff erkennbaren Reduzierung des Bedeutungsanspruchs wurde auch die Lage der Rechtsphilosophie als Teildisziplin der Rechtswissenschaft in der zweiten Hälfte des 19. Jahrhunderts prekär. Einige Autoren bezweifelten radikal die Möglichkeit der Anerkennung der Rechtsphilosophie als Wissenschaftsdisziplin. So fragte der Philosoph Julius Bahnsen 1883 in der Tat in einem Aufsatz: „Ist eine Rechtsphilosophie überhaupt möglich?“[31] Einige Autoren verneinten das, so bereits 1857 der Heidelberger Philosophieprofessor Ludwig Knapp: „Die Rechtsphilosophie ist nichts anderes als die Erkenntniß der Rechtsphantasmen“[32]. 1887 meinte der Stuttgarter Rechtsanwalt Adolph Steudel, es gebe keine Rechtsphilosophie, da

---

[27] Wie Fn. 23.

[28] Zu den zahlreichen einschlägigen Werken: *Demmer*, Der Staat im Neothomismus. Von den Anfängen bis zum Ende der Weimarer Republik, 2013.

[29] *Jodl*, Juristische Vierteljahresschrift 1893, 1–20, 2,15.

[30] *Oertmann*, Naturrecht und positives Recht, in: Beilage zur (Münchener) Allgemeinen Zeitung 1901, Nr. 177, 1–3, Nr. 178, 1–4 (Nr. 178, 2, mit Hinweis auf u.a. Bekker, Bergbohm und Zitelmann); insofern zustimmend zu *Jodl* (Fn. 22): *Hölder*, Zeitschrift für Philosophie und philosophische Kritik 1894, 185–197.

[31] *Bahnsen*, Zeitschrift für Vergleichende Rechtswissenschaft 1880, 219–231.

[32] *Knapp*, System der Rechtsphilosophie, 1857, 243.

„Recht" kein philosophischer Begriff sei; die Rechtsphilosophie bezeichnete er als „Schwindel" und wollte sie konsequenterweise als Begriff und Fach beseitigen[33]:

„[…] daß die Aufstellung einer Rechts-Philosophie ein purer Schwindel sei, habe ich in meinem Buche mit der vollsten Überzeugung dargelegt […]. So halte ich denn auch meinen dort gethanen schließlichen Ausspruch für vollkommen gerechtfertigt: daß von einer Rechts-Philosophie ferner nicht mehr die Rede sein sollte".

Dementsprechend meinte der Münchener Philosophieprofessor und Politiker Georg Freiherr von Hertling 1895, Anhänger eines neothomistischen katholischen Naturrechts, ein ausländischer Gastwissenschaftler könne seine Eindrücke vom Zustand der Rechtsphilosophie in Deutschland wie folgt zusammenfassen: „diejenigen, welche als Vertreter der neuesten Rechtsphilosophie in Deutschland anzusehen seien, kämen darin überein, dass es – eine Rechtsphilosophie nicht gebe"[34].

Allerdings führten diese Angriffe nicht zum Verschwinden der Rechtsphilosophie als Lehrfach an den Universitäten, obwohl die Zahl der Vorlesungen abnahm[35]. Auch rechtsphilosophische Veröffentlichungen erschienen weiterhin. Doch lassen sich einige bezeichnende Veränderungen feststellen. So diskutierte man, ob die Rechtsphilosophie eine Teildisziplin der Rechtswissenschaft sei oder vielmehr – wie das Naturrecht[36] – eher mit der Ethik in Verbindung gebracht werden müsse[37]. Gerade wenn die Rechtsphilosophie als Teil der Rechtswissenschaft begriffen wurde[38], war die Frage nach ihrem

---

[33] *Steudel*, Zeitschrift für Philosophie und philosophische Kritik 1887, 142–152, 143, 148, 151 (Zitat); er bezieht sich auf folgendes Werk: *ders.*, Philosophie im Umriss (4 Bde., 1871–1884), Bd. 4, Kritische Betrachtungen über die Rechtslehre, 1884. – Der Greifswalder Philosophieprofessor Wilhelm Schuppe hatte dieses Werk rezensiert, in: Zeitschrift für Philosophie und philosophische Kritik 1895, 270–290; der Aufsatz von Steudel richtet sich gegen diese Rezension.

[34] *Freiherr von Hertling*, Philosophisches Jahrbuch 1895, 117–143, 253–272, 357–371, 117.

[35] *Schröder/Pielemeyer* (Fn. 13).

[36] Siehe oben bei Fn. 29; zustimmend in seiner Rezension des Aufsatzes: *Frank*, Zeitschrift f. d. gesamte Strafrechtswissenschaft 1900, 369 f., 369.

[37] *Warnkönig* (Fn. 23), 245; *Geyer* (Fn. 24), 3: Die Rechtsphilosophie sei Teil der Ethik; weitere Nachweise bei *Klippel* (Fn. 18), Fn. 88. – *Schütze*, Zeitschrift f. d. Privat- u. öffentliche Recht der Gegenwart 1879, 1–26, 10 f.: Die Rechtsphilosophie sei Teil der praktischen Philosophie. – Noch 1906 meinte der Würzburger Staats- und Verwaltungsrechtler Robert Piloty, eine Rechtsphilosophie gebe es kaum mehr, „nur im Strafrechte und im Staatsrechte finden sich noch Spuren der Anknüpfung, die sich aber dort auf die Ethik und hier auf die Politik beschränken": *ders.*, (Seufferts) Blätter f. Rechtsanwendung 1906, 493–507, 507.

[38] So u.a. *Lingg*, Zeitschrift f. d. Privat- u. öffentliche Recht der Gegenwart 1891, 42–63; *Schuppe*, Jahrbuch d. internationalen Vereinigung f. vergleichende Rechtswissenschaft u. Volkswirtschaftslehre 1897, 215–257: „Es gibt keine Rechtsphilosophie neben der

Verhältnis zum positiven Recht zu beantworten; zahlreiche Veröffentlichungen widmeten sich dieser Frage[39]. Meist rückte die Forderung in den Vordergrund, die Rechtsphilosophie müsse vom positiven Recht und dessen Geschichte ausgehen und lediglich grundsätzliche Fragen wie die Funktion des Rechts behandeln[40].

Bezeichnend dafür ist die Auffassung des Straßburger Strafrechtlers Adolf Merkel, der die herkömmliche Rechtsphilosophie durch einen Allgemeinen Teil der Wissenschaft des positiven Rechts, nämlich durch die von ihm so genannte Allgemeine Rechtslehre, ersetzen wollte; sie sollte lediglich den Stoff des positiven Rechts analysieren und systematisieren[41].

Die Diskussionen über die Zugehörigkeit der Rechtsphilosophie zur Rechtswissenschaft oder zur Ethik, über Aufgaben und Funktion der Rechtsphilosophie und die Festlegung auf das positive Recht als Ausgangspunkt rechtsphilosophischen Denkens zeigen also einen weiteren erheblichen Bedeutungsverlust der Rechtsphilosophie. *Erstens* stand, wie erwähnt, ihre Stellung als Teil der Rechtswissenschaft in Frage – insbesondere dann, wenn sie durch eine Allgemeine Rechtslehre ersetzt werden sollte. *Zweitens* wurde, wie ebenfalls bereits erwähnt, gefordert, dass die Rechtsphilosophie sich auf die Behandlung philosophischer Grundfragen des Rechts beschränken, also nicht mehr einzelne Fragen des positiven Rechts ansprechen, sondern, wie

---

[…] Rechtswissenschaft, sondern was jene lehren will und soll, ist ein wesentlicher Teil der Rechtswissenschaft selbst".

[39] So u.a. *Merkel*, Zeitschrift f. d. Privat- u. öffentliche Recht d. Gegenwart 1874, 1–10, 402–421; *Rulf*, Mitteilungen des Deutschen Juristenvereines in Prag 1878, 1–15; zu dieser Frage auch *Schütze* (Fn. 36).

[40] *Rulf* (Fn. 39), 14.

[41] *Merkel* (Fn. 39), 402 f., 408; zu den Themen seiner Allgemeinen Rechtslehre im Einzelnen *ders.*, Elemente der allgemeinen Rechtslehre, in: von Holtzendorff (Hrsg.), Encyklopädie der Rechtswissenschaft […], 5. Aufl., Bd. 1, 1890, 5–44 (als erster Teil der „Philosophischen Einleitung in die Rechtswissenschaft"; der zweite Teil bestand in einer „Übersicht über die Geschichte der Rechts- und Staatsphilosophie" von August Geyer, durchgesehen und ergänzt von Merkel). Von Geyer stammt die „Philosophische Einleitung in die Rechtswissenschaft" der Vorauflage (Fn. 24), ohne Bezug auf eine Allgemeine Rechtslehre. In den Vorauflagen (1870, 1873, 1877) hatte Heinrich Ahrens jeweils den Beitrag „Recht und Rechtswissenschaft im Allgemeinen. Rechtsphilosophische Einleitung" verfasst. Zur 6. Auflage (1904) schrieb dann Josef Kohler den Beitrag „Rechtsphilosophie und Universalrechtsgeschichte), unten Fn. 71. Die Beiträge von Ahrens, Geyer, Merkel und Kohler sind in vieler Hinsicht symptomatisch für die Entwicklung der Rechtsphilosophie von 1870 bis 1904. – Zu Merkels Auffassungen *Brockmöller*, Die Entstehung der Rechtstheorie im 19. Jahrhundert, 1997, 245–248. – Der Vorschlag Merkels stieß freilich nicht nur auf Zustimmung: z.B. *Schütze* (Fn. 36), 1 f., 4, 7, 11, wandte sich gegen Merkels Aufsatz und meinte, eine Allgemeine Rechtslehre gehöre zum Bereich des positiven Rechts und habe daher mit Rechtsphilosophie nichts zu tun, die Teil der praktischen Philosophie sei.

Hermann Ulrici, Philosophieprofessor in Halle, es ausdrückte, „das Rechtsbewußtseyn des Volks" in den Mittelpunkt stellen solle[42]:

> „Das Naturrecht insbesondere hat [...] nicht der Gesetzgebung, der Justiz und Regierung Vorschriften zu machen, nicht in rein praktische Fragen, weder der Rechtspflege noch der Verwaltung, sich einzumischen, – was es oft genug sich angemaßt hat. [...] seine alleinige Aufgabe ist, das Rechtsbewußtseyn des Volks aufzuhellen, zu festigen, zu berichtigen, und so zur Fortbildung des Rechts beizutragen."

Damit wurde – *drittens* – der durchaus auf einzelne Probleme des geltenden Rechts zielende rechtspolitische Charakter der Rechtsphilosophie gekappt. Von den fünf oben genannten Funktionen, die das Naturrecht und zum Teil auch noch die Rechtsphilosophie in der ersten Hälfte des Jahrhunderts erfüllt hatten, blieb nicht mehr viel übrig, allenfalls die philosophische Erörterung von Grundbegriffen und Grundfragen des Rechts und vage Hinweise auf die Bedeutung der Rechtsphilosophie für Rechtsfortbildung und Reformen.

Zu fragen ist, *warum* der geschilderte Bedeutungsverlust der Rechtsphilosophie eintrat. Einen ersten Hinweis gibt der bereits zitierte Leopold August Warnkönig. Er meinte 1839 in seinem Buch „Rechtsphilosophie als Naturlehre des Rechts": „Der deutsche Liberalismus stützt sich einerseits auf Frankreich, andererseits auf die Prinzipien des ewigen Vernunftrechts"[43]. Die Verbindung mit liberalen politischen Ideen und mit den Gedanken der Französischen Revolution – mit denen zu sympathisieren im Deutschland des 19. Jahrhunderts nicht opportun war – wurde dem Naturrecht und dann auch der Rechtsphilosophie zum Verhängnis[44]. Es waren also politische Gründe, die zu deren Bedeutungsverlust führten. Zumal mit dem Scheitern der Revolution von 1848/1849 scheiterte auch ein Großteil der in Naturrecht und Rechtsphilosophie vertretenen Auffassungen.

Hinzu kommen weitere Gründe, die sich aus der Entwicklung des Rechts und der Rechtswissenschaft in der zweiten Hälfte des 19. Jahrhunderts ableiten lassen. Es liegt zwar nahe, hier den Einfluss des historischen Denkens der Historischen Rechtsschule anzuführen; aber damit konnten sich Naturrecht und Rechtsphilosophie arrangieren[45]. Vielmehr ist die politisch desil-

---

[42] *Ulrici*, Grundzüge der praktischen Philosophie. Naturrecht, Ethik und Aesthetik, Bd. 1, 1873, V; zur Beschränkung auf Grundfragen des Rechts siehe auch oben bei Fn. 39.

[43] *Warnkönig*, Rechtsphilosophie als Naturlehre des Rechts, 1839, 148.

[44] So sehr deutlich: *Grupp*, Historisch-politische Blätter für das katholische Deutschland 1898, 187 ff., 190 f.: „Das Naturrecht haben die neueren Juristen nicht nur deshalb verworfen, weil es zu unbestimmt ist und keinen Rechtscharakter hat, sondern auch deshalb, weil man in ihm [...] einen Ausgangspunkt revolutionärer Bestrebungen vermuthete [...] Daß diese Besorgniß ganz und gar unbegründet sei, wer wollte das behaupten?" Insbesondere in der Französischen Revolution sei das Naturrecht „in den Händen der Revolutionsparteien ein gefährliches Werkzeug" gewesen.

[45] Siehe oben bei Fn. 20.

lusionierte Hinwendung der Rechtswissenschaft zum positiven Recht anzuführen, unabhängig davon, ob dies das Pandektenrecht oder Gesetzesrecht war, wie z.B. im Strafrecht bereits die zahlreichen Strafgesetzbücher der einzelnen deutschen Staaten vor dem Inkrafttreten des Reichsstrafgesetzbuches 1871: Während naturrechtlich-rechtsphilosophische Fragen die Entstehung der partikularen Strafgesetze begleiteten oder sogar dominierten, schien deren Beantwortung durch die Fertigstellung der Gesetze geglückt[46]. Insbesondere nach der Gründung des Deutschen Reichs widmete sich die deutsche Rechtswissenschaft eher der Interpretation und Anwendung der zahlreichen neuen Reichsgesetze als Grundfragen und insbesondere der Rechtsphilosophie. Ein zeitgenössischer Beleg dafür sind die Bemerkungen des Strafrechtsprofessors Reinhard Frank[47]:

„Der Strudel, in den wir Deutsche durch die Hochflut neuer Gesetze gezogen werden, hat uns den Grundproblemen des Rechts entfremdet, der schwache Rest von philosophischem Geiste, den uns die historische Schule noch gelassen hat, droht nunmehr völlig zu ersticken, und nur von wenigen Kathedern wird die studierende Jugend auf die Bedeutung der eigentlichen Rechtsphilosophie hingewiesen."

C. Die „Wiedergeburt der Rechtsphilosophie" um 1900

Trotz der von den Zeitgenossen diagnostizierten und lange anhaltenden prekären Lage der Rechtsphilosophie in der zweiten Hälfte des 19. Jahrhunderts begann in den Jahren nach 1900 ein erstaunlicher Aufschwung der Rechtsphilosophie. So stellte Fritz Berolzheimer 1907 in einer Sammelrezension rechtsphilosophischer Schriften Folgendes fest: „In der Berichtsphase ist die Rechtsphilosophie zu neuer Regsamkeit erwacht. Die Zahl der rechts- und sozialphilosophischen Schriften ist groß und anscheinend noch im Wachstum"[48]. Josef Kohler verfasste 1909 einen Beitrag mit dem bezeichnenden Titel „Die Wiedergeburt der Rechtsphilosophie"[49].

Man mag die Feststellungen von Berolzheimer und Kohler zunächst als Propaganda in eigener Sache abtun, waren sie doch mit zahlreichen eigenen rechtsphilosophischen Veröffentlichungen in dieser Zeit vertreten, also maßgeblich am Aufschwung der Rechtsphilosophie beteiligt. Aber es gibt weitere

[46] *Kesper-Biermann*, Einheit und Recht. Strafgesetzgebung und Kriminalrechtsexperten in Deutschland vom Beginn des 19. Jahrhunderts bis zum Reichsstrafgesetzbuch 1871, 2009, 97, 102–108, 409–418.

[47] *Frank*, Zeitschrift f. d. gesamte Strafrechtswissenschaft 1900, 362–384, 362.

[48] *Berolzheimer*, Archiv für systematische Philosophie 1907, 121–137, 273–283, 121; ähnlich *ders.*, ARWP 1 (1907/1908), 130–148, 130: „Seit der Jahrhundertwende ist die deutsche Rechtsphilosophie, die vom Positivismus erdrückt und durch die neue soziologische Wissenschaft verdrängt schien, zu neuem Leben erwacht".

[49] Wie Fn. 11.

Indizien und Belege für eine neue Blüte der Rechtsphilosophie. Obwohl eine Bibliographie der rechtsphilosophischen Schriften der Zeit fehlt, deuten einige Beobachtungen darauf hin, dass die Zahl der rechtsphilosophischen Publikationen stieg. Eine Sammelrezension im Jahre 1896 zählte lediglich 27 Veröffentlichungen zur Rechtsphilosophie in dem Jahrzehnt von 1884 bis 1894, einschließlich allgemeiner Schriften zur Ethik[50]. Reinhard Frank rezensierte 1900 in der „Zeitschrift für die gesamte Strafrechtswissenschaft", die in jedem Jahrgang eine Sammelrezension rechtsphilosophischer Schriften (Bücher und Aufsätze) enthielt, dann immerhin bereits elf im Berichtsjahr erschienene philosophische und rechtsphilosophische Titel[51]. In derselben Zeitschrift besprach Gustav Radbruch dann 1905 unter der Überschrift „Rechtsphilosophie" – unterteilt in „Rechtsphilosophie im engeren Sinne" (worunter er auch „Juristische Methodenlehre" und „Juristische Prinzipienlehre" fasste) und „Philosophie als Hilfswissenschaft der Jurisprudenz" – nicht weniger als 51 Veröffentlichungen, davon 32 rechtsphilosophische im engeren Sinne[52]. 1907 war die Zahl der rezensierten Schriften auf 98 angestiegen, darunter 85 der Rechtsphilosophie im engeren Sinne zugeordnete Titel[53].

Abgesehen von dem offensichtlich deutlichen Anstieg rechtsphilosophischer Veröffentlichungen ist die Gründung von zwei Zeitschriften und von einem Verein zu erwähnen: das 1907 von Berolzheimer und Kohler gegründete Archiv für Rechts- und Wirtschaftsphilosophie (ARWP) – ab Band 27 (1933/1934) in Archiv für Rechts- und Sozialphilosophie (ARSP) umbenannt und unter diesem Titel noch heute bestehend[54] –, die 1914 gegründete Zeitschrift für Rechtsphilosophie in Lehre und Praxis[55] und die 1909 auch von Berolzheimer und Kohler ins Leben gerufene und ebenfalls noch heute bestehende Internationale Vereinigung für Rechts- und Wirtschaftsphilosophie

---

[50] *Sommer*, Rechtsphilosophie, in: Juristischer Litteraturbericht 1884 bis 1894. Ergänzungsband zum Centralblatt für Rechtswissenschaft, 1896, 5–15.

[51] *Frank* (Fn. 47), 362–384.

[52] *Radbruch*, Zeitschrift f. d. gesamte Strafrechtswissenschaft 1905, 251–262, 651–655.

[53] *Ders.*, Zeitschrift f. d. gesamte Strafrechtswissenschaft 1907, 241–255, 739–746.

[54] Zur Geschichte der ARWP bzw. ARSP: Brockmöller/Hilgendorf (Hrsg.), Rechtsphilosophie im 20. Jahrhundert. 100 Jahre Archiv für Rechts- und Sozialphilosophie, 2014; *Ziemann*, Archiv für Rechts- und Sozialphilosophie. Bibliographie und Dokumentation (1907–2009), 2010; darin: *Arthur Kohler*, Von der Wiege des Archivs, 412 f. (= ARWP 24 [1930/1931], 3–6); *Sprenger*, Das Archiv für Rechts- und Sozial(Wirtschafts)philosophie als *Zeit*-Schrift des Rechtsdenkens 1907–1987, 414–423 (= ARSP 73 [1987], 1–14); *Mollnau*, Verein einer Zeitschrift oder Zeitschrift eines Vereins?, 424–429 (auch in: Mollnau [Hrsg.], Die Internationale Vereinigung für Rechts- und Sozialphilosophie und ihre Zeitschrift. Bibliographie, Statuten, Wirkungsgeschichtliches, 1989, 7–15).

[55] Die Zeitschrift für Rechtsphilosophie in Lehre und Praxis wurde herausgegeben von Felix Holldack, Rudolf Joerges und Rudolf Stammler; 1919, 1921, 1929, 1931 und 1934 erschienen noch fünf weitere Bände.

(IVR)[56]; ab 1909 diente das ARWP als Publikationsorgan der IVR. Die Neugründungen beruhten ersichtlich auf einem gestiegenen Interesse an der Rechtsphilosophie. ARWP und IVR verstanden sich als pluralistisch und international ausgerichtete Vorhaben und wollten auch Gesetzgebungsfragen behandeln[57].

Der Aufschwung der Rechtsphilosophie bedeutet freilich nicht, dass Übereinstimmung über die philosophischen Grundlagen und in den Auffassungen in Einzelfragen bestand. So unterschied Berolzheimer Neuhegelianer, zu denen er Kohler und sich selbst rechnete, Neukantianer, so insbesondere Rudolf Stammler mit der Lehre vom richtigen Recht, die Rechts- und Staatstheorie auf naturwissenschaftlicher Grundlage, das katholische Naturrecht und die Allgemeine Rechtslehre[58]. Hinzufügen lassen sich weitere Richtungen, u.a. die rechtstheoretischen und rechtsphilosophischen Auffassungen von Rudolf von Jhering und rechtssoziologisch orientierte Schriften.

Es bleibt die Frage, warum gerade um 1900 wieder ein Bedürfnis nach Erörterung rechtsphilosophischer Themen entstand und der geschilderte Aufschwung der Rechtsphilosophie als Wissenschaftsdisziplin stattfand. Eine Erklärung allein mit der publizistischen und sonstigen Betriebsamkeit von Kohler und Berolzheimer genügt angesichts der zahlreichen anderweitigen Veröffentlichungen und der erwähnten zahlreichen zeitgenössischen rechtsphilosophischen Strömungen nicht. Eine allgemein wissenschaftsgeschichtliche und eine spezifisch rechtsgeschichtliche Erklärung bieten sich an.

Am Ende des 19. Jahrhunderts entstanden zahlreiche neue wissenschaftliche Erkenntnisse und Wissenschaftsdisziplinen, oder schon länger bestehende Wissenschaften erhielten neue, häufig naturwissenschaftlich orientierte Inhalte. In diesem Zusammenhang zu erwähnen sind z.B. die Psychologie, die Soziologie, die Ethnologie und die von Kohler mitgeprägte Universalrechtsgeschichte. Es liegt auf der Hand, dass dies Auswirkungen auch auf die Rechtswissenschaft haben und die Rechtswissenschaft sich mit den neuen Erkenntnissen auseinandersetzen musste. Das konnte zum einen dadurch erfolgen, dass neue rechtswissenschaftliche Disziplinen entstanden, wie z.B. die Rechtssoziologie. Zum anderen lag es nahe, zur Bewältigung dieser Herausforderungen in der Rechtswissenschaft eine Funktion der Rechtsphilosophie zu reaktivieren, die sie in der Vergangenheit erfüllt hatte, nämlich diejenige als Diskussionsforum insbesondere für rechtspolitische Fragen. Jedenfalls fühlten sich zahlreiche Autoren angesprochen, die neuen

---

[56] Zur Geschichte der IVR: *Wellmann*, ARSP 95 (2009), 1–13; s. auch *Mollnau* (Fn. 54).

[57] Einführung [der Herausgeber Kohler und Berolzheimer], in: ARWP 1 (1907/1908), 1 f.; *Kohler/Berolzheimer*, ARWP 2 (1908/1909), 435–437. Dementsprechend hatte die ARWP in den ersten Bänden einen speziell „Gesetzgebungsfragen" gewidmeten Teil.

[58] *Berolzheimer* (Fn. 48).

Erkenntnisse gerade in rechtsphilosophischen Veröffentlichungen zu verarbeiten.

Die zweite, rechtshistorische Erklärung ist in dem Zitat von Reinhard Frank angedeutet[59]. Die Tätigkeit des Reichsgesetzgebers hatte am Ende des 19. Jahrhunderts zu zahlreichen Gesetzen und Kodifikationen geführt. Die Zufriedenheit mit den Resultaten und der sozusagen handwerklichen Tätigkeit der Gesetzgebung wich aber bald der Erkenntnis, dass auch die Anwendung der Gesetze grundsätzliche Fragen aufwarf, sich Auslegungsprobleme stellten und sich die Frage der Rechtsfortbildung *de lege lata* und *de lege ferenda* keinesfalls erledigt hatte. Ein Beispiel für das Weiterbestehen dieser Probleme bietet der Umgang der Rechtswissenschaft und der Rechtsprechung des Reichsgerichts mit dem BGB: Man könnte meinen, dass sie sich strikt an den Wortlaut und an den in den Gesetzgebungsmaterialien zu findenden Willen des Gesetzgebers gehalten hätten. Doch das Gegenteil war der Fall[60], selbst wenn die Auslegung nicht von vornherein – so gelegentlich in den Gesetzgebungsmaterialien des BGB – der Rechtswissenschaft und der Rechtsprechung überlassen wurde. Zahlreiche Autoren ergriffen die sich hier bietende Chance und widmeten sich in der Rechtsphilosophie nicht nur grundsätzlichen Fragen, sondern auch Einzelheiten rechtspolitischer Art. Bezeichnend ist, dass der genaue Titel der ARWP zunächst „Archiv für Rechts- und Wirtschaftsphilosophie mit besonderer Berücksichtigung der Gesetzgebungsfragen" lautete und sich die Zeitschrift dementsprechend jedenfalls bis Band 5 (1911/1912) in einem eigenen Teil mit „Gesetzgebungsfragen" – so die Überschrift – befasste.

D. Kohlers Weg zur Rechtsphilosophie

Das rechtsphilosophische Werk Kohlers fällt in die Zeit der geschilderten Entwicklung der Rechtsphilosophie. In seinem 1909 erschienenen Lehrbuch der Rechtsphilosophie schreibt er, dass seine philosophischen Ideen seit

[59] Oben bei Fn. 47. – Siehe auch die Feststellungen des Reichsgerichtsrats Adelbert Düringer zum ersten Kongress der IVR: *Düringer,* Juristisches Literaturblatt 1910, 197 f.: „Die Behandlung philosophischer Fragen ist in gewissem Maße Modesache geworden"; es bestehe auf dem Gebiet des Rechts das Bedürfnis, gegenüber neuen Problemen und Aufgaben des Wirtschaftslebens und der Sozialpolitik „zu höheren und einheitlichen Gesichtspunkten zu gelangen". Daher lobt er den Kongress und das ARWP, dass sie auch aktuelle Fragen der Rechtspolitik behandelten.

[60] Siehe dazu insbesondere die Beiträge von *Haferkamp*, *Giaro*, *Ranieri*, *Finkenauer* und *Klippel/Lies-Benachib* in: Dölemeyer/Mohnhaupt (Hrsg.), Das Bürgerliche Gesetzbuch und seine Richter. Zur Reaktion der Rechtsprechung auf die Kodifikation des deutschen Privatrechts (1896–1914), 2000.

30 Jahren herangereift seien[61]. Folgt man aber der Bibliographie seines Sohnes, so datieren die ersten Veröffentlichungen zur Rechtsphilosophie von 1892, nämlich eine kurze Rezension von drei rechtsphilosophischen Werken[62], und von 1895, ein Aufsatz mit dem Titel „Zur Rechtsphilosophie und vergleichenden Rechtswissenschaft", in dem Kohler ebenfalls drei Publikationen besprach[63]. Allerdings verzeichnet die Bibliographie als Beitrag zur Philosophie des Privatrechts den 1891 erschienenen Aufsatz „Die Ideale im Recht" (ebenfalls 1891 auch als Monographie erschienen)[64], unter der Rubrik „Philosophie und Grundlagen" des Zivilprozeß- und Konkursrechts eine 1880 erschienene Sammelbesprechung und Ende der 1880er-Jahre erschienene Aufsätze und Monographien[65], ferner unter „Strafrecht – Philosophie" eine 20 Seiten umfassende, 1888 erschienene Schrift „Das Wesen der Strafe". Zu erwähnen ist ferner ein 1887 veröffentlichter Aufsatz „Die schöpferische Kraft der Jurisprudenz"[66], der in der Bibliographie unter Methodik des Privatrechts aufgeführt wird.

Die Bemerkung von Kohler und die Klassifizierung seiner Publikationen in der Bibliographie sind eher irreführend und ohnehin nicht entscheidend für die Frage nach seinen rechtsphilosophischen Auffassungen. Zwar behandelte Kohler in allen diesen Veröffentlichungen Grundlagenfragen der Rechtswissenschaft, aber einen ausdrücklichen Bezug zur Rechtsphilosophie stellte er zunächst nicht her; allenfalls der Sache nach ging er insbesondere in „Die schöpferische Kraft der Jurisprudenz" und in „Die Ideale im Recht" auf rechtsphilosophische Fragen ein, ebenso wie in dem 1892 publizierten Aufsatz „Idealismus und Realismus im Recht"[67], in der Bibliographie von Arthur Kohler unter „Universalrechtsgeschichte" aufgeführt. In ihm erwähnte Kohler allerdings bereits einige Versatzstücke seiner später ausdrücklich auf die Rechtsphilosophie bezogenen Auffassungen, nämlich den Kulturbegriff[68], die historische Entwicklung der Kultur und seine rechtspolitischen Absichten *de lege lata* und *de lege ferenda*.

---

[61] Lehrbuch der Rechtsphilosophie (Fn. 2), III (Vorwort).

[62] Zeitschrift für Vergleichende Rechtswissenschaft 1892, 159–160.

[63] Juristisches Literaturblatt 1895, 193–201.

[64] ArchBürgR 1891, 161–265; Würzburg 1891.

[65] Zur Literatur des Zivilprozesses. Ein Beitrag zur Erforschung der Prinzipien des Zivilprozesses, in: Kritische Vierteljahrsschrift für Gesetzgebung und Rechtswissenschaft 1880, 354–398, 465–501; *Arthur Kohler* (Fn. 1), Nr. 1296–1299.

[66] Jherings Jahrbücher für Dogmatik des bürgerlichen Rechts 1887, 262–297.

[67] Die Zukunft 1892, 299–308.

[68] Vgl. aber bereits: *Kohler*, Das Recht als Kulturerscheinung. Einleitung in die vergleichende Rechtswissenschaft, 1885; *ders.*, Zeitschrift für das Privat- und öffentliche Recht der Gegenwart 1885, 583–593. – Zum Kulturbegriff und zur Kulturtheorie Kohlers grundlegend: *Schwab* (Fn. 10).

Die Veröffentlichungen Kohlers, die sich ausdrücklich auf die Rechtsphilosophie beziehen, begannen also 1892 mit der erwähnten Rezension von drei rechtsphilosophischen Lehrbüchern. Kohler betonte hier die Wichtigkeit des Faches angesichts der Entstehung der Soziologie und der vergleichenden Rechtswissenschaft[69]:

„dass die Sociologie und dass die vergleichende Rechtswissenschaft das ganze Thema der Rechtsphilosophie ändern, neue überraschende Ausblicke gewähren, wird von Niemandem mehr verkannt werden; dass aber darum doch noch die Rechtsphilosophie bestehen muss, als eine Wissenschaft, welche für das in der Rechtsgeschichte gegebene Bildungsstreben der Menschheit das richtige Relief gibt, ist gleichfalls sicher […] die Rechtsphilosophie muss […] das Recht als etwas Relatives, historisch und ethnologisch Werdendes ansehen, dann ist sie auf dem richtigen Wege".

Deutlich wird also ebenfalls, dass Kohler die Rechtsphilosophie mit Rechtsgeschichte und Ethnologie verknüpfte.

Grundzüge der rechtsphilosophischen Auffassungen Kohlers wurden dann 1895 erneut in dem ebenfalls bereits erwähnten Besprechungsaufsatz „Zur Rechtsphilosophie und vergleichenden Rechtswissenschaft" angesprochen, nämlich der Kulturbegriff, die geschichtliche Sicht auf Recht und Kultur und vor allem die rechtspolitische Zielsetzung der Rechtsphilosophie[70]:

„Ich habe bereits anderwärts geltend gemacht, dass, während das Recht im Ganzen in steter Entwickelung begriffen ist, jedes Volk und jede Zeit ihre bestimmten Kulturideale hat: diese sind eben das Ziel der bisherigen Entwickelung […]. So entsteht eben die Wissenschaft der lex ferenda, die Diskussion über die bestmögliche Gestaltung der Institute *nach den Lebensverhältnissen einer bestimmten Kulturstufe und Volksanschauung*".

1904 erschien dann die erste größere rechtsphilosophische Publikation Kohlers, sein Beitrag „Rechtsphilosophie und Universalrechtsgeschichte" in der von Franz von Holtzendorf begründeten, nunmehr in der 6. Auflage von Kohler herausgegebenen „Encyklopädie der Rechtswissenschaft". In ihm wandte er sich deutlich gegen den Positivismus und sprach sich für die Notwendigkeit des Nachdenkens über das Recht in dessen geschichtlicher Entwicklung und über Rechtsfortbildung aus; vor allem aber hielt er eine Abwendung von der Rechtsphilosophie für falsch, rückte also die Bedeutung des Faches in den Vordergrund[71]:

---

[69] Wie Fn. 62, 159 u. 160.

[70] Wie Fn. 63, 199 (Hervorhebung von Kohler).

[71] *Kohler*, Rechtsphilosophie und Universalrechtsgeschichte, in: Encyklopädie der Rechtswissenschaft in systematischer Bearbeitung, begründet v. Franz von Holtzendorff, hrsg. v. Josef Kohler, 6. Aufl., Bd. 1, 1904, 1–69, 6.

„Der Positivismus hat nur insofern recht, als Richter und Jurist zunächst im großen und ganzen [!] an das gegebene Recht gebunden sind und mit ihm zu wirken haben. Allein des Juristen harren noch andere Aufgaben: er soll nachdenken über die Bedeutung des Rechts in der Entwicklung; er soll den geschichtlichen Werdegang des Rechts kennen lernen; er soll aber auch an der Fortbildung des Rechts arbeiten. Der Positivismus bricht von selber entzwei, wenn man das Problem des Gesetzgebers ins Auge faßt. Wäre ein Recht wie das andere, so brauchte man überhaupt keine gesetzgeberische Beratung, sondern es genügte, die verschiedenen rechtlichen Möglichkeiten in einen Lostopf zu werfen und das eine oder andere herauszugreifen; so weit führt der Positivismus, überhaupt eine jede Rechtsgestaltung, die sich von der Rechtsphilosophie abwendet!"

Danach behandelte er in zahlreichen Publikationen einzelne Aspekte der Rechtsphilosophie, u.a. in den Monographien „Moderne Rechtsprobleme" (1907) und „Das Recht" (1909). Ebenfalls 1909 erschien dann sein „Lehrbuch der Rechtsphilosophie"[72], das der Rechtsphilosoph Theodor Sternberg als „Sensation des Jahres 1908 [sic]" bezeichnete[73]. Auszüge daraus veröffentlichte Kohler in mehreren Zeitschriften. 1917 erschien die 2. Auflage, 1923, nach dem Tod Kohlers (1919), die dritte, von seinem Sohn bearbeitete Auflage[74]. Als weitere rechtsphilosophische Veröffentlichung Kohlers hervorzuheben ist das 1914 erschienene Buch „Recht und Persönlichkeit in der Kultur der Gegenwart"[75].

E. Grundlagen der Rechtsphilosophie Kohlers

I. Feindbilder

Bei der Lektüre von Kohlers rechtsphilosophischen Veröffentlichungen fallen zunächst seine Ausführungen dazu auf, wie eine moderne Rechtsphilosophie *nicht* aussehen dürfe. Die Ablehnung anderer rechtsphilosophischer Auffassungen als seine eigenen fiel nicht gerade zimperlich aus. Da er nicht mit markigen Formulierungen sparte, kann man von „Feindbildern" sprechen[76]; sie betreffen sowohl historische Richtungen in der Rechtsphilosophie als auch solche seiner Gegenwart. Die abschätzigen Bemerkungen finden sich in Varianten in zahlreichen Veröffentlichungen Kohlers; als Beispiel soll ein Zitat aus seinem Lehrbuch dienen[77]:

---

[72] Bibliographische Nachweise für die genannten Monographien in Fn. 2.

[73] *Sternberg*, Jahrbuch der internationalen Vereinigung für vergleichende Rechtswissenschaft u. Volkswirtschaftslehre 1912, 1. Abt., 524 f., 524.

[74] Wie Fn. 2.

[75] Ebd.

[76] Der Begriff „Feind" bzw. „Feinde" für die von Kohler abgelehnten rechtsphilosophischen Richtungen bei: *Schild* (Fn. 9), 47–49 (mit weiteren Hinweisen zu entsprechenden Stellen in den Veröffentlichungen Kohlers).

[77] Lehrbuch der Rechtsphilosophie (Fn. 2), 16.

„Die Rechtsphilosophie nach Hegel hat wie schon anderwärts dargelegt, einen ungeheuren Verfall zu verzeichnen. […]. Das Naturrecht trat in neuer Gestalt hervor und führte zu einer Art von positivistischer Rechtsphilosophie. Man konnte natürlich das Naturrecht nicht mit dem positiven Rechte identifizieren, aber man suchte aus verschiedenen Rechten und einigen Rechtspostulaten zusammen ein gewisses Gesamtbräu herzustellen, was man dann Rechtsphilosophie nannte. Bücher wie die von Ahrens, Krause, Röder sind nicht einmal dem Namen nach zu nennen, sie sind Erzeugnisse ödester Plattheit und Gedankenarmut; von gleicher Gedankenarmut sind die Schriften von Merkel, der aus dem dürftigen Wissen einiger Rechte eine allgemeine Rechtslehre konstruieren wollte, und durch seine flachen Scheinvermittlungen zum Niedergange des juristischen Denkens beitrug.

Zwei Ansätze sind noch der Vollständigkeit halber zu erwähnen, einmal Jhering, der im Zweck im Recht die große Idee entdeckt zu haben glaubte, dass das Recht einen Zweck haben müsse, aber was die Art des Zwecks betrifft, nicht über das dürftigste Gestammel hinauskam […]. Jherings ganzer Versuch scheitert in kläglichem Dilettantismus; nur ein ganz unphilosophischer Kopf wie Jhering konnte hierin sein Genüge finden.

Ein anderer Versuch von Stammler geht von Kant aus und operiert, als wie wenn Hegel gar nicht vorhanden wäre. […] Die ganze Richtung kann ebenso wie der Neukantianismus begraben werden."

Im Einzelnen also polemisierte er gegen naturrechtliche Auffassungen: Ein ewiges Naturrecht gebe es nicht; daher wandte er sich u.a. gegen Karl Christian Friedrich Krause und dessen Schüler Heinrich Ahrens und Karl David August Röder[78]. Immanuel Kants Rechtsphilosophie sei ein „Irrgang"[79] und „völlig unfruchtbar"[80]. Dementsprechend seien auch der Neukantianismus und insbesondere die Lehre vom richtigen Recht von Wolfgang Stammler abzulehnen. Desgleichen wandte er sich, wie gezeigt, gegen den Positivis-

---

[78] So auch *ders.* (Fn. 71), 3, 12. – Die Philosophie Krauses erlebte um 1900 in Deutschland eine Renaissance. Auf dem Gebiet der Rechtsphilosophie wurden veröffentlicht: Grundlage des Naturrechtes oder philosophischer Grundriss des Ideales des Rechtes, 2. Aufl., 1890; Vorlesungen über Naturrecht oder Philosophie des Rechtes und des Staates. Handschriftliches Vorlesungsheft des Verfassers, 1892; zu Lebzeiten Krauses erschien die erste Auflage des zuerst genannten Werkes (1803), ferner: Abriß des Systemes der Philosophie des Rechtes oder des Naturrechtes, 1828. – Das Naturrechts- bzw. Rechtsphilosophielehrbuch von Ahrens wurde zunächst 1838 in französischer Sprache publiziert (Cours de droit naturel ou de philosophie du droit, fait d'après l'état actuel de cette science en Allemagne, 1838) und zuletzt in 6. Auflage in zwei Bänden (Naturrecht oder Philosophie des Rechts und des Staates, 1870 u. 1871); Röders „Grundzüge des Naturrechts oder der Rechtsfilosofie" erschien zunächst 1846 und dann in 2. Auflage 1860. – Die Rechtsphilosophie Krauses und seiner Schüler entfaltete eine erhebliche Wirksamkeit in Spanien, Portugal und Lateinamerika, s. Kodalle (Hrsg.), Karl Christian Friedrich Krause (1781–1832). Studien zu seiner Philosophie und zum Krausismo, 1985; zur Rezeption in Deutschland im 19. Jahrhundert: *Ureña*, Die Krause-Rezeption in Deutschland im 19. Jahrhundert. Philosophie – Religion – Staat, 2007.

[79] *Kohler*, ARWP 2 (1908/1909), 30–42, 36. Vgl. auch (Fn. 11), 36.

[80] *Ders.* (Fn. 11), 461; ähnlich *ders.* (Fn. 71), 10 („metaphysisch haltlos").

mus[81], ferner gegen die Historische Rechtsschule[82] und gegen die „Allgemeine Rechtslehre“ von Adolf Merkel[83]. Rudolf von Jhering bedachte er mit kräftigen Invektiven („Gestammel“, „Dilettantismus“); an anderer Stelle spricht er von den „Plattheiten Jherings“[84] und meint, dass „Jherings Metaphysik ungefähr auf dem Stande der Metaphysik eines friesischen Landpastors“ stehe[85] – was nicht als Kompliment gedacht war.

Die Frage, ob Kohlers Kritik zuzustimmen ist[86], führt historisch nicht weiter. Zu fragen ist vielmehr, *warum* Kohler alle diese rechtspolitischen Richtungen ablehnte und lediglich, wie noch zu zeigen ist, Hegels Rechtsphilosophie als weiterführend gelten ließ, wenn auch mit Einschränkungen. Eine einfache Antwort läge in dem Hinweis auf den Charakter Kohlers. In diese Richtung deutet die ironische Bemerkung Gustav Radbruchs in seiner Rezension des Lehrbuchs: Darin gebe es „nur auf der einen Seite [...] den seichten Unverstand, auf der anderen Seite das Genie des Verfassers, vor dem der Irrtum sich kopflos verflüchtigt wie der Nebel vor der Sonne“[87]. Eitelkeit, Selbstbewusstsein und die feste Überzeugung von der Richtigkeit der eigenen Auffassungen, sodass eine nähere Begründung manchmal entbehrlich schien, waren durchaus Charakterzüge Kohlers. Aber es kommt hinzu, dass Kohler in seinen Veröffentlichungen und durch die Gründung des ARWP und der IVR ernsthaft die Wiederbelebung der Rechtsphilosophie betrieb. Dies fiel umso leichter und musste umso überzeugender sein, wenn er andere und zum Teil umstrittene Strömungen in Vergangenheit und Gegenwart ablehnte. Dass sein Stern umso heller strahlte, dürfte ein erwünschter Nebeneffekt gewesen sein. Im Vordergrund stand jedoch, dass er mit seiner Rechtsphilosophie letztlich das Ziel verfolgte, seine Rechtsauffassung und seine rechtspolitischen Bestrebungen abzusichern.

II. Kultur, Entwicklung und Fortschritt

Die Grundlage der Rechtsphilosophie Kohlers bilden, wie bereits erwähnt, die bei ihm eng miteinander verbundenen Begriffe „Kultur“, „Entwicklung“ und „Fortschritt“[88], deren Zusammenhang er in seinen Veröffentlichungen in

---

[81] Oben bei Fn. 71; ferner *ders.*, Moderne Rechtsprobleme (Fn. 2), 3; ebenso bereits in: *ders.* (Fn. 63), 198 f.

[82] Z.B. Recht und Persönlichkeit (Fn. 2), 20–23: Savigny fehle es „an eigentlich historischem Sinn“ (21) und die Historische Rechtsschule „ging ziemlich kläglich aus“ (20).

[83] So auch in: *ders.* (Fn. 71), 16.

[84] Ebd., 1.

[85] *Kohler* (Fn. 71), 12.

[86] Zustimmend *Schild* (Fn. 9), 49.

[87] *Radbruch*, Zeitschrift für Politik 3 (1910), 427 f. (= Gesamtausgabe, Bd. 1, Rechtsphilosophie 1, 1987, 517–519).

[88] Grundlegend und ausführlich zum Zusammenhang: *Schwab* (Fn. 10).

zahlreichen sich ähnelnden Formulierungen herausstellte. So heißt es z.B. 1904 in seinem Beitrag zur „Encyklopädie der Rechtswissenschaft“[89]:

„Die Rechtsphilosophie hat [...] den Menschen als Kulturträger ins Auge zu fassen, und da die Kultur in stetem Fortschritt begriffen ist, wenn Welt und Menschheit nicht veröden soll, so hat die Rechtsphilosophie die Aufgabe, das Recht als ein sich stets entwickelndes und Fortschreitendes zu erkennen. [...]“

„Die Rechtsphilosophie muß [...] das Recht als ein stets sich wandelndes und fortschreitendes ansehen, und darlegen, wie es, in der Kultur ruhend, eine alte Kultur vertritt und zugleich einer neuen Kultur die Wege bahnt. Darum muß die Rechtsphilosophie auf dem Boden der Entwicklungslehre stehen; jede der Entwicklungsgeschichte abgekehrte Rechtsphilosophie ist verfehlt. [...]“

„[Es sind] die Ergebnisse der Rechtsgeschichte in Verbindung zu setzen mit der ganzen Kulturgeschichte [...], und wir haben zu erforschen, welche Wirksamkeit einer jeden rechtlichen Einrichtung und ihrer Geschichte in der Entwicklung der Kultur [...] zukommt. Nur auf solche Weise ist überhaupt eine Rechtsphilosophie in unserem Sinne möglich“.

Ausgangspunkt für Kohlers Auffassungen ist die Aufgabe der „Versöhnung zwischen der Rechtsphilosophie und der Rechtsgeschichte“[90], die in dem Gedanken liege, „daß das Recht eine Kulturerscheinung“ und „die Kultur der Menschen eine ungeheuer mannigfaltige ist“[91]. Während er in vielen anderen Werken darauf verzichtete, den Kulturbegriff zu definieren – wohl weil der Kulturbegriff in der zweiten Hälfte des 19. Jahrhunderts „massenhafte Verbreitung“ fand, „zu einem üblichen philosophischen, gesellschaftstheoretischen und politischen Systembegriff“ und zum „journalistischen Allerweltswort“[92] geworden war –, gibt er hier doch eine Definition: „Die Kultur [...] ist die Entwicklung der in der Menschheit liegenden Kräfte zu einer der Bestimmung der Menschheit entsprechenden Gestaltung[93]“. Die „moderne Kultur“ beruhe „darauf, daß wir uns frei machen vom Banne der Natur und uns zu Herren der Welt erheben“[94]. Da der Kulturbegriff historisch zu sehen sei, gebe es eine Pluralität von Kulturen und Kulturstufen, und die Kultur befinde sich in ständiger Entwicklung.

Entscheidend ist, dass Kohler das Recht als Teil der Kultur auffasste, dass dieses sich also wie die Kultur ebenfalls in ständiger Entwicklung befinde[95]. Es werde durch die jeweilige Kultur beeinflusst und wirke gleichzeitig als Mittel der Kulturentwicklung. Da die Kultur fortschreite und fortschreiten

---

[89] *Kohler* (Fn. 71), 3, 6 f., 9.
[90] *Ders.*, Moderne Rechtsprobleme (Fn. 2), 2.
[91] Ebd.
[92] *Schwab* (wie Fn. 10), 50 f.
[93] *Kohler*, Moderne Rechtsprobleme (Fn. 2), 2.
[94] *Ders.*, Recht und Persönlichkeit (Fn. 2), 30.
[95] *Ders.*, Moderne Rechtsprobleme (Fn. 2), 2, 12 („keine Kultur ohne Recht“). – Das Folgende nach *Schwab* (Fn. 10), 54–58.

soll, müsse das Recht sich der jeweiligen Kultur anpassen. Es müsse so gestaltet werden, dass es die Kultur fördert und nicht hemmt, dass es der Kultur der Zeit und des Ortes am besten entspricht.

Die Kulturtheorie Kohlers hat, wie Dieter Schwab herausgearbeitet hat[96], mehrere Konsequenzen für Recht und Rechtswissenschaft. *Erstens* findet durch die maßgebliche Berücksichtigung von Universalgeschichte und Rechtsvergleichung eine deutliche Erweiterung des juristischen Horizonts statt. *Zweitens* implizieren der Gedanke der Anpassung des Rechts an die Kulturhöhe und der Fortschrittsglaube die Notwendigkeit der ständigen und umfassenden Modernisierung des Rechts[97] – auch und gerade im zweiten deutschen Kaiserreich –, an der Kohler maßgeblich beteiligt war, nicht zuletzt in der wissenschaftlichen Behandlung des Immaterial-, Persönlichkeits- und Wettbewerbsrechts. *Drittens* begründete Kohler anders als die meisten seiner Zeitgenossen die Richtigkeit fast aller seiner Auffassungen auch mit einem „philosophischen, aus dem Kulturbewusstsein hergeleiteten Anspruch"[98]. *Viertens* versuchte Kohler „mit Hilfe des Kulturbegriffs eine neue Rechtsbegründung jenseits des Gesetzespositivismus und demzufolge eine neue Methodik"[99].

Der Gedanke der Modernisierung des Rechts entsprechend der Kulturhöhe und die Rechtfertigung dieses Prozesses durch die Rechtsphilosophie wirft mehrere noch näher zu behandelnde Fragen auf[100]: erstens, welche Auffassungen Kohler generell zu den Aufgaben und Funktionen der Rechtsphilosophie vertrat, und zweitens, wie er das Verhältnis von Rechtsphilosophie und Rechtspolitik sah. Da er auch Rechtspolitik *de lege lata* betrieb, liegt zudem – drittens – die Frage nach seinen Vorstellungen zur Methodenlehre, insbesondere zur Gesetzesinterpretation, nahe.

III. Einflüsse

Die Polemik Kohlers gegen ältere und zeitgenössische Strömungen in der Rechtsphilosophie provoziert geradezu die Frage, ob seine Rechtsphilosophie originell ist oder zumindest originelle Züge trägt, mit anderen Worten: ob sie neue Gedanken bot und ob und ggf. inwiefern sie von anderen rechtsphilosophischen Ideen beeinflusst wurde. Das betrifft einerseits Einflüsse, die er nicht benannte, andererseits die Frage, ob die Rechtsphilosophie Kohlers in der Tat, wie er mehrmals betonte, auf den Lehren Hegels beruht.

[96] Ebd.

[97] *Mollnau* (Fn. 7), 115 f., sieht eine Konsequenz aus der Entwicklungslehre Kohlers in dem Bündnis zwischen Rechtsphilosophie und Gesetzgebung; allerdings betrifft die Gesetzgebung neben der Rechtswissenschaft und der Rechtsprechung nur *einen* Aspekt des Modernisierungsprozesses.

[98] *Schwab* (Fn. 10), 56.

[99] Ebd.

[100] Dazu unten F.

Parallelen zum Kohler'schen Relativismus, Historismus und Fortschrittsglauben, die auf dem Kulturbegriff basieren, finden sich in der Rechtsliteratur bereits in der 1865 erschienenen Schrift „Cultur und Rechtsleben“ des zunächst in Basel, dann in Marburg wirkenden Juraprofessors Wilhelm Christoph Friedrich Arnold[101]. Kohler selbst bezog sich nicht auf Arnold. Wegen des frappierenden Zusammenhangs entstehen zumindest Zweifel an der Originalität von grundlegenden Auffassungen in Kohlers Rechtsphilosophie.

Neu, so Schwab, sei allerdings der Bezug auf Universalrechtsgeschichte und vergleichende Rechtswissenschaft[102]. Auch insofern sind allerdings Zweifel an der Originalität von Kohler angebracht, da sich sehr ähnliche Auffassungen wie bei Kohler bereits 1880 in einem Aufsatz des zunächst in Würzburg, dann in Königsberg und schließlich in Breslau lehrenden Juraprofessors Felix Dahn finden. Dahn hatte in seinem Aufsatz „Vom Wesen und Werden des Rechts“ deutlich auf die Rechtsvergleichung als Grundlage der Rechtsphilosophie hingewiesen[103] und zudem vergleichende Rechtsgeschichte, Völkerpsychologie, Ethnologie, vergleichende Völkerkunde und Anthropologie als „Voraussetzungen einer wissenschaftlichen Rechtsphilosophie“ genannt[104], also Wissenschaftsdisziplinen, denen auch Kohler eine wichtige Rolle in seiner Rechtsphilosophie zuschrieb. Abgesehen davon vertrat Dahn – ähnlich wie Kohler – die Auffassung, die Rechtsphilosophie erweise die Prinzipien der Rechtswissenschaft, erfülle das Bedürfnis nach Rechtskritik und trage zur Fortbildung des Rechts bei[105]. Insofern knüpften er und Kohler an bestimmte Funktionen an, die – wie gezeigt – die Rechtsphilosophie der ersten Hälfte und zum Teil auch noch in der zweiten Hälfte des 19. Jahrhunderts erfüllen wollte.

Für seine Auffassung, die Kultur und mit ihr das Recht sei in ständigem Wandel begriffen, berief Kohler sich auf die Entwicklungslehre Hegels[106]:

---

[101] Nachgewiesen von *Schwab* (Fn. 10), 53 f.

[102] Ebd., 54.

[103] *Dahn*, Zeitschrift für Vergleichende Rechtswissenschaft 1880, 1–10, 1; 3 (1882), 1–16; auch in: *ders.*, Rechtsphilosophische Studien, 1883 (Nachdr. 2016), 291–310.

[104] *Ders.* (Fn. 103), 5; ferner ebd., 9: „Verwerthung der Ergebnisse der historischen Schule durch die Speculation, Aufbau der rechtsphilosophischen Construction auf Grund der vergleichenden Rechtsgeschichte, der Völkerpsychologie und Ethnologie lautet unsere Anforderung an eine Rechtsphilosophie, welche eine Wissenschaft und nicht eine Phrasensammlung sein will“. – Kohler hätte auch bei Rudolf von Jhering die Auffassung finden können, dass die Verbindung von Rechtsphilosophie und vergleichender Rechtsgeschichte fruchtbar ist, so *Brockmöller* (Fn. 41), 237; die Lehren Jherings stießen bei Kohler freilich auf vehemente Ablehnung, s. oben bei Fn. 84 f.

[105] Ebd., 2 f.

[106] *Kohler*, Lehrbuch (Fn. 2), 17.

„Das Heil der Rechtsphilosophie kann nur darin liegen, dass wir von der Umbildung Hegel'scher Lehre ausgehend die Entwicklungslehre Hegels zur Darstellung bringen, so dass das Menschengeschlecht einen ständigen Fortschritt aufweist, einen Fortschritt in der Kultur in dem Sinne, daß ewige Kulturgüter geschaffen werden und die Menschheit in der Erkenntnis und in der Beherrschung der Erde sich immer mehr vergöttliche. Nur auf diesem Untergrunde lassen sich die Erfordernisse des Rechts erkennen, als die Erfordernisse der immer fortschreitenden Kultur, der das Recht zu dienen hat, und nur auf diese Weise kann der wahre Zweck des Rechts zur Geltung gelangen."

Hegel habe das Naturrecht überwunden und die Rechtsphilosophie als Wissenschaft begründet[107]. In einer entscheidenden Beziehung distanzierte sich Kohler allerdings deutlich von Hegel: Die Entwicklung von Kultur und Recht vollziehe sich nicht logisch-dialektisch, wie Hegel meine, sondern auch unlogisch und zufällig; insofern sei die Entwicklungslehre Hegels abzuändern: „Wir gehen von Hegel aus, aber wir bleiben nicht bei Hegel stehen"[108].

Immerhin bezeichnete sich Kohler bereits 1904 als „Schüler Hegels"[109]. Berolzheimer stellte 1906 in seinem Aufsatz „J. Kohler als Rechtsphilosoph" fest: „Kohler ist Neuhegelianer"[110]. 1907 schrieb er:

„Kohler ist Neuhegelianer, d.h. er sucht das Recht als im Flusse begriffen, als *Kulturerscheinung* zu erfassen. Aus dieser evolutionistischen Anschauung ergibt sich die Erkenntnis der Relativität des Rechts, *der Abhängigkeit der Rechtsgestaltung von der jeweils herrschenden Kultur*. Das Recht ist *Kulturerzeugnis* und *Kulturelement* [...] Was Kohler von Hegel scheidet, ist die *Methode*; diese ist bei Hegel spekulativ, dialektisch, bei Kohler ethnologisch, *empirisch*"[111].

Kohler übernehme also von Hegel nicht die Methode, sondern den Gedanken des Rechts als sich wandelnde Kulturerscheinung und den Entwicklungsgedanken, „aber Kohler baut diesen Gedanken selbständig aus"; daher „erscheint für Kohler wohl die (von mir [Berolzheimer] zuerst gebrauchte) Bezeichnung *Neuhegelianer* treffend"[112].

Kohler fand offensichtlich Gefallen daran, als Neuhegelianer bezeichnet zu werden: 1907 charakterisierte auch er seine Rechtsphilosophie als „Neuhegelianismus"[113], und in seinem Referat „Aufgaben und Ziele der Rechtsphilosophie", dem ersten Vortrag auf dem ersten Kongress der IVR, heißt es 1910: „[...] nicht in den Niederungen des Neokantianismus, dem jede ge-

[107] *Kohler* (Fn. 71), 10

[108] *Ders.*, Moderne Rechtsprobleme (Fn. 2), 7.

[109] *Ders.*, Deutsche Juristen-Zeitung 1904, Sp. 29–34, 30.

[110] *Berolzheimer*, Philosophische Wochenschrift 1906, 5–20, 6.

[111] *Ders.* (Fn. 48), 125 (die kursiv gedruckten Stellen im Original gesperrt); Berolzheimer besprach hier den Beitrag Kohlers in von Holtzendorffs Encyklopädie der Rechtswissenschaft (Rechtsphilosophie und Universalrechtsgeschichte, Fn. 71) und Kohlers Einführung in die Rechtswissenschaft, 2. Aufl., 1905.

[112] *Ders.* (Fn. 48), 133.

[113] *Kohler*, Moderne Rechtsprobleme (Fn. 2), 8, 9.

schichtliche Berührung fehlt, sondern in dem von den Impulsen der Weltgeschichte durchdrungenen Neuhegelianismus liegt das Heil der Rechtsphilosophie!"[114] 1917, in der zweiten Auflage seines Lehrbuchs, bekannte er sich ebenfalls ausdrücklich zum Neuhegelianismus[115].

Allerdings ist, wie die Forschungsliteratur nachgewiesen hat, der Einfluss von Hegel recht gering. Kohler habe, so Wolfgang Schild, von Hegel nur den Gedanken der Entwicklung und des Fortschritts der Kultur übernommen[116]. Ansonsten habe er die Hegelsche Geschichtsphilosophie nicht verstanden[117]. Der Neuhegelianismus Kohlers sei eine „geschrumpfte Philosophie Hegels"[118], noch nicht einmal eine Fehlinterpretation Hegels, sondern ein „mißverstandener Fremdkörper, den er [Kohler] in einigen unverdauten Inhalten heranzog und zugrunde legte"[119].

Die wenigen Verbindungen zu Hegel haben folgerichtig zu Zweifeln daran geführt, ob die Charakterisierung von Kohlers Rechtsphilosophie als „Neuhegelianismus" zutreffend ist[120]. Zum einen wäre es ein Leichtes gewesen, den Entwicklungsgedanken mit bestimmten Ansichten der Historischen Rechtsschule oder der Historischen Schule zu begründen; Hegel hätte es dazu nicht bedurft. Zum anderen ist mehrfach darauf hingewiesen worden, dass Kohler sich außer auf Hegel auf zahlreiche weitere Autoren berief, u.a. Shankara, Heraklit, Platon, die Neuplatoniker, Thomas von Aquin, Spinoza, Goethe, Schelling, Savigny, Schopenhauer, Darwin und Nietzsche[121]. Das legt den Schluss nahe, dass Kohlers Rechtsphilosophie von Eklektizismus geprägt ist[122].

Allerdings ändert die Charakterisierung der Rechtsphilosophie Kohlers als eklektizistisch nichts daran, dass er selbst und Berolzheimer sie dem Neuhegelianismus zuordneten und ausländische Autoren diese Einordnung

---

[114] *Ders.*, ARWP 3 (1909/1910), 500–508, 508.

[115] Wie Fn. 2, 48.

[116] *Schild* (Fn. 9), 60.

[117] Ebd., 61; *Sellnow* (Fn. 8), 694, spricht von einer Revision der Geschichtsauffassung Hegels.

[118] *Schild* (Fn. 9), 63 f.; ähnlich *Sellnow* (Fn. 8), 693: „grobe Entstellung Hegels".

[119] *Schild* (Fn. 9), 64.

[120] *Gängel/Schaumburg* (Fn. 7), 300: „Kohlers Weltanschauung – Neuhegelianismus oder Eklektizismus?"

[121] So schon *Castillejo y Duarte*, ARWP 4 (1910/1911), 56–71, 264–273, 56; *Spendel* (Fn. 4), 6; *Gängel/Schaumburg* (Fn. 7), 301 f.; *Ottmann*, Individuum und Gesellschaft bei Hegel, Bd. 1, Hegel im Spiegel der Interpretationen, 1977, 149 Fn. 94: Kohler wird nur in dieser Fußnote kurz behandelt mit der Bemerkung, seine Evolutionslehre markiere nicht den Beginn des Neuhegelianismus. – Zu den Neuhegelianern dagegen rechnet ihn *Lepsius*, Art. Neuhegelianismus, in: Handwörterbuch zur deutschen Rechtsgeschichte, 2. Aufl., Bd. 3, 2016, Sp. 1886 f., 1886.

[122] *Spendel* (Fn. 4), 6; *Gängel/Schaumburg* (Fn. 7), 302.

übernahmen[123]. Zu fragen ist also, *warum* sich Kohler als „Schüler Hegels" bezeichnete und er sich dem Neugelianismus zugehörig fühlte. Solange dazu keine ungedruckten Quellen wie Briefe bekannt sind, mögen drei Vermutungen genügen. Erstens blieb angesichts der Angriffe Kohlers auf die rechtsphilosophischen Strömungen der Vergangenheit nur noch Hegel für die Herleitung des Entwicklungsgedankens übrig, nachdem Kohler auch die Historische Rechtsschule als möglichen Ideengeber abgelehnt hatte. Eine „Neubelebung der Rechtsphilosophie durch Anknüpfung an Hegel"[124] erschien als möglicher Weg. Zweitens bot sich der Neuhegelianismus als einzige zeitgenössische Neo-Strömung in der Philosophie als Anknüpfungspunkt an, da Kohler alle anderen zeitgenössischen Richtungen und insbesondere den Neokantianismus als Konkurrenzrichtung angegriffen und abgelehnt hatte. Drittens war die Rechtsphilosophie Hegels, anders als diejenige Kants und des Naturrechts, nach der wohl überwiegenden Auffassung um 1900 politisch unverdächtig, da sie nicht mit der Französischen Revolution in Verbindung gebracht, sondern als konservativ angesehen wurde.

F. Aufgaben und Funktionen der Rechtsphilosophie

I. Allgemeine Aufgaben

In zahlreichen Veröffentlichungen beschrieb Kohler die Aufgaben der Rechtsphilosophie, aufbauend auf seinen Auffassungen zu deren Grundlagen. Sie müsse das Recht in seiner kulturellen Entwicklung begreifen, „auf dem Boden der Entwicklungslehre stehen"[125], beruhe also auf rechts- und kulturgeschichtlichen Erkenntnissen, und sie habe die Funktion des Rechts in der Entwicklung der Kultur darzulegen[126]:

> „Die Rechtsphilosophie hat das Wesen und die Bedeutung des Rechts im Leben der Völker und damit im Weltprozess darzutun. Sie hat darzutun, welches die Funktion des Rechts im allgemeinen und im einzelnen ist und welche Rolle es spielt in der Entwicklung der Kultur und damit im fortschreitenden Laufe des irdischen und kosmischen Daseins".

Diese allgemein umschriebenen Aufgaben, die allerdings nur die Behandlung von Grundlagen und Grundfragen des Rechts betreffen, also nur *eine* Funktion der Rechtsphilosophie, präzisierte er in seinem Aufsatz „Aufgaben und Ziele der Rechtsphilosophie"[127]:

---

[123] So *Castillejo y Duarte* (Fn. 121), 57; *Pound*, Harvard Law Review 1911, 140–168, 154: „Neo-Hegelians".

[124] So *Berolzheimer* (Fn. 110), 5.

[125] *Kohler* (Fn. 71), 6 f.

[126] *Ders.*, ARWP 1 (1907/1908), 192–199, 192.

[127] *Ders.* (Fn. 114), 504 f.

„Was die Rechtsphilosophie kann und soll, ist Folgendes: sie soll

1. Das Verhältnis des Rechts zur Kultur darlegen und dieses Verhältnis in den Einzelinstituten des Rechts aufzuweisen [sic]: das kulturgeschichtliche Moment; sie soll

2. weiter ausführen, wie das Recht in der Kultur wirken kann […]; das ist das völkerpsychologische Moment.

3. Zu dieser völker-psychologischen Betrachtung kommt die soziologische hinzu […]. In dem Fortschritte des Rechts gibt es keinen wichtigeren Faktor, als den ständigen Kampf zwischen dem aufstrebenden Individuum und der das Individuelle niederhaltenden Gesellschaft. […]

4. Diese psychologisch-soziologische Entwicklung des Rechts erfolgt in der Geschichte. […] Die Erkenntnis dieser unbewussten Zielstrebigkeit in der Geschichte des Rechts ist eine weitere Aufgabe der Rechtsphilosophie, die geschichts-philosophische. […]

5. Das schließliche metaphysische Ziel ist oben […] angedeutet worden."

II. Rechtsphilosophie und Rechtspolitik

Demnach scheint es, dass die Rechtsphilosophie nur Grundfragen des Rechts behandeln soll und trotz des in Kohlers Kulturbegriff angelegten Aspekts des Fortschritts – dass das Recht nämlich so ausgestaltet werden müsse, dass es der jeweiligen Kultur entspricht – die Lehre, wie dieser Fortschritt zu erreichen ist, also die Rechtspolitik, in der Rechtsphilosophie Kohlers keine oder nur eine untergeordnete Rolle spielte. Das würde allerdings im Widerspruch zu seiner Auffassung stehen, dass es Aufgabe des Juristen sei, an der Fortbildung des Rechts zu arbeiten[128], also auch rechtspolitisch zu handeln. Zu fragen ist also, ob die Rechtspolitik bei ihm einen Teil der Rechtsphilosophie bildet oder nicht, letztlich, ob es sich dabei um eine Wissenschaft bzw. einen Teil der Rechtswissenschaft handele.

Kohlers Äußerungen dazu schwanken. 1904 betonte er, dass Rechtsphilosophie nicht identisch sei mit Rechtspolitik[129]:

„[Es] ist die Rechtsphilosophie nicht identisch mit der Rechtspolitik; diese hat die Aufgabe, darzulegen, welche Gestaltung des Rechts in der jeweiligen Kulturperiode des Rechts die beste ist; sie ist das Erzeugnis einer Zeit, die aus der naiven, unbewußten Entwicklungssphäre heraus zur bewußten, gesetzgeberischen Gestaltung des Rechts hinübergelangt ist, wo wir uns dem Rechte gegenüber nicht mehr bloß beschaulich und forschend verhalten, sondern selbsttätig an seiner Fortbildung mitarbeiten.

[…]

Die Rechtsphilosophie aber verhält sich zur Rechtspolitik in der Art: sie gibt der Rechtspolitik die Bestätigung und die Begründung, und sie zeigt insbesondere die Unrichtigkeit des sogenannten Positivismus im Recht".

Während die Rechtsphilosophie also Rechtspolitik rechtfertige, diene Rechtspolitik dazu, das Recht entsprechend dem erreichten Kulturniveau fortzubilden. Es handele sich also um zwei unterschiedliche Fächer, und es blieb offen, ob die Rechtspolitik überhaupt als rechtswissenschaftliche Disziplin anzusehen sei.

[128] *Ders.* (Fn. 71), 6.

[129] Ebd., 15 u. 16.

Das verneinte Kohler zunächst: Die Rechtsphilosophie habe zwei „Ausläufer“, nämlich einerseits die philosophische Betrachtung der Geschichte des Rechts und andererseits die Rechtspolitik, die keine Wissenschaft, sondern eine Technik sei, die herausfinden soll, was der bestehenden Kulturordnung am besten entspricht, und dies dann verwirklichen soll[130]:

„[Die] philosophische Rechtsbetrachtung zeitigt zwei Ausläufer:

[...] die Rechtspolitik, welche nicht eine Wissenschaft, sondern eine Technik ist und dahin abzielt, jeweils dasjenige zu erspähen, was der gegenwärtigen Kulturordnung am besten entspricht, und welche mit unseren rechtsbildenden Kräften dahin strebt, solches zur Anerkennung und Geltung zu bringen.

Ein zweiter Ausläufer ist die philosophische Betrachtung der Geschichte des Rechts [...]“.

Ebenfalls nicht eindeutig sind Kohlers Ausführungen zum Verhältnis der Rechtsphilosophie zur Rechtspolitik und zum Wissenschaftscharakter der Rechtspolitik im Jahre 1910: Die Rechtsphilosophie schaue auch in die Zukunft und weise den Weg zu den zu erreichenden Idealen; dieser Teil der Rechtsphilosophie gehe daher in Rechtspolitik über, die er wiederum als „Ausläufer“ der Wissenschaft der Rechtsphilosophie bezeichnete[131].

Die unklare Bezeichnung der Rechtspolitik lediglich als „Ausläufer“ der Rechtsphilosophie stand in einem gewissen Widerspruch zu den von ihm entwickelten Grundlagen der Rechtsphilosophie und dazu, dass im ARWP auch rechtspolitische Fragen, nämlich u.a. Gesetzgebungsfragen, behandelt wurden. In seinem Referat „Die Grenzen der Rechtsphilosophie“ für den 3. Kongress der IVR 1914 unterschied er daher zwischen deren philosophisch-theoretischen und praktischen Aufgaben: Gerade die Rechtsphilosophie könne

„gewisse Leitmotive bilden, aus denen der Gesetzgeber die Faktur seines gesetzlichen Werkes entwickeln kann. Es wird Sache der Rechtsphilosophie sein, darzulegen, dass gewisse Einrichtungen förderlich und fruchtbar, dass andere Einrichtungen unzeitgemäß und antisozial sind, weil sie die Persönlichkeit herunterdrücken oder sonst zum Verderben der menschlichen Kultur gereichen“[132].

So sei es Sache der Rechtsphilosophie, zur rechtlichen Behandlung von Boykott, Trusts und Tarifverträgen Stellung zu nehmen und zur Frage von Privatwirtschaft und Staatssozialismus[133]. Das war nur konsequent: Denn Kohler schrieb ständig Aufsätze rechtspolitischer Art, die er als Beiträge zur Rechtsphilosophie verstand, so z.B. den Aufsatz „Ueber die Philosophie des Zivilprozesses“[134], und er erhob ständig rechtspolitische Forderungen *de lege*

---

[130] *Ders.*, ARWP 1 (1907/1908), 3–15, 9 f.

[131] *Ders.*, Nachklänge zum Pfingstkongreß für Rechtsphilosophie, in: Der Tag 1910, Ausgabe A, Nr. 126 v. 2.6.1910.

[132] *Ders.*, ARWP 8 (1914/1915), 43–51, 48.

[133] Ebd., 49.

[134] *Kohler*, ARWP 6 (1912/1913), 589–594.

lata und *de lege ferenda*. Sehr deutlich wird das 1914 in seinem Buch „Recht und Persönlichkeit in der Kultur der Gegenwart“[135]. Ein Rezensent meinte, es sei ein „reichhaltiges Reformprogramm, […] das Kohler vor seinen Lesern ausbreitet“[136]. Zählt man die rechtspolitischen Forderungen Kohlers, so kommt man auf knapp 30 Vorschläge, von der Einführung der einverständlichen Ehescheidung über die Regulierung von Werbung („Reklame und Propaganda“), die Gestattung der Aufnahme politischer Berufe durch Frauen und die Verbesserung des Mieterschutzes bis hin zu zahlreichen Reformen im materiellen Strafrecht, u.a. der Abschaffung der Strafbarkeit von Homosexualität[137].

In seinem Lehrbuch der Rechtsphilosophie hatte er bereits rechtspolitische Forderungen rechtsphilosophisch gerechtfertigt[138]:

> „Das Recht, wie es in der Kultur sein soll, ist nicht immer gleich dem vorhandenen Recht […]. In solchem Falle sind zwei Bestrebungen berechtigt: einmal die Bestrebung dahin, daß das Recht und die Gesetzgebung entsprechend geändert wird, und zweitens die Bestrebung, dem Rechte eine Auslegung zu geben, welche es möglichst mit den Kulturerfordernissen in Einklang setzt“.

Trotz der unklaren Aussagen über das Verhältnis der Rechtsphilosophie zur Rechtspolitik entsprach die Einbeziehung rechtspolitischer Bestrebungen in die Aufgaben der Rechtsphilosophie also durchaus der Auffassung Kohlers. Da er, wie aus dem Zitat hervorgeht, rechtspolitische Bestrebungen sowohl *de lege lata* als auch *de lege ferenda* als legitim ansah, wenn das Recht nicht dem Stand der Kultur entsprach, liegt seinen Ausführungen ein weit aufgefasster Begriff der Rechtspolitik zugrunde: Er umfasste die zeitgemäße Auslegung des geltenden Rechts ebenso wie Reformen durch Gesetzgebung. Das geht auch aus Kohlers Auffassungen zur „Rechtstechnik“ und aus deren Einbeziehung in sein rechtsphilosophisches Lehrbuch hervor (unten 5.).

III. Legitimationsfunktion

Überblickt man die einschlägigen Ausführungen Kohlers, so lassen sich drei Funktionen feststellen, die seiner Ansicht nach die Rechtsphilosophie erfüllte oder erfüllen sollte. *Erstens* behandele sie Grundlagen und Grundfragen der Rechtswissenschaft, nicht zuletzt mithilfe von Erkenntnissen der Universalrechtsgeschichte und der Rechtsvergleichung. *Zweitens* diene sie der Rechtskritik. Das ergibt sich daraus, dass das Recht dem jeweiligen

---

[135] *Ders.*, Recht und Persönlichkeit (Fn. 2).

[136] *Klein*, ARWP 8 (1914/1915), 173–176, 175.

[137] *Kohler*, Recht und Persönlichkeit (Fn. 2); Aufzählung der Reformforderungen bei *Klein* (Fn. 136).

[138] *Kohler*, Lehrbuch der Rechtsphilosophie (Fn. 2), 2; so auch *ders.*, Lehrbuch der Rechtsphilosophie, 2. Aufl. (Fn. 2), 53.

Stand der Kultur entsprechen müsse und die Rechtsphilosophie überprüfe, ob dies der Fall ist. *Drittens* habe die Rechtsphilosophie Änderungen des Rechts – *de lege lata* und *de lege ferenda* – zu fordern, wenn die Überprüfung ergibt, dass das Recht hinter der erreichten Kulturentwicklung zurückbleibt.

Aus den Funktionen der Rechtsphilosophie lässt sich auf deren Stellung im Weltbild Kohlers schließen. Wenn die „Erfüllung der Rechtserfordernisse [...] die Aufgabe der Rechtsordnung" ist[139], liegt die Aufgabe der Rechtsphilosophie darin, dies zu fordern, falls die Rechtsordnung nicht den Rechtserfordernissen – die von der Kulturentwicklung abhängen – entspricht. Der Rechtsphilosophie obliegt es also, rechtspolitische Forderungen zu legitimieren; sie erfüllt also, neben ihrer Grundlagenfunktion, durch Rechtskritik und Rechtspolitik eine Legitimationsfunktion. Zwar macht sie im Gesamtwerk von Kohler einen Schwerpunkt aus, aber sie tritt in seinem Œuvre hinter den zahlreichen Werken zurück, mit denen er seine Vorstellungen einer zeitgemäßen Rechtsordnung verwirklichen wollte, also hinter seine rechtspolitischen Bestrebungen auf vielen Rechtsgebieten. Das erklärt auch, warum er relativ spät zur Rechtsphilosophie gelangte: erst dann nämlich, als das Bedürfnis stärker wurde, seine rechtspolitischen Vorstellungen besser abzusichern, und er das Rechtfertigungspotenzial erkannte, das die Rechtsphilosophie in dieser Hinsicht bot.

IV. Modernes Naturrecht

Darüber hinaus erklärt die Stellung der Rechtsphilosophie als Legitimationswissenschaft für rechtspolitische Forderungen, weshalb er ab ca. 1910 zu naturrechtlichen Auffassungen gelangte: Ist doch die Verankerung von Rechtsauffassungen als naturrechtlich geboten ein Argument, das jedenfalls potenziell Widerspruch ausschließt (sofern man ein Naturrecht bejaht). Zwar ist die Auffassung Werner Sellnows unzutreffend, Kohler habe versucht, in der Rechtsphilosophie, im Staats-, Straf- und Völkerrecht eine katholische Naturrechtskonstruktion durchzusetzen[140]; dagegen spricht Kohlers Ablehnung des Naturrechts generell und damit auch des katholischen Naturrechts, insbesondere des neothomistischen Naturrechts Viktor Cathreins[141]. Aber Kohler stimmte Cathrein in der Ablehnung des Positivismus und in der Auffassung zu, dass das „positive Recht [...] eben nicht das letzte

---

[139] *Kohler*, Lehrbuch (Fn. 2), 39.
[140] *Sellnow* (Fn. 8), 864.
[141] *Kohler*, Zeitschrift für Vergleichende Rechtswissenschaft 1910, 233–235.

[ist], was die Rechtswissenschaft in Betracht zieht", und gelangte selbst zu der Auffassung, dass es ein Naturrecht gebe[142]:

„Der Zusammenhang des Rechts mit der Kultur ist das Maßgebende, er ist die einzige Grundlage für das Naturrecht, und wie die Kultur eine wechselnde ist, so kann das Naturrecht nicht ein für allemal ein bestimmtes sein".

Noch 1914 bevorzugte Kohler allerdings den Begriff „Kulturrecht" für das damit gemeinte nichtpositive Recht[143]. 1917, in der 2. Auflage seines Lehrbuchs der Rechtsphilosophie, entwickelte er dann seine Vorstellungen von einem „modernen Naturrecht"[144]:

„1. Das *moderne* Naturrecht gründet sich auf das Entwickelungsprinzip, auf das Prinzip des in der Menschheit waltenden Strebens nach Kultur, nach Schöpfung und Wahrung der Kulturgüter.

[…]

5. Die *Gesamtheit dieser Rechtserfordernisse oder Rechtspostulate*, welche sich aus der richtigen Interessenerwägung ergeben, bildet das *Naturrecht* im modernen Sinne, natürlich nicht ein ewiges Naturrecht, aber ein Naturrecht der jeweiligen Zeit und der jeweiligen Kultur.

[…]

6. Das *Naturrecht* ist daher immer ein Naturrecht der *jeweiligen Kulturperiode* und wenn wir es *Naturrecht* nennen, so meinen wir damit nicht, daß es aus der allgemeinen menschlichen Natur stammt, sondern daß es aus der Natur der menschlichen Verhältnisse hervorgeht.

[…]

Insofern sind wir Naturrechtler modernen Sinnes und damit ebenso verschieden von den Naturrechtlern älteren Schlages, wie von den sogenannten Positivisten […]".

Kohlers „modernes Naturrecht" grenzt sich also sowohl von Naturrechtsvorstellungen der Frühen Neuzeit und des 19. Jahrhunderts als auch vom Positivismus ab. Es beruht auf seiner Kulturtheorie ebenso wie auf seinem Entwicklungsgedanken und verkörpert die Legitimationsfunktion seiner Rechtsphilosophie: Die Rechtserfordernisse – mit anderen Worten: die rechtspolitischen Forderungen –, die sich daraus ergeben, dass das Recht nicht der Kulturentwicklung entspricht, werden nunmehr als naturrechtlich zwingend ausgegeben.

V. „Rechtstechnik"

Aus der maßgeblichen Stellung der Rechtspolitik wenn nicht als Teil, so doch als Bezugspunkt der Rechtsphilosophie Kohlers folgt zum einen, dass er

---

[142] Ebd., 234 f. – Zur Naturrechtsauffassung Kohlers s. auch *Schwab* (Fn. 10), 57.

[143] *Ders.*, Recht und Persönlichkeit (Fn. 2), 27. – Siehe auch den Titel des Aufsatzes von *Schwab* (Fn. 10).

[144] *Ders.*, Lehrbuch der Rechtsphilosophie, 2. Aufl. (Fn. 2), 51–53 [kursiv hervorgehobene Begriffe und Passagen im Original gesperrt gedruckt].

Gesetzgebungsfragen große Bedeutung beilegte. Das ergibt sich schon aus den genauen Titeln der ARWP und der IVR[145], die er ja gegründet hatte. Mit anderen Worten: „Gesetzgebungspolitik“ und Vorschläge zur „Gesetzestechnik“ waren selbstverständliche Bestandteile der Rechtspolitik und damit der rechtspolitischen Auffassungen Kohlers[146]. Zum anderen mussten sowohl die Methode der Gesetzesauslegung als auch die Methode der wissenschaftlichen Rechtsgewinnung[147] seine Aufmerksamkeit finden, also das, was wir heute als „Methodenlehre“ bezeichnen.

Kohler sprach insofern von „Rechtstechnik“, die er zunächst (1904) scharf von Rechtsphilosophie abgrenzte: Die „Wissenschaft der Technik des Rechts“ habe „mit der Rechtsphilosophie [...] nichts zu schaffen“[148]. In seinem Lehrbuch der Rechtsphilosophie (1909) revidierte er allerdings diese Ansicht[149]:

> „Die Technik des Rechts gehört der Rechtsphilosophie nur insofern an, als sie so gestaltet sein muß, daß sie die Aufgaben der rechtsphilosophischen Erfordernisse zu erfüllen vermag. Eine Rechtstechnik, welche nicht in der Lage wäre, so zu wirken, daß die von der Rechtsphilosophie gebotenen Einwirkungen auf die Kultur stattfänden, wäre verfehlt“.

Daraus folgt, dass Kohler der Rechtstechnik eine wichtige Rolle in der Gestaltung der Rechtsordnung zuteilte. Sollte, wie Kohler forderte, Rechtspolitik auch *de lege lata* betrieben werden, so mussten auch die Methoden, mit denen die „Rechtserfordernisse“ – die als notwendig erkannten rechtspolitischen Forderungen – durchgesetzt werden sollten, dafür geeignet sein, d.h. dem Ziel dienen können, das als unzureichend erkannte geltende Recht dem erreichten Kulturfortschritt anzupassen. Das war dann nicht gewährleistet, wenn man dem Wortlaut des Gesetzes folgte oder nach dem Willen des Gesetzgebers fragte und bei der Gesetzesauslegung entsprechend verfuhr, da die

---

[145] „Archiv für Rechts- und Wirtschaftsphilosophie mit besonderer Berücksichtigung der Gesetzgebungsfragen“; „Internationale Vereinigung für Rechts- und Wirtschaftsphilosophie samt den Gesetzgebungsfragen“ (bis 1923). – In § 2 Abs. 2 des Statuts der IVR heißt es zudem: „Nach Tunlichkeit soll auch die wissenschaftliche Vorbereitung bedeutsamer Gesetzgebungsfragen in das Arbeitsfeld der I.V.R. einbezogen werden“, in: ARWP 3 (1909/1910), 3–8, 3; siehe auch oben Fn. 57.

[146] Zu Kohlers Auffassungen zu Gesetzgebungsfragen im Einzelnen: *Emmenegger*, Gesetzgebungskunst. Gute Gesetzgebung als Gegenstand einer legislativen Methodenbewegung in der Rechtswissenschaft um 1900. Zur Geschichte der Gesetzgebungslehre, 2006, 88–92, 222, 242 f.

[147] Die Unterscheidung folgt der entsprechenden Einteilung bei: *Schröder*, Recht als Wissenschaft. Geschichte der juristischen Methodenlehre in der Neuzeit (1500–1990), Bd. 1: 1500–1933, 2020: „Theorie der Gesetzesinterpretation“ und „Theorie der wissenschaftlichen Rechtsfindung (Rechtsbearbeitung)“, u.a. für die Zeit von 1850 bis 1933, 333, 397.

[148] *Kohler* (Fn. 71), 17, 18.

[149] *Ders.*, Lehrbuch (Fn. 2), 43.

Gefahr bestand, dass die Gesetzesauslegung nicht den aktuellen Stand des Kulturfortschritts berücksichtigte. Es verwundert daher nicht, dass Kohler ein Anhänger der sog. objektiven Auslegungsmethode war[150], also danach fragte, wie das Gesetz angesichts der Zeitumstände vernünftigerweise auszulegen sei. So schrieb er 1912[151]:

„[…] das Gesetz ist auszulegen nicht etwa nach den Gedankengängen zur Zeit seiner Entstehung, sondern jeweils nach den Bedürfnissen und Bestrebungen der Zeit, in der es gehandhabt werden soll".

Die sog. objektive Auslegungsmethode verschaffte also den Auslegungsspielraum, mittels dessen durch Gesetzesinterpretation – in der Terminologie Kohlers – das Recht an den erreichten Stand der Kultur angepasst werden konnte.

Daher stand er auch der sog. Freirechtslehre nicht völlig ablehnend gegenüber, wie sich aus mehreren Beiträgen ergibt, in denen er sich damit befasste[152]. Er fühlte sich zwar, wie er darin ausführte, als Mitbegründer der Freirechtsschule und befürwortete, wie gezeigt, eine „freie" Auslegung des Gesetzes, wandte sich aber deutlich gegen eine Rechtsanwendung *contra legem* und ohne Beachtung des Gesetzes. Seine Gedanken dazu und generell zur Gesetzesauslegung fasste er in seinem Diskussionsbeitrag zu den Referaten über Rechtsphilosophie und Allgemeine Rechtslehre auf dem ersten Kongress der IVR (1910) prägnant zusammen[153]:

„Durch meine Theorie, dass das Gesetz nicht nach dem Willen des Gesetzgebers, sondern nach seiner Vernünftigkeit ausgelegt werden soll, und dass die Auslegung des Gesetzes eine verschiedene sein kann, je nach der Zeit und nach dem Zeitbedürfnis, also durch den Gedanken der teleologischen Rechtsauslegung habe ich in hohem Masse den Freirechtsbestrebungen vorgearbeitet. Ich bin vollkommen der Ansicht, dass schliesslich, wenn ein Gesetz mit dem Rechtsbewusstsein im Widerspruch steht, der Richter auch eine gewagte Auslegung wählen darf, so dass das Gesetz quasi unterhöhlt wird, damit es der Vernunft des Rechts nicht mehr entgegensteht. Dagegen darf man niemals das Gesetz einfach beiseiteschieben und contra legem Recht sprechen, denn das würde zu einer Disziplinlosigkeit, zu einer Willkür und zu einer Unsicherheit ohne Gleichen führen".

Der Begriff der Rechtstechnik bei Kohler geht freilich über die Methoden der Gesetzesauslegung und der wissenschaftlichen Rechtsfindung hinaus und betrifft bestimmte Themen, die wir heute zur Rechtstheorie zählen würden. Sie lassen sich am besten als „Grundbegriffe des Rechts" kennzeichnen. Im Kapitel „Rechtstechnik" seines Lehrbuchs der Rechtsphilosophie behan-

---

150 *Schröder* (Fn. 147), 335 f.

151 *Kohler*, Die Vorteile und Gefahren der Freirechtsbewegung, in: Der Tag v. 19.4.1912, Teil B.

152 U.a. *ders.*, Freirechtsbewegung, in: Berliner Tageblatt Nr. 92 v. 19.2.1911, 2. Beiblatt; *ders.* (Fn. 151).

153 *Ders.*, ARWP 3 (1909/1910), 581.

delte er nämlich in vier Abschnitten „Subjektives Recht und Kulturordnung“, „Persönlichkeit und Persönlichkeitsbetätigung“, „Anspruch“ und „Rechtsordnung“[154].

Am Anfang der Überlegungen Kohlers zur Rechtstechnik in diesem weiteren Sinne steht, dass er für den Entwicklungsstand der Kultur- und Rechtsordnung seiner Zeit das Vorhandensein subjektiver Rechte, deren Schutz und den Schutz der Kulturgüter als charakteristisch ansah[155]:

> „Die Rechtsordnung gibt sich im Laufe der Entwicklung mehr und mehr kund als eine Ordnung der subjektiven Rechte, [...] und eine wesentliche Aufgabe der Rechtsordnung besteht im Schutz dieser subjektiven Rechte. Allein dies ist nicht ihre alleinige Aufgabe. Die Rechtsordnung ist zugleich die Wahrerin der Kulturgüter [der Menschheit oder eines Volkes]“.

Eine solche Rechtsordnung hatte Konsequenzen für die Rechtstechnik. Sie sollte zum einen sicherstellen,

> „dass Rechte subjektiver Art vorhanden sind, und zwar in der Art, daß ein sogenanntes Rechtssubjekt der Träger des Rechts ist und daß seine Interessen durch das Recht gewährleistet sind und ihm die Möglichkeit zusteht, den Gegenstand des Rechts nach seiner Idee zu verwenden und dadurch in die Kulturwelt einzuwirken“[156].

Gewährleistung und Schutz der subjektiven Rechte genügten, so Kohler, jedoch nicht. Vielmehr müssten auch die Kulturgüter, die „allgemeinen Interessen der Menschheit“, berücksichtigt werden. Diesen „Kulturaufgaben“ komme die Rechtstechnik durch Gebote und Verbote u.a. im Polizeirecht und im Strafrecht nach.

Der Stellenwert, den Kohler den subjektiven Rechten und der Persönlichkeit, insbesondere auch Persönlichkeitsrechten[157], in seiner Rechtsphilosophie ebenso wie im Übrigen im Privatrecht – zu verweisen ist auf die zahlreichen Veröffentlichungen Kohlers, die seine Bedeutung für die Geschichte der Immaterialgüter- und Persönlichkeitsrechte belegen – einräumte, ist bei der Feststellung seiner politischen Auffassungen zu berücksichtigen. Man mag zutreffend eine „grundsätzlich konservative Ordnungsvorstellung“ bei ihm feststellen[158], und aus zahlreichen Äußerungen zum Völkerrecht und zum Staatsrecht mag eine nationalistische und imperialistische Einstellung hervorgehen. Aber seine Rechtsphilosophie war ebenso wie sein Privatrecht keineswegs „überindividualistisch“ und von der „Bedeutungslosigkeit des Individuums“[159] geprägt. Er ist sich des Spannungsfelds zwischen Individuum

---

[154] *Kohler*, Lehrbuch (Fn. 2), 43–61.
[155] Ebd., 39.
[156] Ebd., 43.
[157] Dazu *Klippel*, Persönlichkeitsrecht (Fn. 5).
[158] So *Nies* (Fn. 4), 133.
[159] So ebd., 131 f., hinsichtlich Kohlers Weltbild generell.

und *Gemeinschaft* bewusst und berücksichtigt es in seiner Rechtsphilosophie ebenso wie im Privatrecht.

G. Zusammenfassung

1. Der Beitrag geht methodisch rechts- und ideengeschichtlich vor, nicht rechtsphilosophisch, d.h. die rechtsphilosophischen Auffassungen Kohlers werden historisch analysiert und kontextualisiert.

2. Zu Beginn des 19. Jahrhunderts bestimmte das Naturrecht die Rechtsphilosophie. Es erfüllte fünf Funktionen: In den einschlägigen Lehrbüchern wurden Grundbegriffe des Rechts erörtert, es bot ein Diskussionsforum für rechtspolitische Fragen, es galt als Maßstab des geltenden Rechts, es wurde als subsidiär geltendes Recht aufgefasst und es vertrat zumeist liberale politische Auffassungen.

3. Das Naturrecht verlor bereits in der ersten Hälfte u.a. aus politischen Gründen einen Teil dieser Funktionen. Das zeigt sich schon äußerlich daran, dass der Begriff „Rechtsphilosophie" zunächst synonym mit „Naturrecht" auftrat, dann das Naturrecht ersetzte: Der Anspruch, subsidiär geltendes Recht zu sein, wurde zurückgenommen. Rechtsphilosophie und Naturrecht sahen sich allenfalls noch als „Gesetzgebungswissenschaft".

4. Der Bedeutungsverlust von Naturrecht und Rechtsphilosophie setzte sich in der zweiten Hälfte des 19. Jahrhunderts fort. Naturrechtliche Auffassungen wurden überwiegend abgelehnt. Nutzen und Reichweite der Rechtsphilosophie als Teildisziplin der Rechtswissenschaft, insbesondere ihre rechtspolitische Funktion, wurden in Frage gestellt. Ausschlaggebend dafür waren wiederum politische Gründe – Naturrecht und Rechtsphilosophie wurden mit der Französischen Revolution in Verbindung gebracht – und die Hinwendung der Rechtswissenschaft zum Positivismus.

5. Um 1900 erfolgte ein erstaunlicher Aufschwung der Rechtsphilosophie („Wiedergeburt der Rechtsphilosophie", so Josef Kohler 1909). Das ergibt sich aus der beachtlichen Zunahme von rechtsphilosophischen Veröffentlichungen, der Gründung zweier rechtsphilosophischer Zeitschriften, darunter des Archivs für Rechts- und Wirtschaftsphilosophie (ARWP), und der Gründung der Internationalen Vereinigung für Rechts- und Wirtschaftsphilosophie (IVR). Mehrere rechtsphilosophische Strömungen lassen sich unterscheiden, nämlich u.a. der Neukantianismus, der Neuhegelianismus, das katholische Naturrecht, die Allgemeine Rechtslehre und soziologisch orientierte Schriften.

6. Die neue Blüte der Rechtsphilosophie beruht erstens darauf, dass die Rechtsphilosophie die Möglichkeit bot, innerhalb der Rechtswissenschaft neue wissenschaftliche und technische Herausforderungen rechtspolitisch zu diskutieren. Zweitens entstand, nachdem sich die Rechtswissenschaft im

zweiten deutschen Kaiserreich zunächst auf die Interpretation der zahlreichen neuen Gesetze konzentriert hatte, das Bedürfnis nach Rechtsfortbildung *de lege lata* und *de lege ferenda*; die Rechtsphilosophie konnte bei entsprechender Ausrichtung dieses Bedürfnis befriedigen.

7. Josef Kohler gelangte erst am Ende des 19. Jahrhunderts und dann in größeren Monographien zu Beginn des 20. Jahrhunderts (u.a. Lehrbuch der Rechtsphilosophie von 1909), zur Rechtsphilosophie. Sie bildet schon quantitav einen Schwerpunkt in seinem Gesamtwerk.

8. Kohler lehnte fast alle rechtsphilosophischen Strömungen der Vergangenheit und seiner Zeit vehement ab. Im Einzelnen polemisierte er gegen das Naturrecht des 19. Jahrhunderts, gegen Kant und den Neukantianismus, gegen die Historische Rechtsschule, gegen den Positivismus, gegen die Allgemeine Rechtslehre als Ersatzdisziplin für die Rechtsphilosophie und gegen Rudolf von Jhering. Sein Beitrag zur Wiederbelebung der Rechtsphilosophie und die Bestrebung, seine Rechtsauffassung und seine rechtspolitischen Vorstellungen rechtsphilosophisch abzusichern, sollten dadurch als umso überzeugender erscheinen.

9. Die Grundlage der Rechtsphilosophie Kohlers bilden seine Auffassungen zu Kultur, Entwicklung und Fortschritt. Das Recht sei eine Kulturerscheinung und befinde sich wie die Kultur insgesamt in stetiger Entwicklung. Da es dem Fortschritt der Kultur hinterherbleiben konnte, müsse es so gestaltet werden, dass es dem Stand der Kultur entspreche. Die wichtigste Konsequenz der Kulturtheorie Kohlers besteht also im Gedanken der Notwendigkeit der ständigen und umfassenden Modernisierung des Rechts. An der Modernisierung des Rechts im zweiten deutschen Kaiserreich war Kohler maßgeblich beteiligt.

10. Kohlers Gedanken zu den Grundlagen der Rechtsphilosophie sind nicht originell. Parallelen zu seinem Relativismus, Historismus und Fortschrittsglauben, die auf dem Kulturbegriff basieren, finden sich bei Wilhelm Christoph Friedrich Arnold. Einen Bezug von Universalrechtsgeschichte und Rechtsvergleichung zur Rechtsphilosophie hatte bereits Felix Dahn hergestellt. Dahn hatte auch vertreten, die Rechtsphilosophie solle die Prinzipien der Rechtswissenschaft behandeln, Rechtskritik üben und zur Rechtsfortbildung beitragen.

11. Für seine Auffassung, Kultur und Recht befänden sich in ständiger Entwicklung, berief Kohler sich auf Hegel. Anders als Hegel meine, vollziehe sich diese Entwicklung aber nicht logisch-dialektisch, sondern auch unlogisch und zufällig.

12. Die Berufung auf Hegel führte dazu, dass Kohler als Neuhegelianer bezeichnet wurde und sich als Neuhegelianer auffasste. Die rechtsphilosophische Forschungsliteratur ist sich allerdings einig, dass Kohler Hegel nicht verstanden habe und daher auch die Charakterisierung von Kohlers Rechtsphilosophie als „Neuhegelianismus" zumindest zweifelhaft sei. Vielmehr sei

sie als eklektizistisch zu bezeichnen. Kohlers Anlehnung an Hegel diente dem Zweck, dass er sich zur Bekräftigung seiner Ansichten auf eine anerkannte und als politisch unverdächtig angesehene Autorität berufen konnte.

13. Nach Ansicht Kohlers erfüllte die Rechtsphilosophie drei Funktionen. Erstens sollte sie Grundlagenfragen der Rechtswissenschaft behandeln. Zweitens sollte sie Kritik am geltenden Recht üben. Wenn die Überprüfung ergibt, dass das Recht hinter der erreichten Kulturentwicklung zurückbleibt, sollte sie drittens rechtspolitisch Änderungen fordern.

14. Die Rechtspolitik bildet also den wesentlichen Bezugspunkt der Rechtsphilosophie Kohlers: Wenn das Recht nicht dem Stand der Kultur entspricht, müsse es *de lege lata* oder *de lege ferenda* geändert werden. Kohler vertrat daher einen weiten Begriff der Rechtspolitik, der die zeitgemäße Auslegung des Rechts ebenso umfasste wie Reformen durch Gesetzgebung. Da die Rechtsphilosophie Kohlers seine rechtspolitischen Forderungen legitimierte, erfüllt sie bei ihm die Funktion einer Legitimationswissenschaft.

15. Die Stellung der Rechtsphilosophie als Legitimationswissenschaft erklärt, weshalb Kohler ab ca. 1910 zu der Auffassung gelangte, es gebe ein „modernes Naturrecht": Die Bezeichnung seiner rechtspolitischen Forderungen als naturrechtlich geboten ließ sie als besonders zwingend erscheinen.

16. Der maßgeblichen Stellung der Rechtspolitik innerhalb der rechtsphilosophischen Auffassungen Kohlers entspricht Kohlers Begriff der Rechtstechnik. Die richtige „Rechtstechnik" sollte die Durchsetzung der rechtspolitischen Forderungen Kohlers gewährleisten. Abgesehen von Gesetzgebungsfragen betraf sie daher die Methode der Gesetzesauslegung und der wissenschaftlichen Rechtsgewinnung. Folgerichtig war Kohler ein Anhänger der sog. objektiven Auslegungsmethode, die danach fragte, wie das Gesetz angesichts des erreichten Kulturfortschritts sinnvoll auszulegen sei und daher einen weiten Auslegungsspielraum gewährte.

17. Der Begriff „Rechtstechnik" umfasst bei Kohler nicht nur methodische, sondern auch materielle Aspekte. Sie sollte das Vorhandensein und die Gewährleistung von subjektiven Rechten sicherstellen und zugleich „Kulturaufgaben" erfüllen, d.h. die Kulturgüter der Menschheit oder eines Volkes u.a. im Polizeirecht und im Strafrecht berücksichtigen.

18. Angesichts des Stellenwerts der subjektiven Rechte und der Persönlichkeit in Kohlers Rechtsphilosophie ebenso wie in seinem Privatrecht ist die Auffassung unzutreffend, er habe darin die Interessen des Individuums nicht berücksichtigt.

Kohlers Privatrechtskonzept

Hans-Peter Haferkamp

A. Einleitung

1919, zu Kohlers siebzigstem Geburtstag, bot der Rothschild-Verlag mit einer Zweitauflage Josef Kohler nochmals die Chance zu einem großen Rückblick auf sein „Shakespeare vor dem Forum der Jurisprudenz", mit dem der junge Würzburger Professor 1883 die große Bühne der Rechtswissenschaft betreten hatte. Gewohnt selbstbewusst stellte Kohler im Vorwort fest, dass seine damaligen Überlegungen inzwischen zu „Stützen unserer ganzen Wissenschaft geworden"[1] seien. Kerngedanken seiner Wissenschaft sah er in diesem Werk erstmals vorgeführt: Rechtsgeschichte als Weltgeschichte des Rechts, das richterliche Rechtsgefühl als Faktor der Modernisierung des Rechts, Völkerpsychologie als Kern der Rechtsphilosophie, und wie ein Motto seines Schaffens rief er aus: „Wehe dem Juristen, der in der Weltgeschichte den Rechtsfortschritt nicht zu erkennen vermag!".

Damit war er schon mitten in meinem Thema: Dem Privatrechtskonzept Josef Kohlers[2]. Mit Privatrechtskonzept meine ich die hinter seinen eher unauffälligen Definitionen, mit denen er etwa das Privatrecht vom Öffentlichen Recht abgrenzte, stehende Vorstellung von der Entstehung und der rechtspolitischen Aufgabe des Privatrechts im Kaiserreich. Welche politische Funktion maß er Privatrecht zu?

Kohler hat mehrfach große Privatrechtsüberblicke vorgelegt, allen voran sein Lehrbuch des Bürgerlichen Rechts, entstanden 1906–1919, und seinen großen Artikel „Bürgerliches Recht" im zweiten Band der Enzyklopädie der Rechtswissenschaft aus dem Jahr 1914. Wenn ich gleichwohl nicht hier ansetze, sondern in seinem „Shakespeare vor dem Forum der Jurisprudenz",

---

[1] *Kohler*, Shakespeare vor dem Forum der Jurisprudenz, 2. Aufl., 1919, 6.

[2] Eine Untersuchung hierüber fehlt. Teilaspekte des Themas hier behandeln: *Schwab*, ZNR 36 (2014), 45 ff.; *Stier*, „Richtiges Recht" zwischen Entwicklungs- und Kulturgedanken, 2005, 158 f.; *Hofmann*, A Treatise of Legal Philosophy and General Jurisprudence, Bd. 9: A History of the Philosophy of Law in the Civil Law World, 1600–1900, 2009, 338 ff.; *Gängel/Schaumburg*, ARSP 75 (1989), 289 (300 ff.) (zur Philosophie); *Gast*, ZVglRWiss 85 (1986), 1 ff.; *Braun*, ZZP 132 (2019), 275 (294 f.); unergiebig: *Großfeld*, Josef Kohler (1849–1919), in: Festschrift 200 Jahre Juristische Fakultät der Humboldt-Universität zu Berlin, 2010, 375 ff.

dann deshalb, weil dieses Buch zu einem aufsehenerregenden und bald berühmten Disput mit Rudolf v. Jhering geführt hatte. In diesem Disput ging es auch um Privatrecht. Ich möchte also zunächst die berühmte Shylockkontroverse nutzen, um Kohlers Position von der Jherings abzugrenzen und damit erste Konturen zu gewinnen. Dabei stehen Kohlers frühe Überlegungen zu Privatrecht im Fokus. In einem zweiten Schritt werde ich dann primär Kohlers Position nach 1900 in den Blick nehmen. Dabei möchte ich zeigen, dass der oft als so sprunghaft geschilderte Kohler ein ziemlich gleichbleibendes Denken über Privatrecht als Idee hatte.

B. Privatrecht als Defensivveranstaltung? – Die Shylockkontroverse

Der Streit zwischen Jhering und Kohler um Shylock faszinierte bereits Zeitgenossen[3] und löste besonders in den USA[4] Diskussionen um Shakespeare und das Recht aus[5]. Auch in Deutschland wird er bis heute diskutiert[6]. Ausgangspunkt war die von Jhering im „Kampf um's Recht" 1872 vertretene Ansicht, dass Shylock in Shakespeares „Kaufmann von Venedig" Unrecht geschehen sei, als man seinem vom Gericht als rechtmäßig anerkannten Schuldschein die Vollstreckbarkeit verweigerte. Seitens des Richters sei es „ein elender Winkelzug, ein kläglicher Rabulistengriff" gewesen, „dem Manne, dem er bereits das Recht zugesprochen hatte, vom lebenden Körper ein Pfund Fleisch auszuschneiden, das damit verbundene Vergießen des Blu-

---

[3] Vgl. noch nur zu Jhering: *Pietscher*, Jurist und Dichter. Versuch einer Studie über Jhering's „Kampf um's Recht" und Shakespeare's „Kaufmann von Venedig", 1881; dann *Gumplowicz*, (Grünhuts) Zeitschrift für das Privat- und Öffentliche Recht der Gegenwart 13 (1886), 242 (242–244); *A. S.*, Shakespeare vor dem Forum der Jurisprudenz Jos. Kohler, KritV Neue Folge 7 (26), Supplement 1884, 744 (744–748); *Schroeder*, ZRG 6.1 (1885), 220 f.; *Stutz*, Josef Kohler. Shakespeare vor dem Forum der Jurisprudenz, 2. Aufl. mit einem Bildnis des Verfassers, 1919, 389 ff.

[4] Überblick bei *Philipps*, Shakespeare and the Lawyers, 1972, 92 ff.

[5] Etwa die Diskussion um die Frage, ob Shakespeares Ansicht dem venezianischen Recht entsprach zwischen Kohler und *Th. Niemeyer*, Michigan Law Review 14 (Nov. 1915), 20 (20–36); dagegen *Hirschfeld*, Law Quarterly Review 118 (1914), 167 ff.; daneben geht es um das Judentum von Shylock, vgl. etwa *Schütz*, Structural Terror: A Shakespearean Investigation, in: Goodrich/Barshack/Schütz (Hrsg.), Law, Text, Terror, 2006, 71 ff., bes. 82–91.

[6] Vgl. *Spendel*, Josef Kohler. Bild eines Universaljuristen, 1983, 30 f.; *Augsberg*, Normativität und Rechtskritik (ARSP Beiheft 114), 2007, 257 ff.; *Kiesow*, Josef Kohlers Poesie, in: Summa. Dieter Simon zum siebzigsten Geburtstag, 2005, 297 ff.; *Stier* (Fn. 2), 158 f. sowie mein Beitrag: Jhering, Kohler und das Erbe der „Pandektenlehrbücher", in: Jhering heute, 2018, 15 ff.

tes zu versagen“[7]. Jhering trat keineswegs für eine derart unmenschliche Vollstreckungsmethode ein. Ihn störte das Urteil nicht in seinem Ergebnis, sondern in seiner Begründung. Ein Rechtssatz, der das Vergießen des Blutes untersagte, existierte nicht. Das Urteil argumentierte für Jhering daher außerrechtlich. Man habe den Schuldschein für sittenwidrig erklären müssen. Tat man das nicht, musste die Vollstreckung gestattet werden.

Das sah Kohler ganz anders. Ihn störte der fehlende Rechtssatz nicht. Ihm genügte das Rechtsgefühl des Richters. Der von Jhering übersehene Faktor sei „das Rechtsbewusstsein des Richters, der im Richter lebende Rechtsinstinkt, der sich noch nicht zur vollständig klaren Erkenntnis herausgearbeitet hat und sich daher hinter den Scheingründen des weisen Daniel verbirgt“[8]. Der ehemalige Richter Kohler hatte Vertrauen in richterliche Rechtssatzbildung. Im Richter wurde das zeitgenössische Gerechtigkeitsbewusstsein wirksam. Und dies erlaubte für Kohler die Bildung von neuem Recht. Wenn die Gesetzgebung nicht reagiere, dann „thut es die Rechtspflege, sie thut es, oft völlig unbewusst und ahnungslos, aber sie thut es. Keine Rechtspflege der Welt, und wäre sie die gelehrteste und abstracteste, kann sich dem Rechtsbewusstsein des Volkes entziehen“[9]. Kohler setzte auf richterliche Intuition als entscheidungstragend – auch und gerade gegen das Gesetz. 1886 brach er das Thema in seinem bekannten Aufsatz über die „Interpretation von Gesetzen“ auf den nach § 1 GVG gebundenen Richter des Kaiserreichs herunter. Auch hier habe der Richter in Fällen, „in welchen die gesetzlichen Bestimmungen in ihrer richtigen Interpretation dem Rechtsbewußtsein nicht mehr entsprechen und das Gesetzesrecht in Reibung tritt mit den Culturinteressen“ den Gesetzeswortlaut „so restrictiv zu erklären, dass sich die ganze Bestimmung zuletzt in ein Nichts auflöst und juristisch eliminiert wird“. Dass „hier nicht mehr Auslegung im wahren Sinne vorliegt, dass hier unter der Form der Auslegung sich in der That eine Rechtsneubildung, ein Rechtsfortschritt verbirgt, dass auf diese Weise der gewohnheitsrechtliche Gang der Rechtsfortbildung seinen langsamen stetigen Fortgang nimmt“, war ihm weiterhin eine Wahrheit, die er auf seine Erörterungen zu Shylock stützte[10]. Der Gesetzeswortlaut wurde damit zum bloßen Blankett der richterlichen Rechtsfortbildung.

Blickt man nun auf Jhering, so wird schnell deutlich, dass die beiden hier nicht nur abstrakt um die Stellung des Richters zum Gesetz stritten, sondern auch um Privatrecht. Jhering band den Richter, anders als Kohler, erstaun-

---

[7] *Jhering*, Der Kampf um's Recht, hier nach 4. Aufl., 1874, 59 Anm. *).

[8] *Kohler*, Shakespeare vor dem Forum der Jurisprudenz, 1883, 83.

[9] *Kohler* (Fn. 8), 87.

[10] *Kohler*, Über die Interpretation von Gesetzen, (Grünhuts) Zeitschrift für das Privat- und Öffentliche Recht der Gegenwart 13 (1886), 1 (59).

lich streng an das Gesetz[11]. Das bedeutete keineswegs Naivität gegenüber den richterlichen Freiräumen in der Entscheidungsfindung, die Kohler so stark machte. Jhering ironisierte die Vorstellung, dass das „richterliche Denken durch das Gesetz überflüssig gemacht werden soll“, vergleichbar einem Verdauungsprozess: „vorn wird der Fall in die Urteilsmaschine hineingeschoben, hinten kommt er als Urteil wieder heraus“[12]. Gerade weil „der Kopf des Richters [...] sich durch den Gesetzgeber nicht ersetzen“ lasse[13], konzipierte Jhering Gesetzesbindung als eine richterliche Tugend: „Gehorsam gegen das Gesetz ist die erste Tugend des Richters“[14]. Dies umfasse „das Verschließen des Auges gegen jedes Ansehen der Person [...] das Verschließen des Ohrs gegen die Klagen der Armen und Elenden und den Jammer der Angehörigen, denen der Richterspruch den Gatten und Vater rauben soll. Nicht den schlechten Menschen gilt es zu unterdrücken, sondern den guten, und das ist die schwerste Prüfung, welche der Dienst der Gerechtigkeit mit sich bringt“, und zwar selbst dann, wenn „das Gesetz, welches der Richter vollziehen soll, mit dessen eignem Rechtsgefühl in schneidendem Widerspruch steht“[15]. Der Richter solle nichts sein, als „das lebendig gewordene, in seiner Person der Sprache teilhaftig gewordene Gesetz“[16]. Daher sein Eintreten für Shylock.

Diese Position Jherings war freilich nur auf das Privatrecht zugeschnitten. Dies zeigt ein Blick auf das Strafrecht. Hier zeigte sich Jhering nämlich erstaunlich offen gegenüber richterlicher Rechtssetzung. Keine Spur von Gesetzespositivismus. Von *nulla poena sine lege* wollte er hier nichts wissen. Gegenüber Verbrechern, deren Taten nicht gesetzlich verboten seien, machte er die Rechtsprechung zum Vollstrecker des Volksbewusstseins und stellte einen „höchsten Gerichtshof über das Gesetz“: „Das unbefangene Rechtsgefühl des Volkes verlangt auch hier Bestrafung, und ich meinerseits schließe mich dem vollkommen an“[17]. Für das Strafrecht galt als höchstes Ziel „nicht die Fernhaltung der Willkür, sondern die Verwirklichung der Gerechtigkeit“, wohingegen „in der Zivilrechtspflege verlangen wir die unverbrüchliche Anwendung des Gesetzes und nehmen die etwaigen Härten und Unbilligkeiten in Kauf“[18]. Jherings Beharren darauf, dass Shylock Unrecht geschehen war, weil der Richter einen für legal erklärten Schuldschein nicht anerkannt habe, war also eine dezidiert privatrechtliche Perspektive. Richterliche Freiheit nahm dem Privatrecht den Schutz des Gesetzes.

---

[11] Hierzu die glänzende Analyse von *Falk*, in: André Gouron et al. (Hrsg.), Europäische und amerikanische Richterbilder, 1996, 271 ff.

[12] *Jhering*, Der Zweck im Recht, Bd. 1, 1877, 394.

[13] *Jhering* (Fn. 12), 395.

[14] *Jhering* (Fn. 12), 409.

[15] *Jhering* (Fn. 12), 412.

[16] *Jhering* (Fn. 12), 387.

[17] *Jhering* (Fn. 12), 429.

[18] *Jhering* (Fn. 12), 434.

Jhering konzipierte das Privatrecht also als liberalen Freiheitsraum der Gesellschaft. Der Gesetzgeber setzt die Außengrenzen und legt damit die Spielregeln fest. Der innergesellschaftliche Kampf ums subjektive Recht ist der Motor dieser Welt. Und deshalb müssen die Spielregeln sicher sein. Wie aber war diese Welt zu sichern? Jherings Erfahrungen mit dem Schicksal der Göttinger Sieben[19] hatten ihn gelehrt, nicht auf Verfassungen zu vertrauen, denn, so noch 1877, „man mag sie aussinnen, so künstlich wie man will, es läßt sich keine denken, welche die Staatsgewalt faktisch der Möglichkeit beraubte, das Gesetz mit Füßen zu treten"[20]. Gegenüber dem Gesetzgeber half nur der Appell, sich willkürlicher Eingriffe zu enthalten[21]. Eigentlichen Schutz gegen staatliche Willkür bot dagegen der „Kampf um's Recht". Indem der Einzelne sein gesetzlich zugesichertes subjektives Recht verteidigte, den Rechtsbruch nicht hinnahm, verteidigte er zugleich die Rechte aller, weil er Gesetzlichkeit einforderte und erzwang. Der Kampf des Individuums für das subjektive Recht war damit „Pflicht gegen das Gemeinwesen"[22]. Jhering hielt also an der scharfen Trennung zwischen Staat und Gesellschaft fest. Privatrecht war Freiheitsraum ohne Staat, und die „Form" des Gesetzes blieb „die geschworene Feindin der Willkühr, die Zwillingsschwester der Freiheit"[23]. Richterliches Rechtsgefühl war für diese Welt eine Gefahr. Anders als sein Lehrer Puchta, setzte Jhering nicht auf die Justiz als Schirmherrin des Privatrechts. Jhering hatte seine naturhistorische Methode seit 1856 als ein Verfahren der Bindung an kohärente Argumentationszusammenhänge konzipiert, auch um das Recht in die innerjuristische Systemlogik rückzubinden. Dabei ging es ihm gerade darum, „der Herrschaft des Rechtsgefühls ein Ende zu bereiten"[24]. Der Volksgeist, der Puchta noch dazu ermutigt hatte, dem Rechtsgefühl des Richters erstaunlich viel Freiraum zuzugestehen[25], war Jhering fremd geworden. Er setzte auf das bürgerliche Formalprogramm zur Sicherung der bürgerlichen Freiheit, die er bei Landesherren und auch durch Verfassungen nicht hinreichend geschützt sah. Das war eine klassisch liberale Position, wie sie im Deutschen Bund von vielen Privatrechtlern vertreten wurde.

---

[19] Hierzu Jherings bekannter Brief an Bismarck vom 15.9.1888, bei *Ehrenberg*, Rudolf von Jhering in Briefen an seine Freunde, 1913, 442.

[20] *Jhering* (Fn. 12), 381.

[21] *Jhering* (Fn. 12), 378: „Nur wo die Staatsgewalt selber die von ihr vorgeschriebene Ordnung befolgt, gewinnt letztere ihre Sicherheit, nur wo das Recht herrscht, gedeiht der nationale Wohlstand, blühen Handel und Gewerbe, nur da entfaltet sich die dem Volke innewohnende, geistige und moralische Kraft zu ihrer vollen Stärke".

[22] *Jhering*, Der Kampf um's Recht, 1874, 46 ff.

[23] *Jhering*, Geist des römischen Rechts, 2. Teil, 2. Abteilung, 1858, 497.

[24] *Jhering* (Fn. 23), 377; zu Jherings späterer Auseinandersetzung mit dem Rechtsgefühl dann *ders.*, Über die Entstehung des Rechtsgefühls, 1884, 1986.

[25] *Haferkamp*, Die Historische Rechtsschule, 2018, 218 ff.

Ähnliche Überlegungen finden sich bei Kohler nicht. Die ganze, scharfe Trennung zwischen Staat und Individuum war ihm eher fremd. Er dachte das Recht nicht vom Individuum, sondern von der sozialen Gruppe her. 1908 setzte Kohlers Rechtsbegriff sehr grundsätzlich an:

„Das Recht ist in der sozialen Natur des Menschen begründet. Frühere Anschauungen gingen von der Einzelpersönlichkeit aus und nahmen an, daß an sich der Einzelne frei schalten und walten dürfe, daß aber der Zusammenstoß der Menschen gegeneinander zur wechselseitigen Ausgleichung und schließlich zur Selbstbeschränkung aller geführt habe: dies sei das Recht. Eine solche Betrachtungsweise ist unrichtig: der Mensch hat in ältester Zeit niemals als Einzelpersönlichkeit, sondern nur als Teil eines festen sozialen Ganzen existiert, das den einzelnen mit unwiderstehlicher Macht umfaßte; erst nachträglich kommt, der Gesamtheit gegenüber, die einzelne Person zur Geltung. Von Anfang an treten die Menschen in Gruppen auf: es sind Gruppen, die handeln, deren instinktivem Gebot der einzelne unwandelbar folgt“[26].

Damit war die Autonomie des Individuums und damit auch das subjektive Recht als Ausgangspunkt verlassen.

C. Freiheit oder Gemeinschaft als Ausgangspunkt

Dies hatte unmittelbare Auswirkungen auf Kohlers Privatrechtskonzept. Puchta, einer derer, die Kohler im eben benannten Zitat so scharf kritisierte, hatte 1841 betont: „Vermöge der Freiheit ist der Mensch Subject des Rechts. Seine Freiheit ist das Fundament des Rechts, alle Rechtsverhältnisse sind ein Ausfluß derselben“. Daraus folgte: „Das Recht ist die Anerkennung der Freiheit, die den Menschen als Subjekten der Willensmacht gleichmäßig zukommt“[27]. Für Kohler war Freiheit dagegen gerade nicht ursprünglich, sondern von der Gemeinschaft zugewiesen: „die Kultur hat nicht die Freiheit des einzelnen beschränkt, sie hat die Freiheit des einzelnen geschaffen“[28]. Kohlers Recht war an der Kulturentwicklung ausgerichtet[29], nicht an der Verwirklichung individueller Freiheit. Recht diene dem kulturellen Fortschritt, und deshalb sei es nicht das Bedeutsame am Recht, dass es „dem einzelnen Individuum seinen Schutz gibt gegen dessen Unterbutterung und Unterdrückung, sondern, das ist das Wesentliche, dass wir das Bewusstsein haben, mit Hilfe des Rechts mit zu steuern im Strom der Geschichte und zu erreichen was der Menschheit bestimmt ist“[30].

---

[26] *Kohler*, Einführung in die Rechtswissenschaft, 3. Aufl., 1908, 1.

[27] *Puchta*, Cursus der Institutionen Bd. 1, 1841, §4 (S. 9); hierzu *Haferkamp*, Georg Friedrich Puchta und die ‚Begriffsjurisprudenz‘, 2004, 331 ff.

[28] *Kohler*, Einführung in die Rechtswissenschaft, 1. Aufl., 1902, 1; hierzu auch *Stier* (Fn. 2), 126 ff.

[29] Hierzu *Hofmann* (Fn. 2), 338 ff.; *Schwab* (Fn. 2), 54 ff.

[30] *Kohler*, Wesen und Ziele der Rechtsphilosophie, ARWP 1 (1907/08), 1 (9).

D. Subjektives Recht als Mittel, nicht Zweck

Subjektive Privatrechte waren daher Mittel zum Zweck der Kulturentwicklung. Der Einzelne bekomme im Privatrecht Raum für Rechtsgestaltung gewährt, damit „er reichlich mitarbeiten darf und mitarbeiten soll an den Fortschritten des Rechts“[31]. Gegenüber den Forderungen des Fortschritts hatten subjektive Rechte, so hatte Kohler 1883 Jhering entgegengehalten, keinen Eigenwert: „Kein Fortschritt in der Welt, und wäre es der Fortschritt des Rechts, ist möglich ohne individuelle Ungerechtigkeit; jeder große Fortschritt der Gesellschaft schreitet über Leichen hinweg“[32]. 1909 rief Kohler aus: „Das Opfer an die Kultur ist das heiligste Opfer, das der einzelne bringen kann, das er aber auch bringen muß“[33]. Wenn auch Jhering sah, dass subjektive Rechte dem Wandel oft zum Opfer fielen[34], weshalb „überall aber zertretene Rechte den Weg, den das Recht dabei gewandelt hat“[35] bezeichnen würden, dann fand er darin nicht die Tätigkeit des Weltgeistes, sondern den Angriff des Staates auf die Rechte der Bürger.

Ganz offenbar inszenierte Kohler Privatrecht nicht als Defensivveranstaltung gegen den Staat. Kohler stellte den Staat als frei entscheidenden Träger der individuellen Freiheit nicht in Frage. Mit Nietzsche nannte er es eine „Entwürdigung [...], den Staat zur Rede zu stellen und ihn nach seiner Legitimation zu befragen“[36]. Dies bedeutete freilich keine schlichte Unterwerfung unter die Willkür staatlichen Handelns. Kohlers Leitbild war der Kulturstaat als „Gegensatz zu dem bloßen Rechtsstaat“: Der „Rechtsstaat hat nur insofern Bedeutung, als der Staat *nicht nur* Kulturstaat, sondern *auch* Rechtsstaat sein soll. Hat die Kultur nicht nur ein objektives Recht, sondern auch subjektive Rechte erzeugt, so soll der Staat die subjektiven Rechte nicht ohne weiteres umwerfen und zu Boden schlagen, sondern er soll nur unter ihrer möglichsten Wahrung in der Kulturentwicklung weiterschreiten“[37]. Der Staat war also Organ des Kulturfortschrittes, „eine juristische Persönlichkeit zu dem Zwecke, um auf bestimmtem territorialem Gebiete die Hauptkulturbestrebungen der Menschheit Kraft eigenen Rechts durchzuführen“[38]. Koh-

---

[31] *Kohler*, Lehrbuch des Bürgerlichen Rechts I, 1906, 16.

[32] *Kohler* (Fn. 8), 95.

[33] *Kohler*, Lehrbuch der Rechtsphilosophie, 1909, 63.

[34] *Jhering* (Fn. 22), 10.

[35] *Jhering* (Fn. 22), 9.

[36] *Kohler* (Fn. 33), 143; *ders.*, Nietzsche und die Rechtsphilosophie, ARWP 1 (1907/08), 355 (359); hierzu auch *Nies*, „Die Geschichte ist weiter als wir“. Zur Entwicklung des politischen und völkerrechtlichen Denkens Joseph Kohlers in der Wilhelminischen Ära, 2009, 194 f.

[37] *Kohler* (Fn. 33), 143.

[38] *Kohler*, Einführung in die Rechtswissenschaft, 3. Aufl., 1908, 125.

ler missfiel die Betonung des Rechtstaates nicht deswegen, weil er darin einen übermäßigen Schutz des Individuums sah, sondern weil er die „erhaltungssüchtige Ständigkeit des Rechtsstaates" als gefährliche Behinderung der „fortschrittslüsternen Sehnsucht des Kulturstaates" sah[39]. Gerade indem er dem Staat gegenüber den Fesseln wohlerworbener Rechte Spielraum geben wollte und die Enteignung ihm bisweilen als „großer Sieg der Allgemeinheit über das Sonderrecht" erschien[40], machte er ihn zum Träger einer Idee, nicht zum unbegrenzten Souverän. Kohler sprach von einer „sittlichen Berechtigung" des Staates und betonte, dieser dürfe mit dieser „seiner Macht keinen Mißbrauch treiben"[41]. Die Unterwerfung des Einzelwillens unter den Gesamtwillen begründete er daher damit, dieser Wille sei Folge „der speziell im Staate sich kristallisierenden Kulturwelt"[42]. Kultur wurde nicht vom Staat gemacht, sondern bestenfalls befördert. „Dieser Prozeß vollzieht sich nicht durch einen äußeren Machtspruch: sondern durch die Gewalt der die Menschengeschichte lenkenden geistigen Kräfte"[43]. Der Staat beförderte die Kultur und handelte nur insofern richtig, indem er sich ihrer Dynamik unterwarf.

E. Der Richter als Träger des Kulturfortschritts

Und an dieser Stelle klärt sich auch, warum Kohler dem Richter so viel Freiraum gegenüber dem Gesetz einräumte. Ein Gesetz war immer statisch, setzte fest und war damit in gewisser Weise immer in der Gefahr, den Gegenstand zu verfehlen oder jedenfalls bald zu verlieren. Aufgabe des Gesetzgebers sei es, so Kohler bereits 1883, „dem Volksinstincte stets den Puls zu fühlen, und, sobald das Rechtsbewusstsein den nöthigen Sättigungsgrad erreicht hat, den neuen Satz mit dem festen Griffel des Gesetzes in das Buch des Rechts einzutragen."[44] Waren Gesetze damit generell für Kohler eine Steuerungstechnik, die mit zunehmendem Alter immer richterlicher Dynamisierung bedurfte, so galt dies natürlich besonders dann, wenn schon das ursprüngliche Gesetz missglückt war. Dies attestierte Kohler dem BGB. Das BGB war für ihn Frucht eines durchgängigen Scheiterns der vorherigen Epoche. Die Herrschaft des römischen Rechts habe alle Sätze des modernen Rechtsbewusstseins mit dem Argument zurückgewiesen: „das finde sich

---

[39] *Kohler* (Fn. 33), 143.
[40] *Kohler*, Das Recht, 1909, 15.
[41] *Kohler* (Fn. 38), 129.
[42] *Kohler* (Fn. 38), 129.
[43] *Kohler* (Fn. 1), 87.
[44] *Kohler* (Fn. 1), 87; hierzu *Stier* (Fn. 2), 159.

nicht im corpus juris"[45]. Die Germanistik sei in antiquarischer Forschung steckengeblieben. Die Folgen seien überall im BGB sichtbar geworden. Schon für die erste Kommission sei es nicht gelungen, „die richtigen Leute zu finden [...] Hätte man doch nur einen schöpferischen Kopf gehabt"[46]. Ergebnis war: „Die Aufgabe, gerade die modernen Ideen zu erfassen und ihnen ein gewandtes gesetzgeberisches Kleid zu geben, war vollständig verkannt worden". Der zweite Entwurf habe nur wenig gebessert und so rückte für Kohler konsequent der Richter wieder in den Vordergrund:

> „immerhin, wir müssen uns damit abfinden, und es kann etwas Bedeutendes entstehen, wenn die Rechtspflege ihren formalistischen Landrechtsgeist aufgibt und in freier Rechtsbehandlung die Aufgabe der Gegenwart erfasst. Sobald der letzte Jurist der alten Methode zu judizieren aufhört, wird für unser Recht eine bessere Stunde schlagen"[47].

Ein Richter, dessen Rechtsgefühl die „unbewusste Vernünftigkeit in der Kulturgeschichte"[48] herausfühlte, blieb damit auch nach 1900 Kohlers Hoffnungsträger. Der Richter dynamisierte das Recht und korrigierte den Gesetzgeber, der seiner Pflicht, den Kulturfortschritt zu befördern, nicht nachgekommen war.

Entscheidend hierfür war, dass der Richter nicht subjektiv entschied oder Standesideologien umsetzte. Es ging nicht um freies Richterrecht. Der Richter musste Träger des Kulturfortschritts sein, sein Rechtsgefühl setzte die Volksseele um. Klang dies schon verdächtig nach der alten Volksgeistmystik im modernen Gewand, so zeigte sich die Nähe Kohlers zur von ihm sonst so abgelehnten Historischen Schule unmittelbar in der rechtsquellentheoretischen Verortung dieses Richterrechts. Kohler sah darin nicht Auslegung, sondern Rechtssetzung. Hierzu nutzte er die alte Gewohnheitsrechtslehre Puchtas[49]. Recht entstand durch Richter nicht, indem es infolge wiederholter Entscheidung zur Gewohnheit wurde. Die Gewohnheit schuf nicht das Recht, sie war Folge des Rechts. Nur diejenige gesetzwidrige Entscheidung des Richters war demnach richtig, die Ausdruck der Volksseele als Träger der Kultur war. Der Kulturwert entschied, nicht der Richter. Der Richter als Medium des Kulturfortschritts. Weder der Staat noch der Richter schufen Recht, sie drückten Recht im Idealfall nur aus, sie stützten, beförderten und verfeinerten etwas, was nicht in ihrer Entscheidungsgewalt lag. Mit einer solchen Konzeption konnte Kohler, nachdem Zitelmann schon 1883 die metaphysischen Prämissen Puchtas scharf kritisiert hatte[50], im Umfeld der gro-

---

[45] *Kohler*, Bürgerliches Recht, in: Enzyklopädie der Rechtswissenschaft, Bd. 2, 7. Aufl., 1914, 5.

[46] *Kohler* (Fn. 45), 6.

[47] *Kohler* (Fn. 45), 7.

[48] *Kohler*, Rechtsgeschichte und Weltentwicklung, ZVglRWiss 5 (1884), 323 (329).

[49] Vgl. *Haferkamp* (Fn. 27), 141 ff.

[50] *Zitelmann*, AcP 66 (1883), 323 ff.

ßen Richterrechtsdebatten im späten Kaiserreich kaum noch auf Zustimmung hoffen. Letztlich fehlte ein klares Kriterium, an dem man eine richterliche Gesetzesdurchbrechung als erlaubt legitimieren konnte. Im Ergebnis lief es in der Perspektive der Jahrhundertwende eben doch auf freies Richterrecht hinaus.

F. Privatrecht in der Evolution der Kultur

Aber was hieß das konkret? Wie sollte Kohlers Privatrecht denn nun aussehen? Sein Lehrbuch beschrieb ab 1906 den status quo. Ob dies seinem eigenen Privatrechtsdenken entsprach, wird darin kaum deutlich. Woran glaubte Kohler? Sucht man nach Kohlers Privatrechtsidee, so geht jeder Versuch, einen bestimmten Inhalt zu fixieren, ins Leere. Erwartet man Kohler auf Seiten eines sozialen Privatrechts, wie es Gierke und andere nach dem Gründerkrach vehement einforderten, so wird man enttäuscht. Stammlers „soziales Ideal“ musste sich daher entgegenhalten lassen, dieser operiere, „als wie wenn Hegel gar nicht vorhanden wäre“. Stammler entwickele seine Kriterien

„aus dem großartigen Werden der fortschreitenden menschlichen Kultur, aber er will sie in bestimmten, ein für allemal gegebenen Erfordernissen des Individual- und Soziallebens finden, und das ist verkehrt. [...] Darin rächt sich eben der Rückschritt, daß man von dem geschichtlichen Hegel zum geschichtslosen Naturrechtler Kant zurückkehrt“[51].

Privatrecht hatte damit ebenso wenig ein festes Konzept, wie der Staat oder das Zusammenleben der Gesellschaft. Das Recht war Wegbereiter des Fortschritts und damit dem Wandel der kulturellen Anforderungen unterworfen. Nichts war für Kohler absolut gesetzt, außer dem Fortschritt.

„Es ist verkehrt, aus der sozialen und zugleich individuellethischen Natur des Menschen zu schliessen, dass das Recht nicht so gestaltet sein dürfe, dass der einzelne vollständig unterbuttert werde, so dass er nicht mehr sich selbst der nächste sein dürfe. Es ist völlig verkehrt, zu sagen, dass die Sklaverei in Rom dem richtigen Recht widersprochen habe. [...] Die Sklaverei ist zu gewissen Zeiten einer Kultur eine notwendige Einrichtung, ohne welche eine intensive Wirtschaft und eine kräftige Machtentfaltung nicht möglich wäre.“[52]

Andererseits galt: „wo aber ein freier Staat freier Menschen eine unerhörte Reihe von Ideenschöpfungen hervorbringt und Erfindung auf Erfindung häuft, da ist wiederum der freie Staat das Ideal des Rechts.“[53]

Ein statisches Privatrechtskonzept hatte Kohler demnach nicht. Wie alles Recht unterwarf er Privatrecht der allgemeinen Kulturentwicklung. Ihr musste das Individuum dienen, was er rechtsphilosophisch deshalb nicht als

[51] *Kohler* (Fn. 33), 16.
[52] *Kohler* (Fn. 30), 4 f.
[53] *Kohler* (Fn. 30), 6.

Zwang konstruierte, weil eben nicht der Einzelne, sondern die Gemeinschaft Ausgangspunkt der menschlichen Existenz sei, deren Gebot der Einzelne instinktiv und unwandelbar folgen müsse. Ob Privatrecht notwendig war, war demnach dem Stand der Kultur zu entnehmen. Daraus folgte freilich keineswegs, dass man nun das konkret Gegebene einfach zum Stand der Kultur erklären müsse. Nicht alles Wirkliche war vernünftig bzw. in der Sprache Kohlers Ausdruck der Kultur der Volksseele. Scharf trat Kohler einem solchen „Positivismus" entgegen:

„wenn auch das Recht ein ständig Wechselndes und sich Entwickelndes ist, so ist es doch nicht Äußerliches und Zufälliges, sondern es ruht mit seinem innigsten Gefaser in den Wurzeln der Volksseele und entspricht dem kulturentwickelnden Drange, der das Volk durchzieht."[54]

Wie also war das Vernünftige im Wirklichen zu begreifen? Die Volksseele war jedenfalls nicht durch Umfragen zu ermitteln. Es bedürfe einer geistigen Elite, die das erschaute, was in der Masse dumpf schlummerte. Die Volksüberzeugung sei

„nicht die gemeine Volksüberzeugung, sondern die Überzeugung derer, welche in Bezug auf die Sittlichkeit als Führer des Volkes zu betrachten sind. [...] Die Sitte ergibt sich nicht aus der Hefe des Volkes, sondern aus der Geistesrichtung derjenigen, welche die Bedeutung der Kulturwerte für die Menschheit würdigen."[55]

Dies könne erstens auf dem Wege der Rechtspolitik geschehen, die Kohler als „Technik [...] dasjenige zu erspähen, was der gegenwärtigen Kulturordnung am besten entspricht" charakterisierte, und „welche mit unseren rechtsbildenden Kräften dahin strebt, solches zur Anerkennung und Geltung zu bringen".

Neben den Rechtspolitiker trat zweitens der Rechtsphilosoph, und dies war die Rolle, die Kohler sich beimaß. Ziel sei „die philosophische Betrachtung der Geschichte des Rechts". Universalrechtsgeschichte zielte auf geschichtlichen Abgleich des jeweiligen Rechts mit den jeweiligen Kulturwerten in einer Geschichte des „Völkerwirkens". Kohler hoffte so auf die

„Erkenntnis des Ewigen in der Geschichte: wenn auch ein kleiner Ring unser Leben begrenzt, so werden wir den ewigen Göttern zugestellt, weil wir eine Vielheit von Geschlechtern mit unserem geistigen Auge umfassen und eine Vielheit künftiger Generationen in bewusster Weise durch unser Thun beeinflussen."[56]

---

[54] *Kohler*, Rechtsphilosophie und Universalrechtsgeschichte, in: Enzyklopädie der Rechtswissenschaft, Bd. 1, 7. Aufl., 1915, 6.

[55] *Kohler* (Fn. 45), 77.

[56] *Kohler* (Fn. 30), 10.

G. Rechtsphilosophie als Deuterin der Geschichte

Kohlers Privatrechtskonzept war somit radikal geschichtlich, nicht feststehend. Jede feste Privatrechtskonzeption war für ihn eine „grundverfehlte Wiedererweckung des Naturrechts, wie es in Zeiten bestand, denen jedes geschichtliche und ethnologische Denken fehlte.“[57] Rechtsphilosophie war Folgerung aus dem, was die Universalgeschichte erarbeitet hatte.

> „Die Rechtsphilosophie muss daher das Recht als ein stets sich wandelndes und fortschreitendes ansehen und darlegen, wie es, in der Kultur ruhend, eine alte Kultur vertritt und zugleich einer neuen Kultur die Wege bahnt. Darum muss die Rechtsphilosophie auf dem Boden der Entwicklungslehre stehen.“[58].

Wie sollte der Rechtsphilosoph dabei verfahren? Um eine eigene Position gegenüber dem zufälligen Recht der Gegenwart zu finden, die den Anspruch erheben konnte, den Kulturstand der Gesellschaft zu verstehen und aus dieser Position kritisieren zu können, musste Kohler zunächst eine Methode bestimmen, mit der man der Geschichte die Antworten für die Gegenwart entnehmen konnte. Kohler versuchte das in Abgrenzung zu Hegel.

Kohler sah sich bekanntlich mit Friedrich Berolzheimer als Neuhegelianer vereint. Er teilte Berolzheimers Kritik an Hegels Überschätzung der dialektischen Selbstbewegung des Begriffs. Neu an dem Hegelianismus beider sei, so Kohler, dass dieser „die Entwicklung nicht in die Kategorie der Denkfunktionen einzwängt, sondern anerkennt, dass die Entwicklung in der Empirie unendlich viele Bahnen einschlägt, um das Ziel zu erreichen.“[59] Kohler betonte damit, dass „das Logische in der Weltgeschichte mit vielem Unlogischen verbunden ist“. Er sprach von „blindem Zufall“[60]. Träger der Kultur war für ihn die „Volksseele und Volksstimmung“, für die gelte: „Die Volksseele aber ist, wie die Einzelseele: sie entwickelt sich in gewissen Überreizungen, sie kann nicht immer auf dem graden Wege bleiben.“[61] Damit rutschte Kohler in schwierige erkenntnistheoretische Fragen. Es genügte nicht mehr, im Sinne Hegels das Vernünftige im Wirklichen auf den Begriff zu bringen. Vernunft war Hilfsmittel, aber nicht Trägerin der menschlichen Erkenntnis. Da die Volksseele sich nicht den Bahnen der menschlichen Vernunft unterwarf, sondern der dem Menschen verschlossenen „göttlichen Vernunft“[62], mussten auch ihre Beobachter andere Erkenntniszugänge suchen. Kohler ließ nie einen Zweifel daran, dass für die Erkenntnis des Wahren in

---

[57] *Kohler* (Fn. 30), 5.
[58] *Kohler* (Fn. 30), 7.
[59] *Kohler* (Fn. 30), 14.
[60] *Kohler* (Fn. 33), 17.
[61] *Kohler* (Fn. 33), 25.
[62] *Kohler* (Fn. 33), 9; vgl. *Stier* (Fn. 2), 121 ff.

der Geschichte „die Intuition eine große Rolle spielt“[63]. Es war eben „göttliche Vernunft“[64] in der Geschichte tätig, die sich nur dem erschloss, der dafür empfänglich war. Kohler nannte das „geschichtlichen Takt“[65].

H. Umrisse von Kohlers Privatrechtskultur des Kaiserreichs

Und so hangelt man sich bei Kohler immer weiter auf der Suche nach einem klar konturierten Privatrechtskonzept und kommt nie an. Es gibt eben nichts Statisches: Keine bestimmte sozialpolitische Aufgabe des Privatrechts, keine feste Aussage für das Verhältnis von Individuum und Gemeinschaft, keinen festen Staatsvorrang. Nichts, was im Gewande des Rechts auftritt, ist schon deshalb Recht. Gesetze unterliegen der richterlichen Umdeutung. Auch richterliche Urteile sind aber nicht automatisch Recht, nur dann, wenn der Richter als Organ der Volksseele tätig wird. Äußere Erkennungszeichen finden sich nicht. Gesetze helfen nicht, Urteile helfen nicht, Umfragen helfen nicht. Alles fließt, und was in diesem Fluss tragend ist, was Ausdruck der Kulturwerte ist, das können nur große Männer sehen, die den Stand einer Gesellschaft sozusagen auf ihren Schultern tragen, in denen die Volksseele emaniert.

Das Gefühl, von Kohler irgendwie immer weitergereicht zu werden und nur Andeutungen einerseits und unverbundene Einzelprobleme andererseits zu hören, hatten schon Zeitgenossen. Kohler machte die Unterwerfung aller Werte unter Kulturwerte durchweg deutlich. Was das konkret bedeutete, blieb jedoch unsicher. 1907 definierte er die letzten Aufgaben des Rechts:

> „Nicht Glücklichkeitszwecke, nicht Zwecke des äußeren Erfolges, nicht Zwecke des Individuallebens sind die letzten Aufgaben des Rechts, sondern eine großartige Schöpfung von Bildungswerten und ein gesunder kräftiger Völkerkreis, der stets fähig ist, neue und immer neue Werte zu erzeugen.“

Kohler betonte, dass „Förderung der Erkenntnis, Förderung der Kunst, Förderung menschlicher Macht erstrebenswerte Kulturgüter“ seien[66] und nannte als großes Ziel, dass „einst die Menschheit in unendlicher Anhäufung der Kulturwerte zur Gottähnlichkeit gelangt ist und der Weltprozess im Ewigen aufgeht“[67]. Zeitgenossen sahen klar, dass hier eine bedenkliche Unterwerfung des Individuums unter übergeordnete Zwecke anklang. Ernst Hey-

---

[63] *Kohler* (Fn. 30), 8.

[64] *Kohler* (Fn. 33), 9.

[65] *Kohler*, Die Geschichte im System des Neuhegelianismus, ARWP 3 (1909/1910), 321 (321).

[66] *Kohler* (Fn. 30), 7.

[67] *Kohler* (Fn. 30), 9.

mann, der ihn als Fakultätskollege gut kannte, meinte – immerhin am Grab Kohlers – dieser habe als Rechtsphilosoph eine „Machtphilosophie“ formuliert, „bei der neben seinen drei höchsten Menschheitszielen – der Wissenschaft, Kunst und Technik – die Moral und das Recht als nur sekundäre Wesen“[68] erschienen wären. Hermann Kantorowicz fürchtete deutlicher, dass Kohler „in dubio [...] zugunsten des sozial mächtigeren Teils“ entscheide, „wie dies im Sinne eines gewissen juristischen Übermenschentums“ liege[69]. Aber alle sahen auch, dass Kohler jenseits vager Berufungen auf die Herrschaft der Kulturwerte wenig Konkretes bot.

Als 1909 Kohlers Rechtsphilosophie erschien, nannte es Theodor Sternberg daher die „Sensation des Jahres 1909“[70]. Er betonte den weiten Blick Kohlers, die darin liegende Größe, „aber ein Ganzes ist nicht zu sehen“, es gebe bisher nur „programmatische Verkündungen“. Man hoffte, dass Kohler mit diesem Buch auch eine Deutung des aktuellen Standes der Kultur im Kaiserreich vorlegen würde, die dann auch sein Privatrecht umfassen müsste. Theodor Sternberg, der Kohler bewunderte, freute sich denn auch über viele „rechtspolitische Bewertungen“ von Einzelfragen, stellte aber zugleich enttäuscht fest: „die Untersuchung, Begründung, Beweisführung ist fast völlig weggeblieben“[71]. Sternberg war nicht der einzige, der philosophisch mehr erhofft hatte. Kein geringerer als Adolf Lasson, der Hegelianer von Fach, den Kohler neben Berolzheimer und Nietzsche als einzigen stets mit Lob bedacht hatte, machte deutlich, wie gerade dieses Buch Kohlers die Zeitgenossen enttäuschte.

„Wir vernehmen von ihm, dass das Recht wie alles Ethische in der obersten idealen Bestimmung des menschlichen Geschlechts seine Begründung findet, dass die Aufgabe der Menschheit die Schöpfung und Fortbildung der Kultur und die Erlangung bleibender Kulturwerte ist; aber was Kultur und Kulturwert ist, das sagt er nicht; das setzt er als bekannt und zugegeben voraus. [...] Die Prinzipien der Beurteilung und Würdigung obenan selbstständig aufzustellen, hat Kohler bedachtsam unterlassen; dafür kann man sie durch das ganze Werk ausgebreitet in einzelnen Bemerkungen erkennen, zwischen denen das innere Band aufzufinden dem Leser zur Aufgabe gemacht wird.“[72]

---

[68] *Heymann*, Rede bei der Einäscherung, in: Josef Kohler zum Gedächtnis, 1920, 11.

[69] *Kantorowicz*, Rechtswissenschaft und Soziologie, 1910, hier nach *ders.*, Rechtswissenschaft und Soziologie, 1960, 132; dabei bewunderte er die Weite des Blicks Kohlers durchaus, so sprach er 1909 „von der viel bewunderten und viel angefeindeten, jedenfalls unvergleichlichen und unbegreiflichen Vielseitigkeit und Produktivität Josef Kohlers“, *ders.*, Schmollers Jahrbücher 32 (1908), 1828 (1829).

[70] *Sternberg*, Rez. Kohler, Lehrbuch der Rechtsphilosophie, in: Jahrbuch der Internationalen Vereinigung für Vergleichende Rechtswissenschaft und Volkswirtschaftslehre, Bd. IX Abtl. 1, 1912, 525; ich danke Maciej Komornik, Bonn, für diesen Hinweis.

[71] *Sternberg* (Fn. 70).

[72] *Lasson*, ARWP 2 (1908/1909), 318 (324).

Radbruch, der Kohlers Philosophie stets als Dilletantismus empfand[73], fügte dieser Aussage Lassons nüchtern hinzu, dass Lasson es leider unterlassen habe, sich selbst dieser Aufgabe zu unterziehen, nämlich aus Kohlers verstreuten Einzeläußerungen Kohlers Kulturwerte zusammen zu klauben[74]. Damals wie heute ist man daher auf induktive Generalisierungen angewiesen, die immer wieder vor dem Problem stehen, dass oft nicht ganz klar ist, ob Kohler geltendes Recht referiert oder zum Stand seines Kulturrechts Stellung nimmt. Nimmt man die Sprunghaftigkeit des Denkens von Kohler hinzu, seine oft unpräzise, hingeworfene Sprache, dann ist es ein wahrscheinlich sinnloses Unterfangen, ein wirklich konturiertes Privatrechtskonzept für seine Zeit bei Kohler herauszuarbeiten.

Gleichwohl hat die Untersuchung bisher schon einige Rahmenerkenntnisse gebracht: Kohler dachte Recht und damit eben auch Privatrecht radikal dynamisch, geschichtlich. Ein überzeitliches Privatrechtskonzept vertrat er nicht. Für das Kaiserreich ergaben sich dennoch ein paar klare Überzeugungen Kohlers. Privatrecht war keine Defensivveranstaltung des Individuums gegen den Staat, sondern von der Gemeinschaft her gedacht und zugleich Teil einer Fortschrittserzählung als Träger der Kulturentwicklung der Menschheit. Blickt man aus dieser Perspektive auf einige Arbeiten Kohlers, so werden durchaus Umrisse eines Privatrechtsdenkers im Kaiserreich deutlich. Kohlers Lehrbuch des Privatrechts ist freilich wenig dafür geeignet. Hier dominiert das geltende Recht, das BGB wird vorgetragen und nur vereinzelt kritisiert. Kohler beschreibt die Entwicklung für ihn eigenartig ausgewogen und ohne deutliche Eigenwertung:

> „Unsere Zeit geht darauf hinaus, dass in privatrechtlichen Verhältnissen ein gewisses Gleichgewicht zwischen Persönlichkeit und sozialen Bestrebungen gewahrt wird, so dass auf der einen Seite dem persönlichen Tun ein großer Spielraum geboten ist, auf der anderen Seite das soziale Gebiet tief in das menschliche Leben eindringt und ihm nur sehr teilweise die Herrschaft überlässt."[75]

In anderen Texten drang seine Überzeugung klarer durch. Ein diesbezüglich interessanter Text ist Kohlers „Das Recht" von 1909. Kohler konstruiert hier das menschliche Dasein als sich historisch wandelndes Zusammenspiel zwischen den Interessen des Einzelnen und denen der Allgemeinheit[76]. 1913 veröffentlichte Kohler dann das Buch: „Recht und Persönlichkeit in der Kultur der Gegenwart"[77], in dem Kohler „mit einem gewissen bangen Mute" fragte,

---

[73] Das beruhte auf Gegenseitigkeit und reicht zurück bis in Radbruchs Promotionsverfahren, vgl. *Radbruch*, Der innere Weg. Aufriß meines Lebens, 2. Aufl., 1961, 56; hierzu mit weiteren Hinweisen *Braun* (Fn. 2), 275 f.

[74] *Radbruch*, Rez. Kohlers Rechtsphilosophie, 1910, hier nach Wiederabdruck in Gustav Radbruchs Gesamtausgabe, Bd. 1, Rechtsphilosophie I, 1987, 518.

[75] *Kohler* (Fn. 31), 16.

[76] *Kohler* (Fn. 40), 1.

[77] Hierzu *Gast* (Fn. 2), 1 ff.; *Schwab* (Fn. 2), 45 f.

„was wird?"[78] Auf diese beiden Werke wird daher abschließend ein kurzer Blick geworfen.

In beiden Texten erwies sich Kohler zunächst einmal als Skeptiker des Marktes.

„Diese Idee von der Freiheit des Gewerbes trat mit Macht hervor, und es wurde der Satz zum Dogma erhoben, daß die sich frei entwickelnden Kräfte von selbst eine vernünftige Gestaltung annähmen, daß in der Freiheit des Gewerbebetriebs von selbst das Beste und Tauglichste zur Herrschaft käme, das minder Gute gerechtermaßen als Bodensatz zurückbliebe. Der Wetteifer des Verkehrs galt als das großartigste Mittel der Kulturentwicklung, und man glaubte nicht anders, als daß durch Entfesselung aller Kräfte der Menschheit am meisten gedient werde. Die Folge hat gezeigt, daß diese Anschauungen übertrieben waren, und die Erwartungen haben sich großenteils nicht erfüllt. Was man hierbei hauptsächlich übersah, war die Völkerpsychologie: man übersah die schweren Verderbnisse der menschlichen Seele, die immer der Zügelung bedarf; man übersah es, daß im Wettkampf nicht immer die objektive Güte der Waren und Erzeugnisse, sondern sehr häufig die subjektiven Mittel des Bluffs und der Mißleitung, die Einwirkung auf die Unerfahrenen und Unkundigen und alle unmoralischen Kräfte der Verdächtigung und Schikane eine gewaltige Rolle spielen. Zudem führt der Handelsverkehr zur Steigerung und zur Überreizung der Nerven, und je nervöser der Handelsbetrieb ist, um so mehr werden alle diese unlauteren Mächte hervorbrechen: man wird sich überbieten an Mitteln, um dem Gegner eine Falle zu stellen, und die schwersten Schäden werden eintreten, denn mit der Unmoral des Gewerbes läßt sich kein Heil erzielen."[79]

Kohlers Eintreten für Persönlichkeitsrechte hatte durchaus einen freiheitlichen Charakter, so trat er bekanntlich für die Straffreiheit von Homosexualität, den Schutz unehelicher Kinder und des Konkubinats ein[80]. Mit Blick auf das Privatrecht machte das Zitat aber deutlich, dass Kohler hier eine andere Perspektive hatte. Sein Ziel war nicht der Schutz der individuellen Freiheit, sondern eine Nutzbarmachung derselben für die ökonomische und kulturelle Leistungsfähigkeit des Marktes.

„Man überläßt es dem Einzelwesen mehr oder minder, seine wirtschaftlichen wie persönlichen Verhältnisse selbst zu ordnen, und gibt ihm daher die Mittel, Anordnungen zu treffen, wonach sein Recht in der einen oder anderen Weise gestaltet werden soll. Dadurch wird bewirkt, daß die Kräfte eines jeden aufs äußerste gespannt werden"[81].

Verträge interessierten Kohler als Mittel der Güterbewegung mit dem Ziel, die „Güter an den gelangen zu lassen, in dessen Bereich sie den größten Segen bringen können"[82], „der ihrer am meisten bedarf und in dessen Wirtschaft sie am meisten auszurichten vermögen"[83]. Damit werde erreicht, dass „das Na-

[78] *Kohler*, Recht und Persönlichkeit in der Kultur der Gegenwart, 1914, Vorwort VII.
[79] *Kohler* (Fn. 78), 72 f.
[80] Hierzu *Gast* (Fn. 2), 3 f.
[81] *Kohler* (Fn. 40), 18.
[82] *Kohler* (Fn. 40), 17.
[83] *Kohler* (Fn. 40), 18.

tionalvermögen eine wesentliche Steigerung erfährt, indem Güter brauchbar werden, die sonst verloren wären, und andere Güter an Brauchbarkeit zunehmen, da sie nunmehr Gelegenheit finden, sich zu betätigen und ihre Gebrauchskräfte zu entfalten"[84]. Vertragsfreiheit war der Motor der Güterwirtschaft und an diesem Zweck in ihrer Ausgestaltung zu messen. So dachte man im Ersten Weltkrieg im Umfeld von Gemeinwirtschaftskonzepten, und so dachte auch die Vertragslehre der Nationalsozialisten. Von besonderem Interesse war für Kohler daher der unlautere Wettbewerb. Der Kampf hiergegen – bis zum Geheimnisverrat – habe dem „Verkehr seine Würde und seine Hoheit wiedergegeben", denn „unsäglich ist unsere Nation und unser Verkehr dadurch geschädigt worden"[85]. Eigentum unterwarf Kohler in besonderem Maße der „Notwendigkeit der modernen Zeit, eine Reihe von Berechtigungen aufzuheben, deren Fortbestand nach den Grundsätzen des Einzelrechts geboten wäre, aber mit dem Kulturbedürfnis des Ganzen in Widerspruch stünde". Es gab dabei dem „Gesetzgeber freie Hand", einzig gebunden an „die moralische Pflicht, von dieser Befugnis womöglich nur dann Gebrauch zu machen, wenn ein dringendes Bedürfnis vorliegt" und – „wenn tunlich" – die Pflicht zur Entschädigung[86]. Es passt zu dieser Perspektive, dass ihn Individualrechte vor allem dann interessierten, wenn sie Bereiche betrafen, denen eine Menge „der Fortschritte unserer Zeit" zu verdanken seien[87]. Kohlers vielgerühmte[88] Überlegungen zu einem „Recht der Persönlichkeit" kreisen daher konsequent um den Schutz derer, die dem Fortschritt nutzen, also um Erfinder- und Urheberrecht, den Schutz von Marken, Zeichen und Titeln. Trotz der steten Betonung des historischen Wandels, der Ablehnung aller festen Grundsätze, deutet jedenfalls der Blick in diese beiden Schriften durchaus auf ein schlüssiges Konzept – auch für das Kaiserreich: Privatrecht war nicht Schutz des Individuums vor dem Staat, sondern Nutzbarmachung des Zusammenspiels zwischen Individuum und Marktgesellschaft für den Kulturfortschritt. Zivilrecht diente der Menschheit: „Die Kultur eines jeden Volkes soll eben dahin trachten, möglichst viele unvergängliche Werte zu erzeugen, die im Volke wirken, aber auch nach dem Untergang des Volkes noch in der Menschheit wirken können"[89].

---

[84] *Kohler* (Fn. 40), 18.

[85] *Kohler* (Fn. 40), 28.

[86] *Kohler* (Fn. 40), 16.

[87] Vgl. auch die Beispiele bei *Kohler* (Fn. 78), 154 ff.

[88] Dies ist der mit Abstand besterforschte Forschungsbereich Kohlers. Der Forschungsstand erschließt sich über *Obergfell*, ZEuP 2019, 499 ff.

[89] *Kohler* (Fn. 30), 6.

I. Schluss

Meine Untersuchung endet hier. Mehr als Annäherungen können insbesondere die Versuche nicht sein, induktiv aus verstreuten Einzeläußerungen Kohlers eine klare Privatrechtskonzeption herauszulesen. Die Umrisse eines Privatrechtskonzeptes zeichnen sich jedenfalls ab, und es erweist sich als sinnvoll, seine Rechtsphilosophie stärker mit seinen konkreten Rechtslehren zu verbinden, als dies häufig geschieht.

Kohler war ein Denker zwischen alt und neu. Vieles klang um 1900 geradezu absurd veraltet. Seine Volksseele klang verdächtig nach dem alten Volksgeist, dem er wie einst vor 1848 die Aufgabe zuwies, die Menschheit wieder mit Gott zu vereinen. Seine Vorstellung, dass im Richter das Volksbewusstsein lebe, er nicht Recht setze, sondern Recht finde, musste im Kontext der Richterrechtsdebatten und der immer stärker ins Bewusstsein geratenen Richtersoziologie geradezu naiv klingen. Sein Hegelianismus und seine Universalgeschichte schienen philosophisch und methodisch Rufe aus einer vergangenen Zeit. Und seine hemmungslose Begeisterung für einen Fortschritt in der Geschichte schien völlig zu missachten, dass längst die Krise des Historismus ausgerufen worden war.

Auf der anderen Seite wirkte er wie ein Denker der Zukunft. Sein radikal übernationaler, ja globaler Zugriff. Sein weitausgreifender Blick von der Urgesellschaft zum Hochtechnologiezeitalter. Seine Begeisterung für die zeitgenössisch moderne Völkerpsychologie. Seine Nähe zur aufkommenden Rechtssoziologie. Die vielen neuen Rechtsprobleme, denen er sich oft visionär widmete. Seine Machtphilosophie und sein Eintreten für Nietzsche. All das war um 1900 modern.

Und bei allem blieb Kohler stets Kohler, eklektisch, unglaublich belesen, emotional und hochfahrend, arrogant und mit einer Sprache, die Sprachkünstler wie Radbruch leiden ließ.

Was all diese Wege Kohlers verband, war einerseits radikal geschichtliches Denken und andererseits eine Ausrichtung an seinen Kulturwerten, also an Wissenschaft, Kunst und Technik. Für eine Privatrechtskonzeption war in diesem Denkgebäude nur abgeleitet Platz. Privatrecht musste in einer bestimmten Zeit dazu geeignet sein, den Kulturfortschritt zu bewirken. Ein genuiner Privatrechtsdenker war Kohler jedenfalls nicht. Die Vorstellung, dass dem Individuum allein deshalb ein Freiraum zugesichert werden müsse, um ihm zu ermöglichen, seines Glückes Schmied zu sein, war Kohler fremd. Privatrecht war Mittel, nicht Zweck.

Josef Kohler als Pionier des Immaterialgüterrechts

Eva Inés Obergfell

A. Einführung

Josef Kohler ist heute insbesondere für seinen wissenschaftlichen Pioniergeist im Bereich des Patent-, Urheber-, Marken- und Musterrechts bekannt. In seiner Kohler-Bibliographie listet Kohlers Sohn allein unter der Rubrik „Persönlichkeits- und Immaterialgüterrecht" 201 Veröffentlichungen des auf beinahe allen denkbaren Feldern extrem produktiven Rechtsgelehrten auf[1]. Die Pionierleistungen Kohlers leiten sich freilich nicht aus der quantitativen Ausdehnung seines Oeuvres ab, sondern lassen sich anhand einer Reihe von wegweisenden Forschungsarbeiten und Erkenntnissen festmachen, die bis heute als prägend gelten. Mit seiner Lehre von den Immaterialgüterrechten drängte sich Kohler als bis dahin weitgehend unbekannter Mannheimer Kreisgerichtsrat gleichermaßen mit Macht und Verve in die rechtswissenschaftliche Debatte um den rechtlichen Schutz geistiger Schöpfungen[2]. Hinzu kam seine davon getrennt gedachte und – wenn auch auf die Arbeiten von *Gareis* aufbauend – bahnbrechende Lehre von den Persönlichkeitsrechten (bzw. „Personenrechten")[3]. Kohlers großes Ziel war die rechtswissenschaftliche Anerkennung der Immaterialgüterrechte als subjektive Privatrechte und deren systematische Einordnung in das Privatrecht. Dabei trat er zwar einerseits als entschiedener Kritiker der damals diskutierten Theorie vom

---

[1] *Arthur Kohler*, Josef Kohler-Bibliographie, Verzeichnis aller Veröffentlichungen und hauptsächlichen Würdigungen, 1931, 54–66. Die Bibliographie führt insgesamt 2482 Einzeltitel auf.

[2] Zu den beruflichen Stationen Kohlers und seiner wissenschaftlichen Entfaltung auf dem Gebiet des Immaterialgüterrechts siehe etwa *Gross*, Josef Kohler – der Entdecker: Rechtsfinder – Rechtshistoriker – Rechtsvergleicher, in: Obergfell (Hrsg.), Beiträge zum Immaterialgüterrecht, 2021, 1 (2 ff.); *Obergfell*, Josef Kohler – Werk und Wirkung auf dem Gebiet des Immaterialgüterrechts, Zeitschrift für Europäisches Privatrecht (ZEuP) 2019, 499 (500 ff.); siehe auch *Spendel*, Josef Kohler. Bild eines Universaljuristen, 1983, 9 f. und 19 ff.; aus Perspektive eines Zeitgenossen siehe die Würdigung von *Osterrieth*, Josef Kohler. Ein Lebensbild, 1920, 8 ff. Zu Kohlers Lehre von den Immaterialgüterrechten eingehend *Pahlow*, Josef Kohler und der Begriff des Immaterialgüterrechts, Zeitschrift für Geistiges Eigentum (ZGE) 6 (2014), 429 (430 ff.); sowie sogleich in Abschnitt B.

[3] *Klippel*, Persönlichkeitsrecht und Persönlichkeitsrechte bei Josef Kohler, ZGE 6 (2014), 443 (445 f. und 453 ff.). Siehe näher unter C.

geistigen Eigentum auf, gründete seine Lehren aber andererseits zugleich auf naturrechtliche Ideen und Argumentationslinien[4]. Der Beitrag nimmt das hieraus entstehende Spannungsverhältnis in den Blick und verfolgt Kohlers Begründungsmuster zur Etablierung von Immaterialgüterrechten und zu deren Differenzierung von den Persönlichkeitsrechten. Auf diesem Wege werden die einzelnen Pionierleistungen herausgearbeitet, die Kohler auf diesem Gebiet aus heutiger Perspektive erbracht hat.

B. Kohlers Lehre von den Immaterialgüterrechten

I. Entwicklung der Immaterialgüterrechtsidee

Die Initialzündung zur Entwicklung der Kohler'schen Lehre von den Immaterialgüterrechten wird durch einen knapp vier Seiten umfassenden Text markiert, den Kohler 1875 in den „Annalen der Großherzoglich Badischen Gerichte" veröffentlichte[5]. Kohler formulierte hier seine Antwort auf die ihm zur gutachterlichen Stellungnahme vorgelegte Praxisfrage, ob die vor (der später erfolgenden) Patenterteilung in eine Gesellschaft eingebrachte Erfindung nach Auflösung dieser Gesellschaft dem Erfinder zustehe oder in das Gesellschaftsvermögen falle. Das gefundene Ergebnis stellte er seinen Ausführungen verdichtet voran:

„Wenn ein Gesellschafter eine Erfindung in eine Gesellschaft eingebracht hat und das Patent auf den Namen der Gesellschaft erwirkt wurde, so folgt daraus noch nicht, daß das Erfinderrecht dem Eigenthum nach in die Gesellschaft fiel und bei Auflösung der Gesellschaft mit in Liquidation kommt."[6].

Die Lösung des konkreten Falles machte Kohler davon abhängig, in welcher Weise das Recht in die Gesellschaft eingebracht worden war („dem Eigenthum" oder nur „dem Genuß nach"), was „eine Frage der Willensinterpretation" sei[7]. Das konkrete Auslegungsergebnis soll hier nicht weiter interessieren. Bemerkenswert sind indessen drei grundlegende Argumente Kohlers: Erstens argumentiert er in seinem Gutachten, dass das Erfinderrecht als solches existiere und unabhängig von der formalen Patenterteilung als Ergebnis einer geistigen Schöpfung entstehe. Dazu beschreibt Kohler das Recht des Erfinders als „das Recht des Schöpfers an dem Geschaffenen"; der Erfinder habe „ebenso, wie der Schriftsteller, ein Recht auf alleinige pecuniäre Aus-

---

4 *Pahlow*, in: Apel/Pahlow/Wießner (Hrsg.), Biographisches Handbuch des Geistigen Eigentums, 2017, 166 f.; *ders.*, ZGE 6 (2014), 429 (430 ff.). Dazu näher unten in Abschnitt B II.

5 *Kohler*, Aus der Praxis, Badische Annalen 41 (1875), 100–104.

6 *Kohler*, Badische Annalen 41 (1875), 100.

7 *Kohler*, Badische Annalen 41 (1875), 100 (101).

beutung seiner geistigen Schöpfung […]“[8]. Nicht richtig sei es nach Kohler, „in der Ertheilung des Patents eine lex specialis, einen rechtsschöpferischen Staatsact zu erblicken“, die Patenterteilung sei

> „vielmehr nur eine polizeiliche Voraussetzung der Geltendmachung des Rechts, welche bald den Character der Erfindung fixiren, bald dafür bürgen soll[e], daß die angeblich neue Idee den Character einer technischen Schöpfung oder einer Neuschöpfung an sich trägt, bald Dritte von dem Recht des Erfinders benachrichtigen, eventuell zur Bestreitung auffordern soll[e]“[9].

Zweitens bringt Kohler den Gedanken der Übertragbarkeit und Lizenzierbarkeit des Patentrechts ins Spiel. Das Patentrecht könne „sowohl in seiner Totalität als auch dem zeitweiligen Genuß nach übertragen werden; […] auch eine Uebertragung des bloßen Genusses, die Bestellung einer Nutznießung für eine kürzere oder längere Periode [sei] statthaft“ – „Ueberall folg[e] das Patentrecht den gleichen Schicksalen, wie die übrigen Vermögensrechte.“[10]. Kohler vollzieht den Vergleich zu den subjektiven Privatrechten weiter mit der Konsequenz, dass der Patentinhaber – im Falle der Einbringung nur zur zeitweiligen Nutznießung – nach Gesellschaftsauflösung wieder „in das volle Genußrecht“ eintrete[11]. Durch Verknüpfung der beiden ersten Gedanken gelangt Kohler drittens zu der Erkenntnis, dass „[…] der Erfinder auch vor der Patentirung sein Recht an einen Dritten veräußern und diesem die Erwirkung eines Patents überlassen [könne]“, und er führt weiter aus:

> „auch diese Veräußerung des Rechts vor seiner staatspolizeilichen Behandlung [könne] eine Total- und eine Partialveräußerung, eine Veräußerung zu Eigen, wie zum zeitweiligen Gebrauch sein; auch der Nutznießer, der bloß Gebrauchsberechtigte [könne] sodann die staatspolizeiliche Behandlung veranlassen und die Ausstellung eines Patents erwirken, ohne daß dadurch das Privatrechtsverhältniß zwischen ihm und dem Erfinder eine Aenderung erlitte“[12].

Aus der schöpferischen Geistestätigkeit selbst entstehe nach Kohlers Überlegungen das Recht am immateriellen Gut als übertragbares subjektives Privatrecht. Hiermit war gleichsam die „Immaterialgüterrechtsidee“ geboren[13]. In seinem monumentalen Werk mit dem Titel „Deutsches Patentrecht“ baute Kohler diese initiale Idee für Erfinderrechte detailliert aus und entwickelte sie auf insgesamt 862 Textseiten systematisch fort[14]. Das im Jahr 1878 erschie-

---

[8] *Kohler*, Badische Annalen 41 (1875), 100.

[9] *Kohler*, Badische Annalen 41 (1875), 100.

[10] *Kohler*, Badische Annalen 41 (1875), 100 (101).

[11] *Kohler*, Badische Annalen 41 (1875), 100 (101).

[12] *Kohler*, Badische Annalen 41 (1875), 100 (101).

[13] Unter dem Titel „Die Immaterialgüterrechtsidee“ erschien das kurze Gutachten auch als Anhang in: *Kohler*, Forschungen aus dem Patentrecht, 1889, 116–124.

[14] *Kohler*, Deutsches Patentrecht systematisch bearbeitet unter vergleichender Berücksichtigung des französischen Patentrechts, 1878.

nene Werk, welches erstmals eine umfassende wissenschaftliche Aufarbeitung des damaligen deutschen Patentrechts bot, fiel in eine Zeit, in der soeben das erste gesamtdeutsche Patentgesetz von den Anhängern der Propatentbewegung erkämpft und schließlich in Kraft getreten war[15]. Das Patentrecht wurde damals in der Rechtswissenschaft von einigen noch als „Fremdkörper" betrachtet und eine derartige wissenschaftliche Aufarbeitung fehlte zuvor[16]. Umso strahlendere Wirkung konnte Kohlers Werk zum Patentrecht entfalten. Kohler verdankt dieser „wissenschaftlichen Großtat" – wie *Osterrieth* sie nannte – nicht zuletzt seine (ohne Habilitation erfolgende) Berufung auf einen Lehrstuhl in Würzburg[17]. In enger Abfolge legte Kohler im Jahr 1880 mit seinem „Autorrecht"[18] die konsequente Fortentwicklung seiner Immaterialgüterrechtsidee, der Idee schutzwürdiger geistiger Schöpfungen, auf dem Gebiet der literarischen und künstlerischen Schöpfungen vor. Weitere monografische Auseinandersetzungen mit dem „Autorrecht" bzw. dem – wie auch Kohler es zunehmend nannte – Urheberrecht folgten: Zu nennen sind etwa die Studie von 1892 mit dem Titel „Das literarische und artistische Kunstwerk und sein Autorschutz"[19] und insbesondere eine rund 500 Seiten starke Schrift, die im Jahr 1907 unter dem Titel „Urheberrecht an Schriftwerken und Verlagsrecht" erschien. Auch bei seinem Grundlagenwerk „Deutsches Patentrecht" von 1878 ließ es Kohler nicht bewenden, sondern lieferte vor allem mit seinem „Handbuch des deutschen Patentrechts in rechtsvergleichender Darstellung" von 1900 und seinem „Lehrbuch des Patentrechts" von 1908 zwei weitere gewichtige Werke nach. Seine Idee eines Markenschutzes entwickelte Kohler ebenfalls bereits früh, verortete diesen Markenschutz allerdings nicht im Rahmen seiner Lehre von den Immaterialgüterrechten, sondern verstand ihn (ebenso wie den Schutz gegen den unlauteren Wettbewerb) als Ausdruck bzw. praktischen Anwendungsfall seiner Theorie der Persönlichkeitsrechte[20]. Um die einzelnen Immaterialgüterrechte und Persönlichkeitsrechte steckte Kohler ein weitaus größeres – nach heuti-

---

[15] Das Patentgesetz vom 25.5.1877, RGBl. 1877, 501 ff. war am 1.7.1877 in Kraft getreten. Siehe zum Gesetzgebungsverfahren, der vorangehenden Propatentbewegung und der Praxisbewährung des Patentgesetzes näher *Übler*, Die Schutzwürdigkeit von Erfindungen, 2014, 37 ff.

[16] So in seiner zu Ehren Kohlers am 9.3.1920 gehaltenen Gedenkrede *Osterrieth* (Fn. 2), 10.

[17] *Osterrieth* (Fn. 2), 11.

[18] *Kohler*, Das Autorrecht, eine zivilistische Abhandlung, zugleich ein Beitrag zur Lehre vom Eigentum, Miteigentum, vom Rechtsgeschäft und vom Individualrecht, 1880.

[19] *Kohler*, Das literarische und artistische Kunstwerk und sein Autorschutz. Eine juridisch-ästhetische Studie, 1892.

[20] *Kohler*, Das Recht des Markenschutzes, 1884. Zur Theorie der Persönlichkeitsrechte bei Kohler siehe näher unten in Abschnitt C.

ger Terminologie – wirtschaftsrechtliches[21] Feld ab, als dessen Kern er die Lehre von den Immaterialgüterrechten flankiert durch die Lehre von den Persönlichkeitsrechten betrachtete und für das er den Begriff „Industrierecht" prägte[22]. Wenngleich der Begriff des Industrierechts zu Beginn des 20. Jahrhunderts noch eine gewisse Rolle in der rechtswissenschaftlichen Diskussion spielte[23], konnte er sich letztlich bekanntermaßen nicht durchsetzen.

II. Abgrenzung und Parallele zur Theorie vom geistigen Eigentum

Die von ihm nach und nach genauer konturierten unterschiedlichen Immaterialgüterrechte verstand Kohler als – den bereits existierenden subjektiven Privatrechten gleichwertige – subjektive Privatrechte. Kohlers Ziel war die rechtswissenschaftliche Anerkennung der Immaterialgüterrechte als subjektive Privatrechte und deren Einordnung in das Privatrecht. Als Kohler seine Lehre von den Immaterialgüterrechten Ende des 19. Jahrhunderts erdachte, wurde die zur Lösung der Problematik des Büchernachdrucks entwickelte Theorie vom geistigen Eigentum sehr kontrovers diskutiert[24]. Kohler schlug sich auf die Seite der energischen Kritiker und grenzte seine Lehre von den Immaterialgüterrechten (selbst-) bewusst von der Theorie des geistigen Eigentums ab[25]. Dies ist besonders deshalb bemerkenswert, weil Kohler mit

---

[21] Zur Begriffsgeschichte und Entstehung des Wirtschaftsrechts ab dem beginnenden 20. Jahrhundert als zunächst unscharfer eigener Disziplin, die sich außerhalb der kodifizierten Privatrechtsordnung abzeichnete, sowie den in der Volkswirtschaftslehre und der privatrechtswissenschaftlichen Diskussion im 19. Jahrhundert zu findenden Wurzeln siehe eingehend *Mohnhaupt*, Justus Wilhelm Hedemann und die Entwicklung der Disziplin „Wirtschaftsrecht", ZNR 2003, 238 (243 ff. und 247 ff.); zur späteren Entwicklung siehe auch *Fezer*, Zur Begriffsgeschichte des Wirtschaftsrechts seit der Gründung der Bundesrepublik, in: Mohnhaupt (Hrsg.), Rechtsgeschichte in den beiden deutschen Staaten (1988–1990). Beispiele, Parallelen, Positionen, 1991, 705 ff.

[22] Kohler gruppierte seine Aufsätze bereits früh u.a. unter den Begriff des Industrierechts: siehe z.B. *Kohler*, Autor-, Patent- und Industrierecht, Buschs Archiv für für Theorie und Praxis des allgemeinen deutschen Handels- und Wechselrechts 47 (1887), 167–213 und 327–366; *ders.*, Aus dem Patent- und Industrierecht, 1889; *ders.*, Industrierechtliche Studien, Zeitschrift für Gewerblichen Rechtsschutz 2 (1893); *ders.*, Industrierechtliche Abhandlungen und Gutachten, 1899. Siehe zur Verwendung des Begriffs „Industrierecht" bei Kohler auch *Gross* (Fn. 2), 1 (14); *ders.*, Josef Kohler – Wege zu einem deutschen Wettbewerbsrecht, in: Festschrift für Eike Ullmann, 2006, 615 (631).

[23] Siehe etwa *Lehmann*, Grundlinien des deutschen Industrierechts, in: Festschrift für Ernst Zitelmann, 1913, 3–46; *Rosenstock*, Vom Industrierecht. Rechtssystematische Fragen, 1926.

[24] Dazu eingehend *Andersch*, Die Diskussion über den Büchernachdruck in Deutschland um 1700 bis 1815, 2018, 365 ff.; *Klippel*, Die Idee des geistigen Eigentums in Naturrecht und Rechtsphilosophie des 19. Jahrhunderts, in: Wadle (Hrsg.), Historische Studien zum Urheberrecht in Europa, 1993, 121 ff.

[25] Die folgenden Ausführungen gehen auf meine Erörterungen zurück, die zur Würdi-

seiner Immaterialgüterrechtslehre im Kern dieselben Ziele verfolgte wie die Verfechter der Theorie des geistigen Eigentums: nämlich die Anerkennung dieser von ihm als Immaterialgüterrechte bezeichneten Rechte an immateriellen Gütern als subjektive Privatrechte sowie deren Gleichwertigkeit mit den absolut wirkenden Eigentumsrechten.

Versucht man den damaligen rechtsphilosophischen Disput um den Schutz geistiger Schöpfungen zu skizzieren, so ergibt sich folgendes Bild. Als wesentliche Kontrahenten standen sich die Verfechter der naturrechtlichen Idee von einem geistigen Eigentum auf der einen Seite und Vertreter der Pandektistik mit einem römischrechtlichen Eigentumsverständnis auf der anderen Seite unversöhnlich gegenüber. Die Verfechter einer naturrechtlichen Vorstellung konstruierten eine nach ihrer Ansicht jenseits des Sacheigentums existierende und damit nicht an die strenge Voraussetzung der Körperlichkeit des Schutzgegenstandes gebundene neue Eigentumskategorie[26]. Die Idee des geistigen Eigentums beruhte auf der Vorstellung eines „Urrechts" des Menschen an seinen körperlichen wie auch geistigen Arbeitsleistungen bzw. eines umfassenden „Rechts der Persönlichkeit", weshalb ein Eigentum auch an geistigen Leistungen der eigenen Person als ein durch Arbeit erworbenes „Personen-Eigentum" anzuerkennen sein sollte[27]. Damit gelang die theoretische Begründung eines eigentumsähnlichen Schutzes geistiger Leistungen von Autoren und Erfindern. Das preußische „Gesetz zum Schutz des Eigenthums an Werken der Wissenschaft und Kunst gegen Nachdruck und Nachbildung" vom 11. Juni 1837[28] legte beispielsweise Zeugnis dieser naturrechtlichen Vorstellung eines geistigen Eigentums ab. Gegen eine Eingliederung eines solchen naturrechtlich begründeten geistigen Eigentums in das Privatrechtssystem formierte sich allerdings erheblicher Widerstand in der Pandektistik, die am römischrechtlichen Eigentumsverständnis von einem nur an Sachen existierenden Eigentum festhielt. Gegen die Idee eines geistigen Eigentums wurde argumentiert, die Persönlichkeit des Menschen könne lediglich als Voraussetzung für die Rechtsfähigkeit Bedeutung erlangen, die Person könne aber nicht an sich selbst Rechte haben[29].

---

gung der Leistungen Kohlers auf dem Gebiet des Immaterialgüterrechts im Jahr 2019, dem 100. Todesjahr Kohlers, veröffentlicht wurden: *Obergfell*, ZEuP 2019, 499 (507 f.).

[26] Siehe zur Herausarbeitung der Idee des geistigen Eigentums im 19. Jahrhundert ausführlich *Dölemeyer/Klippel*, Der Beitrag der deutschen Rechtswissenschaft zur Theorie des gewerblichen Rechtsschutzes und Urheberrechts, in: Festschrift zum hundertjährigen Bestehen der Deutschen Vereinigung für gewerblichen Rechtsschutz und Urheberrecht und ihrer Zeitschrift (FS GRUR), Bd. 1, 1991, 185 (198 ff.); *Klippel* (Fn. 24), 121 (125 ff.); *Pahlow*, Die Idee des geistigen Eigentums zwischen Schöpferprinzip und Investitionsschutz, ARSP 98 (2012), 121 ff.

[27] Zu diesem Kern der naturrechtlichen Theorie vom geistigen Eigentum siehe *Pahlow*, ZGE 6 (2014), 429 (430 f.).

[28] Preuß. GS 1837, 165 ff.

[29] Siehe dazu *Pahlow*, ZGE 6 (2014), 429 (431 f.).

Kohler lehnte die Theorie vom geistigen Eigentum ebenfalls wegen ihrer Verwurzelung im Eigentumsbegriff ab. Doch zielte die Kritik Kohlers in eine andere Richtung als die Kritik der Pandektisten. Die Verwurzelung im Eigentumsbegriff war für Kohler deshalb unpassend, weil sie der Spezifik der Immaterialgüterrechte nicht gerecht werde[30]. Er kritisierte an der Theorie des geistigen Eigentums das „Fehlen der nötigen Besonderheit und Abgrenzung", betonte die „durchgreifende[n] Unterschiede über Erwerb und Verlust, über die Art der Übertragung […]" und kam zu dem Schluss, „diese Unterschiede spreng[t]en den Eigentumsbegriff"[31]. In der „Konstruktion des Autorrechts als eines geistigen Eigenthums" sah Kohler „einen wesentlichen konstruktiven Fehler": Es sei stattdessen

„das Autorrecht vom Eigenthum zu scheiden und als ein eigenthumsartiges Recht zu behandeln […], dessen Gegenstand in dem Autorgut besteht, dessen Gegenstand eben mit dem identisch [sei], was [Kohler] das imaginäre Bild nenne, und was im geschriebenen oder gesprochenen Wort als ein höheres, von der Form abgelöstes Substrat mit existiert. Das eigenthumsähnliche Recht [sei] das Immaterialgüterrecht, und dieses besteh[e] an einem imaginären Ideenbild, ähnlich wie das Erfinderrecht an einer Erfinderidee"[32].

Die Theorie des geistigen Eigentums könne

„weder für das Autor- und Erfinder-, noch weniger für das Markenrecht wissenschaftlich aufrecht erhalten werden; und zwar deßhalb, weil sie den Eigenthumsbegriff so sehr ausdehnen und verflüchtigen würde, daß er wenig mehr geeignet wäre, die juristische Erkenntniß zu fördern und ihr Halt und Stütze zu geben; es wäre, wie wenn man eine so weit gehende botanische Species aufstellen wollte, daß diese das Verschiedenartigste umfaßte, so daß mithin das Bewußtsein der Zugehörigkeit zu dieser Species uns in der Erkenntniß recht wenig förderte"[33].

Die Ablehnung der Idee des geistigen Eigentums durch Kohler war also keineswegs seiner etwaigen Weigerung geschuldet, Rechte der Persönlichkeit des Menschen anzuerkennen, wie es bei der pandektistischen Kritik der Fall war. Die ablehnende Haltung Kohlers war vielmehr dadurch begründet, dass er bei einer Subsumtion unter den Begriff des (geistigen) Eigentums den Verlust der Besonderheiten (wie z.B. der Territorialität, zeitlichen Begrenztheit und Lizenzierbarkeit) der Immaterialgüterrechte befürchtete. Kohler setzte mit seiner Lehre von den Immaterialgüterrechten (bzw. „Immaterialrechten") an der Vorstellung eines „höheren, von der Form abgelösten Substrats" an, welches Gegenstand des rechtlichen Schutzes sein sollte. Dabei schwebte

[30] Siehe näher *Pahlow*, ZGE 6 (2014), 429 (432ff.); *ders.*, in: Apel/Pahlow/Wießner (Hrsg.) (Fn. 4), 166f. Siehe auch *Adrian*, Technikentwicklung und Patentrecht, in: Adrian/Nordemann/Wandtke (Hrsg.), Josef Kohler und der Schutz des geistigen Eigentums in Europa, 1996, 31 (32ff.); *Dölemeyer/Klippel*, in: FS GRUR, Bd. 1, 1991, 185 (223).

[31] *Kohler*, Urheberrecht an Schriftwerken und Verlagsrecht, 1907, 27.

[32] *Kohler*, Die Idee des geistigen Eigentums, AcP 82 (1894), 141 (156f.).

[33] *Kohler*, AcP 82 (1894), 141 (161).

Kohler durchaus eine „allgemeine Kategorie der absoluten Rechte“ vor, unter die „das Eigenthum und das Immaterialrecht gemeinsam [untergebracht werden]“[34]. Die Immaterial- bzw. Immaterialgüterrechte, also Autorrechte wie Erfinderrechte, betrachtete Kohler damit als absolute, von der Person zu trennende und übertragbare Vermögensrechte, deren Gleichrangigkeit mit den absoluten subjektiven Privatrechten einerseits bei substanzieller Verschiedenheit gegenüber dem Sacheigentum andererseits er herausstellte[35].

Diese Ambivalenz einer Abgrenzung bei gleichzeitiger Anlehnung und Zielidentität zeigt sich auch hinsichtlich der Begründungsmuster. Obgleich Kohler als entschiedener Kritiker der Theorie vom geistigen Eigentum auftrat, gründete er doch seine Lehre von den Immaterialgüterrechten gleichermaßen auf Ideen und Argumentationslinien, die wir als naturrechtlich bezeichnen können[36]. Das Kernargument zur Begründung eines rechtlichen Schutzes von immateriellen Schöpfungen ist auch bei Kohler – in Anlehnung an den Arbeitsbegriff *John Lockes* – das Argument des aus der Arbeit und schöpferischen Tätigkeit einer Person erwachsenden Rechts am Arbeitserzeugnis[37]. Daraus folgerte Kohler das Recht auf eine wirtschaftliche Verwertung der Immaterialgüter und eine Berechtigung hinsichtlich der Früchte aus dieser Verwertung. Mit Kohlers bereits zitierten Worten bedeute das Recht des Erfinders „das Recht des Schöpfers an dem Geschaffenen“ und der Erfinder habe „ebenso, wie der Schriftsteller, ein Recht auf alleinige pecuniäre Ausbeutung seiner geistigen Schöpfung [...]“[38]. Die wirtschaftliche Verwertung der Immaterialgüterrechte setzt ihre Verkehrsfähigkeit, also Übertragbarkeit und Lizenzierbarkeit, voraus, die Kohler schon in seinem patentrechtlichen Gutachten in den „Annalen der Großherzoglich Badischen Gerichte“ im Jahr 1875 beschrieben hatte[39]. Es zeigt sich insgesamt ein scheinbarer Widerspruch: Mit lautstarker Kritik wendete sich Kohler gegen die Theorie des geistigen Eigentums und zugleich benutzte er im Gewand seiner Lehre von den Immaterialgüterrechten dieselben naturrechtlichen Begründungen zur Erklärung einer rechtlichen Zuordnung dieser Güter an ihre jeweiligen Schöpfer. Auch Kohler wollte auf keinen Fall zur überkommenen Tradition der Privilegien zurückkehren und wandte sich daher vehement gegen eine öffentlich-rechtliche Lösung staatlich zugebilligter Konzessionen[40].

---

[34] *Kohler*, AcP 82 (1894), 141 (161).

[35] Siehe auch *Dölemeyer/Klippel*, in: FS GRUR, Bd. 1, 1991, 185 (223 und 228); *Pahlow*, in: Apel/Pahlow/Wießner (Hrsg.) (Fn. 4), 167 f.

[36] Hierauf zu Recht hinweisend *Pahlow*, in: Apel/Pahlow/Wießner (Hrsg.) (Fn. 4), 166 f.

[37] *Pahlow*, in: Apel/Pahlow/Wießner (Hrsg.) (Fn. 4), 167; siehe auch *Dölemeyer/Klippel*, in: FS GRUR, Bd. 1, 1991, 185 (228).

[38] Siehe bereits oben Fn. 8.

[39] Siehe oben Fn. 10–12.

[40] *Dölemeyer/Klippel*, in: FS GRUR, Bd. 1, 1991, 185 (222).

In dieser Zielrichtung zeigte sich ebenfalls eine Parallele seiner Lehre von den Immaterialgüterrechten zur grundsätzlich abgelehnten Theorie des geistigen Eigentums.

C. Die Theorie der Persönlichkeitsrechte bei Kohler

Seine Lehre von den Immaterialgüterrechten flankierte Kohler durch seine Theorie der Persönlichkeitsrechte, die er angelehnt an die Idee der Individualrechte von *Karl Gareis* entwickelte[41]. In Abgrenzung zur naturrechtlichen Terminologie hatte *Gareis* den Begriff der „Individualrechte" geprägt[42], mit denen er das „Recht der Be- und Ausnutzung eigener körperlicher und geistiger Kräfte" der Rechtssubjekte beschrieb, wobei er die „Anerkennung ihrer Individualität, Anerkennung ihrer Thätigkeit als Individuen, Anerkennung der Beherrschung ihres Individuellen" forderte[43]. Auf diese Forschung konnte Kohler zurückgreifen. Kohlers Verdienst liegt hier weniger in der detaillierten Ausarbeitung einer in sich konsistenten eigenen Theorie (wie es bei der Entwicklung seiner Lehre der Immaterialgüterrechte der Fall war), als vielmehr darin, das Gebiet der Persönlichkeitsrechte in einer Vielzahl von Einzelaspekten grundlegend, oftmals wegweisend bearbeitet sowie diese Kategorie von Rechten (insbesondere etwa hinsichtlich des Namenrechts, der Markenrechte und des unlauteren Wettbewerbs) konturiert und wesentlich geprägt zu haben[44].

Hervorzuheben ist die grundsätzliche Position Kohlers zum Verhältnis der Persönlichkeitsrechte zu den Immaterialgüterrechten und seine deutlich von Gareis' Verständnis der Persönlichkeitsrechte zu unterscheidende Sicht. Von *Gareis* grenzte sich Kohler nämlich dadurch ab, dass er zwischen Immaterialgüterrechten auf der einen Seite und Persönlichkeitsrechten bzw. „Personenrechten" (zunächst wie bei *Gareis* auch als „Individualrechte" bezeichnet) auf der anderen Seite differenzierte[45]. Kohler unterschied von den Immate-

[41] Die folgende Darstellung der Theorie der Persönlichkeitsrechte bei Kohler geht auf meine Ausführungen zurück, die anlässlich dessen 100. Todesjahrs veröffentlicht wurden: *Obergfell*, ZEuP 2019, 499 (509 f.).

[42] *Klippel*, ZGE 6 (2014), 443 (450 ff., 455 ff. und 467 f.). Siehe zur Theorie der Persönlichkeitsrechte und dem Begriff „Individualrechte" bei *Gareis* eingehend *Klippel*, Die Theorie der Persönlichkeitsrechte bei Karl Gareis (1844–1923), in: FS Traub, 1994, 211 (213 ff.).

[43] *Gareis*, Das juristische Wesen der Autorrechte, sowie des Firmen- und Markenschutzes, Buschs Archiv für Theorie und Praxis des allgemeinen deutschen Handels- und Wechselrechts 35 (1877), 185 (198 f.).

[44] *Klippel*, ZGE 6 (2014), 443 (453 ff. und 486); *Pahlow*, in: Apel/Pahlow/Wießner (Hrsg.) (Fn. 4), 169.

[45] Siehe ausführlich zu Kohlers Vorstellung der Persönlichkeitsrechte *Klippel*, ZGE 6

rialgüterrechten als Rechten „an außerhalb der Person liegenden Dingen" (wie Autor- und Erfinderrechte) solche „Rechte an der Person und ihrer Derivate" (wie Namen- und Markenrechte)[46]. Letztere seien „Personenrechte", demgegenüber seien die Immaterialgüterrechte als dem Eigentum ähnliche absolute Rechte zu betrachten[47]. Kohlers besonderes Verdienst liegt in der klaren Trennung der beiden Kategorien subjektiver absoluter Privatrechte mittels des Abgrenzungskriteriums der Übertragbarkeit und Lizenzierbarkeit, welche die Immaterialgüterrechte als Vermögensrechte von den Persönlichkeitsrechten unterschied[48].

Aus heutiger Perspektive ist zudem zweierlei auffallend. Zum einen fällt die für unser heutiges Verständnis ungewöhnliche Einordnung des Markenrechts wie auch des Schutzes gegen den unlauteren Wettbewerb als Persönlichkeitsrechte in den Blick. So bewertete Kohler die Marke nicht als Ergebnis einer durch Arbeit erlangten geistigen Schöpfung, sondern als Namen, der der Sphäre der Persönlichkeitsrechte bzw. Individualrechte zuzuordnen sei, und klammerte das Markenrecht konsequenterweise aus seiner Gruppe der Immaterialgüterrechte aus[49]. Den Schutz gegen unlauteren Wettbewerb entwickelte Kohler ebenfalls – und entgegen der im UWG von 1896 getroffenen gesetzgeberischen Entscheidung – aus der Vorstellung eines Schutzes des Persönlichkeitsrechts des betreffenden Unternehmers[50]. Den freien Wettbewerb hielt Kohler für personal geprägt[51].

Zum anderen fällt die uns angesichts einer heute geltenden monistischen Urheberrechtskonzeption künstlich erscheinende scharfe Trennung Kohlers zwischen einem urheberrechtlichen Immaterialgüterrecht und den zugehörigen persönlichkeitsrechtlichen Aspekten des Urheberrechts auf. So begründet Kohler das Urheberrecht zwar einerseits als vermögensrechtliches Immaterialgüterrecht personalistisch, nämlich als durch die Früchte der persönlichen Arbeit legitimiertes absolutes Recht, doch spaltet er andererseits

(2014), 443 (453 ff. und 486). Siehe auch *Pahlow*, in: Apel/Pahlow/Wießner (Hrsg.) (Fn. 4), 168 f.

[46] *Kohler*, AcP 82 (1894), 141 (161 f.).

[47] *Kohler*, AcP 82 (1894), 141 (161 f.).

[48] Siehe auch *Pahlow*, in: Apel/Pahlow/Wießner (Hrsg.) (Fn. 4), 169.

[49] *Kohler*, Das Recht des Markenschutzes, 1884. Siehe dazu *Pahlow*, ZGE 6 (2014), 429 (437 f.); *ders.*, in: Apel/Pahlow/Wießner (Hrsg.) (Fn. 4), 170; siehe auch *Wadle*, Der Weg zum gesetzlichen Schutz des geistigen und gewerblichen Schaffens. Die deutsche Entwicklung im 19. Jahrhundert, in: FS GRUR, Bd. 1, 1991, 93 (169).

[50] *Kohler*, Der unlautere Wettbewerb. Darstellung des Wettbewerbsrechts, 1914; *ders.*, Das Persönlichkeitsrecht als Grundlage des freien Verkehrsrechts, Markenschutz und Wettbewerb 13 (1913) 45–52; *ders.*, Über den unlauteren Wettbewerb und seine Behandlung im Recht, Neue deutsche Rundschau 5 (1914) 1221–1232. Siehe auch *Gross* (Fn. 22) 615 (631 f.); *Klippel*, ZGE 6 (2014), 443 (463 f.).

[51] *Pahlow*, in: Apel/Pahlow/Wießner (Hrsg.) (Fn. 4), 169.

aus diesem Autorrecht ein Individualrecht ab, das dem Autor an seiner Geistesschöpfung zusätzlich zustehe. Anders als es das geltende Urheberrechtsgesetz vorgibt, welches das Urheberpersönlichkeitsrecht als monistisch mit den Urheberverwertungsrechten verschmolzenes einheitliches Urheberrecht konzipiert, verfolgte Kohler eine dualistische Perspektive. Das Urheberrecht selbst bewertete Kohler als Wirtschaftsgut bzw. als Immaterialgüterrecht (begründet durch die Werkschöpfung des Urhebers) und grenzte dieses sehr deutlich gegenüber den Persönlichkeitsrechten hinsichtlich Urheberwerken ab[52]. Die Frage des Schutzes gegen die Entstellung von Urheberwerken folgte nach Kohler beispielsweise nicht aus der

> „Herrschaft über ein Werk, das [sei] kein Urheberrecht, das [sei sein] ureigenes Personalrecht, das auf der gleichen Stufe steh[e], wie das Markenrecht, wie das Recht zu verlangen, daß Niemand fremde Waaren unter [seinem] Namen verkauft [...]“[53].

Eine personalistische Urheberrechtstheorie und die (vermögensrechtliche) Einordnung als Immaterialgüterrecht schlossen sich bei Kohler damit nicht aus[54]. Nach seinem dualistischen Verständnis betrachtete Kohler das Urheberrecht indessen als ein aus zwei Teilrechten bestehendes Recht: dem vermögensrechtlichen Immaterialgüterrecht und dem Urheberpersönlichkeitsrecht[55].

D. Kennzeichen der Pioniertätigkeit Kohlers auf dem Gebiet des Immaterialgüterrechts

I. Nachruhm Kohlers vor dem Hintergrund seines lebzeitigen rechtsphilosophischen wie rechtspolitischen Umfelds

Die prägende Wirkung von Kohlers Oeuvre auf dem Gebiet des Immaterialgüterrechts wurde und wird vielfach betont. In seiner Gedenkrede nach Kohlers Tod pries *Osterrieth* die Leistung Kohlers, „aus dem Nichts heraus – wenn auch in Anlehnung an die französische Rechtsprechung – [...] ein neues Rechtsgebiet aufgebaut“ und „als erster auf eine breite und feste Grundlage gestellt“ zu haben[56]. Die „unvergängliche Bedeutung der Immaterialgüterrechtslehre und der Lehre des Persönlichkeitsrechts“ liege darin, dass Kohler

---

[52] *Eisfeld*, Der Begriff der Persönlichkeit in der Urheberrechtstheorie des 19. Jahrhunderts, ZGE 6 (2014), 106 (124).

[53] *Kohler*, Zur Konstruktion des Urheberrechts, ArchBürgR 10 (1895), 241 (259).

[54] Siehe *Kohler*, Autorrecht (Fn. 18), 74 f. und 98 f. Ähnlich *Oscar von Wächter*, Das Verlagsrecht mit Einschluß der Lehren von dem Verlagsvertrag und Nachdruck, Bd. 1, 1857, 90 f. Dazu *Eisfeld*, ZGE 6 (2014), 106 (124, dortige Fn. 78).

[55] *Pahlow*, in: Apel/Pahlow/Wießner (Hrsg.) (Fn. 4), 170.

[56] *Osterrieth* (Fn. 2), 21 f.

„den Rahmen unserer Welt der Rechtsgüter erweitert“ habe: Während das römische Recht „nur die sinnlich erfaßbaren Rechtsgüter der körperlichen Sachen [...]“ kannte, habe Kohler nunmehr die „[...] geistigen Kulturgüter in das Recht eingeführt und sie darin heimisch gemacht“[57]. Auch heute – mehr als hundert Jahre nach Kohlers Tod – wird die Bedeutung Kohlers wegen seiner vor allem für das Patent- und Urheberrecht wegweisenden wissenschaftlichen Arbeiten hervorgehoben und Kohler mit einiger Berechtigung als „Rechtsfinder“ tituliert[58].

„Aus dem Nichts heraus“ entwickelte Kohler seine für die damalige Zeit bahnbrechenden Gedanken und ihre wissenschaftlichen Ausarbeitungen freilich nicht. Kohlers immaterialgüterrechtliches Schaffen entfaltete sich in einer Epoche, die durch eine enorme gesetzgeberische Dynamik nicht nur in Deutschland, sondern insbesondere auch in Frankreich, England und Amerika gekennzeichnet war, die Kohler intensiv beobachtete und rechtsvergleichend in seinen Arbeiten berücksichtigte[59]. In rascher Folge verdichtete sich auch das einschlägige zu Kohlers Lebzeiten geltende nationale Gesetzesrecht. Allein in dem Jahrzehnt, in dem Kohler seine Immaterialgüterrechtsidee erstmals ausarbeitete, traten zahlreiche Einzelgesetze in Kraft, wie z.B. das Gesetz betreffend das Urheberrecht an Schriftwerken, Abbildungen, musikalischen Kompositionen und dramatischen Werken[60], das Gesetz betreffend das Urheberrecht an Werken der bildenden Künste[61], das Gesetz betreffend den Schutz der Photographieen gegen unbefugte Nachbildung[62], das Gesetz betreffend das Urheberrecht an Mustern und Modellen (GeschmMG)[63] und das Patentgesetz[64]. Hinzu kam eine in den rechtsphilosophischen, ökonomischen und privatrechtswissenschaftlichen Debatten Ende des 19. und Anfang des 20. Jahrhunderts deutlich spürbare Aufbruchsstimmung, die die Anerkennung neuer Rechtsinstitute jenseits der zum damaligen Zeitpunkt kodifizierten Privatrechtsordnung beförderte und die Wurzeln einer sich (allerdings erst sehr viel später) neu bildenden Disziplin „Wirtschaftsrecht“ erahnen ließen[65]. Die bereits skizzierte lebhafte Debatte

[57] *Osterrieth* (Fn. 2), 21 f.

[58] So *Gross* (Fn. 2), 1 (13 ff.).

[59] Dazu näher unten in Abschnitt D V.

[60] Gesetz betreffend das Urheberrecht an Schriftwerken, Abbildungen, musikalischen Kompositionen und dramatischen Werken vom 11.6.1870, GBl. 1870, 339. Dieses Gesetz des Norddeutschen Bundes wurde 1871 als Reichsgesetz übernommen.

[61] Gesetz betreffend das Urheberrecht an Werken der bildenden Künste vom 9.1.1876, RGBl. 1876, 4.

[62] Gesetz betreffend den Schutz der Photographieen gegen unbefugte Nachbildung vom 10.1.1876, RGBl. 1876, 8.

[63] Gesetz betreffend das Urheberrecht an Mustern und Modellen vom 11.1.1876, RGBl. 1876, 11.

[64] Patentgesetz vom 25.5.1877, RGBl. 1877, 501.

[65] Siehe die ausführliche Beschreibung des Debattenumfelds, welches den Boden für die

um die Theorie des geistigen Eigentums zeigt, dass sich diese Aufbruchsstimmung gerade auch auf den rechtlichen Schutz von immateriellen Gütern bezog[66]. Hier bildeten sich die entsprechenden Disziplinen des Patentrechts und Urheberrechts heraus[67]. Diese Kontextualisierung des Kohler'schen Schaffens mindert die innovative Kraft vor allem seiner Lehre von den Immaterialgüterrechten jedoch nicht. Kohlers Ideen entfalten zum Teil bis heute Wirkung. Zu denken ist etwa an den von ihm erdachten sog. Erschöpfungsgrundsatz[68]. Seine weitsichtigen und bahnbrechenden Leistungen auf dem Gebiet des Immaterialgüterrechts wurden sowohl von Zeitzeugen und werden vielfach noch von heutigen Autoren gewürdigt[69].

II. Genialität der Begriffsschöpfung „Immaterialgüterrechte"

Als erste Pionierleistung springt zunächst die Genialität des von Kohler gebildeten Begriffs der „Immaterialgüterrechte" ins Auge. Obgleich Kohler eine privatrechtliche Einordnung der Rechte an geistigen Schöpfungen vehement einforderte und sich gegen einen öffentlich-rechtlichen Schutz etwa durch staatlichen Verleihungsakt wandte, war der Begriff des „(geistigen) Eigentums" für ihn zu unspezifisch und damit nicht akzeptabel[70]. Kohler kritisierte die Theorie des geistigen Eigentums vor allem deshalb, weil sie in seinen Augen die Besonderheiten der Immaterialgüterrechte hinsichtlich ihres Erwerbs, Verlusts, ihrer Übertragung nicht hinreichend auszudrücken vermochte[71]. Zwar waren die Immaterialgüterrechte, die Kohler an nichtkörperlichen Gegenständen anerkennen wollte, seiner Meinung nach als absolute Rechte eigentumsähnlich ausgestaltet, doch sei „das Autorrecht vom Eigenthum zu scheiden und als ein eigenthumsartiges Recht zu behandeln […], dessen Gegenstand in dem Autorgut besteht, dessen Gegenstand eben mit dem identisch [sei], was [Kohler] das imaginäre Bild nenne, und was im

---

Entstehung des Wirtschaftsrechts als eigener Disziplin bildete, bei *Mohnhaupt*, Justus Wilhelm Hedemann und die Entwicklung der Disziplin „Wirtschaftsrecht", ZNR 2003, 238 (250 ff.).

[66] *Pahlow* weist zu Recht darauf hin, dass auch *Otto Stobbe* in seinem „Handbuch des Deutschen Privatrechts" von 1878 (Bd. 3, 1 ff., 53) Urheberrechte, Namens-, Firmen und Warenzeichenrechte als „Rechte an immateriellen Gütern" aufführte; siehe *Pahlow*, ZGE 6 (2014), 429 (432).

[67] Zur Herausbildung der Disziplin des Urheberrechts eingehend *Mohnhaupt*, in: Pahlow/Eisfeld (Hrsg.), Grundlagen und Grundfragen des Geistigen Eigentums, 2008, 131 (136 ff.).

[68] Siehe dazu unten in Abschnitt D VI.

[69] Siehe zur heutigen Auseinandersetzung mit dem Werk Kohlers *Obergfell*, ZEuP 2019, 499 (514 ff.).

[70] *Dölemeyer/Klippel*, in: FS GRUR, Bd. 1, 1991, 185 (222 f.). Siehe auch bereits oben unter B II.

[71] *Kohler*, Urheberrecht an Schriftwerken und Verlagsrecht, 1907, 27.

geschriebenen oder gesprochenen Wort als ein höheres, von der Form abgelöstes Substrat mit existiert [...], ähnlich wie das Erfinderrecht an einer Erfinderidee"[72]. Und er befürwortete selbst eine „allgemeine Kategorie der absoluten Rechte", unter die „das Eigenthum und das Immaterialrecht gemeinsam [untergebracht werden]"[73]. Doch konnte Kohler die Eigentumsähnlichkeit der Immaterialgüterrechte nicht auch noch begrifflich in den Vordergrund stellen, ohne Gefahr zu laufen, den Widerstand der Pandektisten auch gegen seine Lehre zu ziehen. Deshalb wehrte er sich sowohl gegen den Begriff der „dinglichen Rechte" als auch gegen den Begriff des „geistigen Eigentums".

Gleichzeitig kämpfte Kohler indessen darum, die Autor- und Erfinderrechte als absolute, von der Person zu trennende und übertragbare Vermögensrechte, und vor allem als mit den bekannten absoluten subjektiven Privatrechten gleichrangig anzuerkennen[74]. Der schlechterdings als genial zu bezeichnende Kunstgriff Kohlers lag darin, das entscheidende Abgrenzungsmerkmal zum Sacheigentum – die Unkörperlichkeit des Schutzgegenstands – an die Stelle des (in nicht erwünschter Weise konnotierten) Eigentumsbegriffs zu setzen: Immaterial- bzw. Immaterialgüterrechte. Die Benennung als Lehre von den Immaterialgüterrechten bot keinerlei Angriffsfläche mehr für die gegen die naturrechtliche Theorie des geistigen Eigentums vorgebrachten Einwände[75]. Zugleich ermöglichte die Begriffsschöpfung und die damit benannte Lehre eine Einordnung der Immaterialgüterrechte als subjektive Privatrechte in die Privatrechtsordnung und rückte sie deutlich von bloßen staatlichen Konzessionen in der Tradition von Privilegien ab[76].

III. Anerkennung und Einordnung der Immaterialgüterrechte als subjektive Privatrechte

Zweitens liegt eine wesentliche Pionierleistung Kohlers in der Begründung und Anerkennung der Immaterialgüterrechte als absolute subjektive Privatrechte[77]. *Pahlow* bezeichnet die Begründung und Entfaltung der Lehre von den Immaterialgüterrechten zu Recht als „Hauptverdienst" Kohlers[78]. Auch wenn Kohler auf die Vorarbeiten von *Rudolf Klostermann* zurückgreifen konnte, der ebenfalls Rechte an geistigen Schöpfungen anerkannte[79], ist die

[72] *Kohler*, AcP 82 (1894), 141 (156 f.).

[73] *Kohler*, AcP 82 (1894), 141 (161).

[74] *Pahlow*, in: Apel/Pahlow/Wießner (Hrsg.) (Fn. 4), 168; *ders.*, ZGE 6 (2014), 429 (434).

[75] *Dölemeyer/Klippel*, in: FS GRUR, Bd. 1, 1991, 185 (228).

[76] *Pahlow*, in: Apel/Pahlow/Wießner (Hrsg.) (Fn. 4), 167.

[77] *Dölemeyer/Klippel*, in: FS GRUR, Bd. 1, 1991, 185 (227 f.); *Pahlow*, ZGE 6 (2014), 429 (440 ff.).

[78] *Pahlow*, in: Apel/Pahlow/Wießner (Hrsg.) (Fn. 4), 166.

[79] *Klostermann*, Das geistige Eigenthum an Schriften, Kunstwerken und Erfindungen. Nach Deutschem und internationalem Rechte dargestellt, 1871.

Entfaltung der Lehre von den Immaterialgüterrechten die eigentümliche und innovative Leistung Kohlers. Von *Klostermann* setzte sich Kohler selbst deutlich ab, weil er es für „irrig" hielt, dass jener „das Patentrecht, wie das Urheberrecht unter die dinglichen Rechte zählt; sie [seien nach Kohlers Meinung] absolute Rechte, aber keine dingliche"[80]. Die geschickte Begriffsbildung ermöglichte es Kohler, in Abgrenzung zum damals kontrovers diskutierten naturrechtlich inspirierten Begriff des geistigen Eigentums eine legitimatorische Grundlage für seine Immaterialgüterrechtstheorie zu schaffen und Immaterialgüterrechte als absolute, subjektive Privatrechte zu etablieren, ohne die gegen die Theorie des geistigen Eigentums erhobenen Bedenken gegen seine Immaterialgüterrechtslehre zu ziehen, und zugleich die Spezifika dieser neuen Rechtskategorie der Immaterialgüterrechte herauszuarbeiten.

Die weitreichende Bedeutung der von Kohler erdachten und ausgearbeiteten Lehre von den Immaterialgüterrechten wird auch dadurch belegt, dass sie umfangreich rezipiert worden ist[81]. Dies gilt auch vor dem Hintergrund der hinsichtlich der Einzelaspekte und Rechtsfiguren unterschiedlichen Aufnahme der Ideen Kohlers. Während die von Kohler entwickelte Erschöpfungslehre bereits früh vom Reichsgericht rezipiert wurde[82], übernahmen zunächst weder Rechtsprechung noch Literatur die von Kohler geprägte Terminologie der Immaterialgüterrechte. Doch bedeutete dies keine Distanz in der Sache. Die Idee von subjektiven Privatrechten fand hingegen Berücksichtigung[83]. Patent- und Urheberrechte sowie Zeichenrechte wurden Schritt für Schritt in der Literatur als subjektive Privatrechte anerkannt[84]. So führte *Bernhard Windscheid* in der im Jahr 1887 erschienenen sechsten Auflage seines Pandektenlehrbuchs u.a. auch „die Rechte an Geisteserzeugnissen" und „das Recht auf ein ausschließliches Merkzeichen (Name, Wappen, Firma, Marke oder Zeichen)" als „Vermögensrechte" auf, die sich nicht aus den Quellen des Römischen Rechts ableiteten[85].

---

[80] *Kohler*, Bad.Ann. 41 (1875), 100 (100, re. Sp., dortige nicht nummerierte Fn.).

[81] Siehe allgemein *Obergfell*, ZEuP 2019, 499 (513 ff.). Eine speziell auf den Erschöpfungsgrundsatz und das Allgemeine Persönlichkeitsrecht bezogene Untersuchung der zeitgenössischen Rezeption des Kohler'schen Werks findet sich bei *Forkel*, Zur Frage der Akzeptanz rechtswissenschaftlicher Neuerungen. Am Beispiel dogmatischer Lehren Josef Kohlers über die Erschöpfung von Immaterialgüterrechten und über das allgemeine Persönlichkeitsrecht, in: Brieskorn/Mikat/Müller/Willoweit (Hrsg.), Vom mittelalterlichen Recht zur neuzeitlichen Rechtswissenschaft. Bedingungen, Wege und Probleme der europäischen Rechtsgeschichte, 1994, 529 ff.

[82] RGZ 50, 229 – Kölnisch Wasser (Markenrecht); RGZ 51, 139 – Duotal/Gujakolkarbonat (Patentrecht); RGZ 63, 394 – Koenigs-Kursbuch (Urheberrecht); siehe näher *Forkel*, in: Brieskorn/Mikat/Müller/Willoweit (Hrsg.) (Fn. 80), 529 (531 ff.).

[83] *Pahlow*, ZGE 6 (2014), 429 (434).

[84] Siehe dazu *Dölemeyer/Klippel*, FS GRUR, Bd. 1, 1991, 185 (228); *Pahlow*, ZGE 6 (2014), 429 (434).

[85] *Windscheid*, Lehrbuch des Pandektenrechts, Bd. 1, 6. Aufl., 1887, 107 dortige Fn. 2.

Kohlers Verdienst war es vor allem, die Prinzipien und Gemeinsamkeiten der Immaterialgüterrechte – wie insbesondere deren zentrales Charakteristikum der Verkehrsfähigkeit und Lizenzierbarkeit – zu bestimmen und zu konturieren[86]. Es handelt sich dabei um eine inhaltliche Pionierleistung auf dem Gebiet der Immaterialgüterrechte, für die Kohler gemeinhin berühmt ist. Sie ist eng verknüpft mit methodischen Pionierleistungen Kohlers.

IV. Rechtsdogmatik

Als dritte – methodische – Pionierleistung hat Kohler als erster Rechtswissenschaftler das sich formende Rechtsgebiet der Immaterialgüterrechte umfassend rechtsdogmatisch aufgearbeitet. Niemand hat die durchweg neuen Rechtsgebiete auf Grundlage erst kurz zuvor in Kraft getretener Gesetze so intensiv bearbeitet, systematisiert und die konkreten Probleme des jeweils geltenden Rechts und seiner Anwendung so klar herausgebildet und durchdrungen wie es Kohler mit seinem unablässig tätigen Forschergeist vollbrachte. *Dölemeyer* bezeichnet es als „Hauptleistung Kohlers, [...] neue Rechtsgebiete dogmatisch zu erfassen, systematisch zu durchdringen und Gesetzgebung, Praxis und Lehre des In- und Auslands gleichmäßig zu verarbeiten [...]“[87]. Als wesentliches Beispiel für diese methodische Pionierleistung kann Kohlers „Deutsches Patentrecht“ von 1878, sein erstes großes Werk, herangezogen werden, welches in kurzer Zeit nach Inkrafttreten des neuen Patentgesetzes von 1877[88] eine Systematisierung des neuen Rechtsgebiets und dessen rechtsdogmatische Ordnung lieferte, wie es sie zuvor nicht gab. In gleicher rechtsdogmatischer Intensität bearbeitete Kohler alle weiteren Immaterialgüterrechte. Als Ausdruck von Kohlers rechtsdogmatischer Pioniertätigkeit ist auch seine dogmatische Trennung von Immaterialgüterrechten und Persönlichkeitsrechten hervorzuheben. Ganz gleich, ob – wie nach geltender gesetzlicher Urheberrechtskonzeption – eine monistische Verknüpfung anerkannt wird, bleibt es doch das Verdienst Kohlers, eine klare Differenzierung zwischen beiden Kategorien von Rechten erdacht und begründet zu haben. Es ließen sich zahlreiche weitere Beispiele für die wegweisenden rechtsdogmatischen Arbeiten Kohlers nennen. Allen voran steht die bis heute wirkende dogmatische Entwicklung des Erschöpfungsgrundsatzes, der heute im deutschen und europäischen Recht anerkannt ist[89]. Dabei ist die

[86] *Pahlow*, ZGE 6 (2014), 429 (434 ff.).

[87] *Dölemeyer*, „Das Urheberrecht ist ein Weltrecht“ – Rechtsvergleichung und Immaterialgüterrecht bei Josef Kohler, in: Wadle (Hrsg.), Historische Studien zum Urheberrecht in Europa, 1993, 139 (141).

[88] Das Patentgesetz vom 25.5.1877, RGBl. 1877, 501 ff. war am 1.7.1877 in Kraft getreten.

[89] Siehe dazu näher *Haberstumpf*, Josef Kohler und die Erschöpfungslehre, ZGE 6 (2014), 470–496.

Bedeutung seines rechtsdogmatischen Wirkens keineswegs daran zu messen, ob sich die von Kohler im Einzelnen vorgeschlagene Rechtsanwendung und -auslegung oder die jeweilige rechtliche Kategorisierung später durchsetzen konnten oder nicht (wie im Fall der Zuordnung des Markenrechts[90] und Wettbewerbsrechts zu den Persönlichkeitsrechten).

V. Internationalität und Rechtsvergleichung

Das Œuvre Kohlers ist durch Internationalität sowohl des behandelten Gegenstandes als auch der gedanklichen Perspektive gekennzeichnet. Zahlreiche Aufsätze widmete Kohler eigens bestimmten Themenfeldern auf Grundlage fremder Rechtsordnungen. So beschäftigte sich Kohler beispielsweise nicht nur mit dem österreichischen Patentrecht[91], dem schweizerischen Musterrecht[92] und dem spanischen Markenrecht[93], sondern auch mit dem englischen Urheberrecht[94], dem argentinischen Urheberrecht[95], dem Gesetz über geistiges Eigentum in Costa Rica[96] und dem japanischen Patentgesetz[97]. Auch eine zweibändige Gesetzessammlung, die unter dem Titel „Die Patentgesetze aller Völker“ erschien, ist zu erwähnen[98]. Darüber hinaus gehörte die Rechtsvergleichung bei Kohler zur konsequent eingesetzten wissenschaftlichen Erkenntnismethode und zum gängigen Instrument der Rechtsfortbildung[99]. Dabei belässt es Kohler nicht bei einer bloßen Gegenüberstellung von Länderberichten, sondern vergleicht die Strukturen juristischer Praxis[100]. Kaum

[90] Die ältere Reichsgerichtsrechtsprechung und Literatur ordneten das Warenzeichenrecht noch überwiegend als Persönlichkeitsrecht ein; siehe z.B. RGZ 69, 401 (403) – Nietzsche-Briefe; RGZ 108, 8 (9) – Saccharin; RGZ 113, 413 (414) – Der Tor und der Tod; *Dernburg*, Das bürgerliche Recht, Bd. 1, 3. Aufl., 1906, 343.

[91] Siehe u.a. *Kohler*, Studien zum Patentrecht mit besonderer Beziehung auf das neue österreichische Patentgesetz, Zeitschrift für das Privat- und Öffentliche Recht der Gegenwart 25 (1898) 209.

[92] *Kohler*, Lettre d'Allemagne. Remarques sur le projet de la loi Suisse sur les dessins et modèles industriels, Propriété Industrielle 4 (1888), 62.

[93] *Kohler*, Können deutsche Geschäftshäuser Marken in Spanien erwerben?, Gewerblicher Rechtsschutz und Urheberrecht (GRUR) 5 (1900), 207.

[94] *Kohler*, Das englische Autorgesetz von 1911 und die englischen Provinzstaaten, Zeitschrift für Völkerrecht 6 (1913), 469.

[95] Siehe die Buchbesprechung von *Kohler*, Quesada, La propiedad intelectual en el derecho Argentino, ZSozW 8 (1905) 600.

[96] *Kohler/Hartwig*, Costaricas Gesetz über geistiges Eigentum, GRUR 16 (1911) 7.

[97] *Kohler*, Das japanische Patentgesetz als Vorbild, Markenschutz und Wettbewerb 11 (1912) 510.

[98] *Kohler/Mintz*, Die Patentgesetze aller Völker, 1. Bd. (810 Seiten), 1907, 2. Bd. (1055 Seiten), 1912.

[99] Siehe insgesamt näher *Dölemeyer*, in: Wadle (Hrsg.) (Fn. 87), 139 (140 ff.).

[100] *Dölemeyer*, in: Wadle (Hrsg.) (Fn. 87), 139 (142 ff.).

eine Äußerung Kohlers – so scheint es – kam ohne zumindest einen rechtsvergleichenden Hinweis auf ausländische Rechtsordnungen aus. Bereits sein eingangs erwähntes kurzes Gutachten zum Erfinderrecht, welches den Anstoß zur Erarbeitung der Lehre von den Immaterialgüterrechten gab, enthielt Hinweise auf das französische Recht, das amerikanische und das englische Recht. Gleich zu Beginn zog Kohler bei der Beschreibung der – seiner Ansicht nach – von der hoheitlichen Patenterteilung unabhängigen Natur des Erfinderrechts den Vergleich zum französischen Gesetzesrecht:

„Die originäre, nicht auf Staatsverleihung beruhende Natur des Erfinderrechts [spreche] mit Schärfe aus a. 1 des französischen Patentgesetzes vom 5. Juli 1844: Toute nouvelle découverte ou invention dans tous les genres d'industrie confère à son auteur, sous les conditions et pour le temps ci-aprés déterminés, le droit exclusif d'exploiter à son profit la dite découverte ou invention. Ce droit est constaté par des titres délivrés par le gouvernement sous le nom de brevets d'invention [es folgt ein Literaturnachweis, Anm. d. Verf.]"[101].

Kohler fügte seinem Gutachten einen „Zusatz" an, in dem er die patentrechtlichen Systeme des französischen Patentgesetzes von 1844, des Patentgesetzes der Vereinigten Staaten von Amerika vom 4. Juli 1836 und das englischen Patentgesetz vom 1. Juli 1852 hinsichtlich der Patenterteilung (als „formelle Anmeldung", „materielle Vorprüfung" und „eine Art Aufgebot") vergleicht[102]. Stets fand Kohler genügend Raum in seinen Schriften, um die ihm wichtig erscheinenden Bezüge zu ausländischen Rechtsordnungen – sei es in Gestalt von Gesetzgebung, Rechtsprechung oder Schrifttum – zumindest anzureißen. Kohler arbeitete Gemeinsamkeiten der verglichenen Rechtsordnungen heraus und leitete daraus allgemeine Rechtsprinzipien ab[103]. Erkennbar ist, dass Kohler grenzüberschreitenden und globalen Ansätzen nach dem Vorbild der Konventionen, die – wie etwa die Berner Übereinkunft von 1886[104] auf dem Gebiet des Urheberrechts – „auf bestimmten Einzelgebieten ein Weltrecht bestimmten", aufgeschlossen gegenüber stand[105]. An der Berliner Revisionskonferenz zur Berner Übereinkunft im Jahr 1908 war Kohler durch eine wirkmächtige Rede beteiligt und es wird ihm einiger Einfluss auf die Vertragsverhandlungen dieser Konferenz zugeschrieben[106]. Oft haben rechtsvergleichende Überlegungen Kohlers wesentlichen Einfluss auf seine

---

[101] *Kohler*, Badische Annalen 41 (1875), 100 (100 f.).

[102] *Kohler*, Badische Annalen 41 (1875), 100 (102 f.).

[103] *Pahlow*, in: Apel/Pahlow/Wießner (Hrsg.) (Fn. 4), 168 und 170.

[104] Berner Übereinkunft vom 9.9.1886 zum Schutz von Werken der Literatur und Kunst, RGBl. 1887, 493, am 5.12.1887, zunächst für neun Staaten, u.a. das Deutsche Reich, in Kraft getreten.

[105] *Kohler*, Recht und Persönlichkeit in der Kultur der Gegenwart, 1914, 256 f.

[106] So *Gängel/Schaumburg*, Josef Kohler – Rechtsgelehrter und Rechtslehrer an der Berliner Alma mater um die Jahrhundertwende, ARSP 4 (1989), 289 (306, insbesondere dortige Fn. 90).

rechtsdogmatischen Arbeiten zum deutschen Recht genommen. Gerade in seinem grundlegenden Werk zum deutschen Patentrecht arbeitete Kohler die französische Spruchpraxis umfassend ein[107]. Bei der Entwicklung seiner Lehre von den Immaterialgüterrechten und der Abgrenzung dieser Rechte von einem Eigentum bei gleichzeitiger Parallele zur Eigentumskonstruktion bediente sich Kohler ausgiebig der rechtsvergleichender Methode und wertete denkbar breit ausländische Literatur und Gesetzgebung aus unterschiedlichen Zeiten aus[108]. Das Wettbewerbsrecht wollte er nach dem Vorbild der französischen Rechtsfigur der „concurrence déloyale" regeln und sprach sich für die Übertragung der entsprechenden französischen Regeln in das deutsche Recht aus[109]. Schon die so überaus intensive Einbeziehung rechtsvergleichender Aspekte in seine Arbeiten sowie die denkbar weite geographische Ausdehnung seines Rechtsvergleichs mögen zur damaligen Zeit ungewöhnlich gewesen sein. Auffallend ist darüber hinaus der konsequente Einsatz der rechtsvergleichenden Methodik zur Rechtsfortbildung.

VI. Juristische Innovation und Rechtspolitik

Bereits aus Kohlers weithin gerühmter Pionierleistung, seine – sowohl hinsichtlich ihrer Begrifflichkeit als auch hinsichtlich ihrer inhaltlichen Ausarbeitung – innovative Lehre von den Immaterialgüterrechten geschaffen zu haben, lässt sich schließlich ein letztes wichtiges Merkmal seiner Pioniertätigkeit unmittelbar ablesen: sein intensives rechtspolitisches Wirken und die ungebremste Entfaltung seiner Bereitschaft zu juristischer Innovation. Kohler bewegte sich mit seinen rechtswissenschaftlichen Arbeiten nicht in den bisweilen engen Bahnen bereits vorgespurter Diskussionslinien oder gesetzgeberischer Entscheidungen, sondern er wagte sich – wie es eindrücklich am Beispiel der Immaterialgüterrechtslehre zu erkennen ist – weit darüber hinaus. Selbst wenn der Gesetzgeber einen anderen Weg einschlug, hielt Kohler oft eigenwillig an seiner gefassten Überzeugung fest: Beispielhaft illustrieren lässt sich dies im Fall des im Jahr 1896 in Kraft tretenden UWG und Kohlers Festhalten an seiner gesetzgeberisch überholten Vorstellung eines wettbewerbsrechtlichen Schutzes als Individual- bzw. Persönlichkeitsrecht[110]. Zugleich war es streng genommen u.a. Kohlers Innovationsfähigkeit zu verdanken, dass überhaupt ein entsprechendes Schutzbedürfnis anerkannt wurde und ein solches Gesetz entstehen konnte. Denn Kohler gehörte zu den ersten

---

[107] Siehe *Kohler*, Deutsches Patentrecht, 1878. – Siehe dazu *Dölemeyer*, in: Wadle (Hrsg.) (Fn. 87), 139 (141 f.)

[108] Siehe etwa *Kohler*, Autorrecht (Fn. 18), 55, 67 ff., 98 ff.

[109] Diese Anlehnung an das französische Recht forderte er bereits in seinem „Deutschen Patentrecht" von 1878; siehe *Kohler* (Fn. 14), 469 f.

[110] *Klippel*, ZGE 6 (2014), 443 (464).

deutschen Autoren, die erkannten, dass im Rahmen einer grundsätzlich liberalen Wirtschaftsordnung, die auf dem Prinzip des freien Wettbewerbs beruhte, ein unlauteren Wettbewerb möglich war, und entsprechenden Schutz forderten[111].

Als ein hervorstechendes Beispiel für Kohlers rechtspolitisches Wirken sei die Prägung der Rechtsfigur eines immaterialgüterrechtlichen „Erschöpfungsgrundsatzes" genannt[112]. Der Gedanke Kohlers, dass ein Schutzrecht nach rechtmäßigem Inverkehrbringen der weiteren Verbreitung der Ware nicht mehr entgegen gehalten werden kann, wurde von der Reichsgerichtsrechtsprechung schon zu Kohlers Lebzeiten für das Marken-[113], Patent-[114] und Urheberrecht[115] aufgegriffen. Heute findet sich der Erschöpfungsgrundsatz als allgemein anerkannte Rechtsfigur sowohl in der nationalen als auch in der europäischen Gesetzgebung wieder[116].

E. Zusammenfassung

Josef Kohler darf mit Fug und Recht als ein Pionier auf dem Gebiet des Urheber-, Patent- und Markenrechts sowie des Gewerblichen Rechtsschutzes insgesamt bezeichnet werden. Für diese Ende des 19. Jahrhunderts neu entstehenden Rechtsgebiete prägte er selbst den Begriff des Immaterialgüterrechts. Die Genialität dieser Begriffsschöpfung zeigt sich daran, dass er den (angesichts der Debatte um die Theorie vom geistigen Eigentum unerwünscht konnotierten) Eigentumsbegriff durch das entscheidende Abgrenzungsmerkmal zum Sacheigentum – die Unkörperlichkeit des Schutzgegenstands – ersetzte: Immaterial- bzw. Immaterialgüterrechte. Dadurch bot seine Lehre von den Immaterialgüterrechten keine vergleichbare Angriffsfläche wie die Theorie des geistigen Eigentums und ermöglichte zugleich (dies gestützt auf naturrechtliche Ideen und Argumentationslinien) eine Anerkennung der Immaterialgüterrechte als gleichrangige subjektive Privatrechte sowie deren Einordnung in die Privatrechtsordnung.

Bereits diese beiden hervorstechenden Leistungen Kohlers – die Anerkennung der Immaterialgüterrechte als gleichwertige subjektive Privatrechte verbunden mit der geschickten Begriffsschöpfung – können als Ausdruck der Pioniertätigkeit Kohlers gelten. Im Gegensatz zur kritisch-distanzierten Be-

---

[111] *Klippel*, ZGE 6 (2014), 443 (463).

[112] Siehe näher *Forkel* (Fn. 81), 529 (533–539); *Haberstumpf*, ZGE 6 (2014), 470.

[113] RGZ 50, 229 – Kölnisch Wasser.

[114] RGZ 51, 139 – Duotal/Gujakolkarbonat.

[115] RGZ 63, 394 – Koenigs-Kursbuch. Siehe dazu *Haberstumpf*, ZGE 6 (2014), 470 (479 f.).

[116] Siehe insgesamt näher *Haberstumpf*, ZGE 6 (2014), 470–496.

wertung des Kohler'schen Schaffens in manch anderen Rechtsgebieten[117] sind die Verdienste Kohlers im Bereich des Immaterialgüterrechts unbestritten. Dies ist offensichtlich das Rechtsgebiet, das Kohler besonders am Herzen lag, dem er sich zeitlebens mit ungebrochener und nicht nachlassender Aufmerksamkeit widmete. Seine intensive Befassung mit den subjektiven Privatrechten an immateriellen Gütern führte Kohler zu einer keineswegs oberflächlichen oder gar – wie es ihm oft vorgeworfen wurde – beliebigen, sondern einer bis in die entlegensten Details begründeten juristischen Positionierung.

Es kommen drei weitere Pionierleistungen hinzu: Erstens ist die umfassende rechtsdogmatische Aufarbeitung der einzelnen Immaterialgüterrechte und deren Kategorisierung innerhalb des Privatrechts hervorzuheben. Mit dieser methodischen Pionierleistung schloss Kohler beispielsweise bereits 1878 mit seiner systematischen Bearbeitung des deutschen Patentrechts anerkanntermaßen eine im damaligen Schrifttum klaffende Lücke.

Zweitens ist die konsequente rechtsvergleichende Betrachtung, die umfangreiche Einbeziehung von ausländischer Literatur und Rechtsprechung sowie deren prinzipienbildende Auswertung als Pionierleistung Kohlers zu würdigen. Wiederum kann das grundlegende Werk zum deutschen Patentrecht von 1878 als ein augenfälliges Beispiel für die intensive Einarbeitung der französischen Spruchpraxis benannt werden.

Die genannten Pionierleistungen mündeten – drittens – häufig in juristische Innovationen, die Kohler in die damaligen rechtspolitischen Debatten einbrachte. Für diese rechtspolitische Pioniertätigkeit ließen sich unzählige Beispiele anführen. Es soll hier der Verweis auf die Entwicklung des Erschöpfungsgrundsatzes als wesentliche juristische Innovation Kohlers genügen, die bis heute im Bereich des Immaterialgüterrechts prägend ist.

[117] Siehe oben *Obergfell/Pahlow*, Einführung, Abschnitt A.

Der Prozess im Dienste eines „höheren materiellen Rechts“

Josef Kohler und das Zivilverfahrensrecht

Peter Collin

A. Einleitende Bemerkungen

Ausgangspunkt der hier angestellten Überlegungen ist ein Beitrag von Josef Kohler, der kurz nach seinem Tod im August 1919 im „Archiv für Rechts- und Wirtschaftsphilosophie“ erschien. Er trägt den Titel „Schiedsgerichte und Aequitas“. Eine Schlüsselpassage lautet:

> „Mit dem Schiedsgericht ist eine ganz neue Phase des Rechtes eröffnet: zum Recht im eigentlichen Sinne gesellt sich die Aequitas, zu dem Rechte der unteren, das Recht der oberen Hemisphäre; die niederen Seiten des Rechtes werden abgestreift und das Billigkeitsrecht erhebt sich in die Höhe des Äthers.“[1]

Das von Kohler hier gepriesene[2] Schiedsgericht war eine *Alternative* zur ordentlichen Gerichtsbarkeit. Dabei geht er nicht von einem neuen Modell der obligatorischen Schiedsgerichtsbarkeit aus, wie sie mittlerweile in der Kriegswirtschaft, aber auch in etlichen anderen Bereichen geschaffen worden war[3], sondern von jener freiwilligen Schiedsgerichtsbarkeit, wie sie das 10. Buch der ZPO vorsah. Denn dem Einwand, das Judizieren nach Aequitas würde die Rechtssicherheit gefährden, begegnet er mit dem Argument, dass ein Schiedsverfahren die Einwilligung beider Parteien voraussetzt. Allerdings bleibt er dabei nicht stehen. Denn sind nicht auch Fälle denkbar – so fragt Kohler –, in denen es unangemessen erschiene, sich dem höheren Kulturrecht, in welchem die Aequitas verkörpert ist, zu verweigern?

> „Hier wird die Anschauung der Stände und Volkskreise entscheiden, es wird sich um einen Ehrenpunkt handeln, dessen Entwicklung zur Steigerung des Kulturrechts führen kann.“[4]

---

[1] *Kohler*, Archiv für Rechts- und Wirtschaftsphilosophie (ARWP) 13 (1919/1920), 6 (6).

[2] Eine ähnliche Hochschätzung findet sich auch bei der Beurteilung der völkerrechtlichen Schiedsgerichtsbarkeit; siehe den Beitrag von *Seckelmann* in diesem Band.

[3] Hierzu *Collin*, Zeitschrift für Rechtssoziologie 36 (2016), 112 ff.; *Collin*, Jahrbuch der juristischen Zeitgeschichte 20 (2019), 3 ff.

[4] *Kohler*, ARWP 13 (1919/1920), 6 (8).

Diese Äußerungen werfen zunächst rechtsphilosophische und rechtstheoretische Fragen nach dem Rechtsverständnis Kohlers auf. Es stellt sich aber auch in geradezu provozierender Weise die Frage – und das soll der Gegenstand dieses Beitrags sein – wie sich Kohler prozessrechtlich verorten lässt.

Die Zeit, in der Kohler zivilprozessrechtlich publizierte, war eine Zeit innovativer rechtsdogmatischer Entwicklungen, gerade auch im Zivilprozessrecht[5], und eine Zeit heftiger rechtspolitischer Debatten. Schon bald nach Erlass der ZPO, wenn auch mit einer gewissen Verzögerung, regte sich eine lebhafte Kritik an der Kompliziertheit des Prozesses, am, soziale Ungleichheit nicht nur ignorierenden, sondern sogar verstärkenden, „Manchestertum" des Zivilverfahrens und an der „Lebensfremdheit" der Richter – wie die Hauptkritikpunkte und Schlagworte lauteten[6]. Die Einführung von Sondergerichten, welche spezielle Lebenslagen und Konfliktkonstellationen besser beurteilen konnten als der normale Zivilrichter, wurde gefordert[7]. Die Freirechtslehre verschaffte sich Gehör[8]. Es war nicht die Mehrheit, die mit radikalen Forderungen vorpreschte, aber eine lautstarke Minderheit, die Themen setzte und Diskussionen erzwang. Und die Forderungen nach einer Reform der Justiz, nach Vereinfachung des Verfahrens und stärkerer Praxisnähe machten sich immer mehr Juristen zu eigen – zumal mit der österreichischen ZPO von 1895 ein attraktives Alternativmodell vor Augen stand[9].

Dies legt es nahe, das zivilprozessuale Werk Kohlers nicht nur nach prozessrechtsdogmatischen, sondern auch nach rechtspolitischen Gesichtspunkten zu durchmustern, zumal beide gerade in jener Zeit oft gemeinsame Schnittflächen aufwiesen.

Kohlers zivilprozessuales Œuvre umfasste nahezu die gesamte Bandbreite rechtswissenschaftlicher Publikationsformen. Neben Aufsätzen[10], einer Mo-

---

[5] *Nörr*, Ius Commune X (1983), 141 (190 ff.).

[6] Siehe zur Debatte vor allem *Wilhelm*, Das Deutsche Kaiserreich und seine Justiz. Justizkritik – politische Strafrechtsprechung – Justizpolitik, 2010, 251 ff.; *Franck*, Juristen und Sachverständige. Der Diskurs um die rechtliche Ausgestaltung des Verfahrens mit Sachverständigen während der Zeit des Deutschen Reiches, 2013, 152 ff.

[7] *Franck*, Juristen und Sachverständige. Der Diskurs um die rechtliche Ausgestaltung des Verfahrens mit Sachverständigen während der Zeit des Deutschen Reiches, 2013, 158 ff.

[8] *Riebschläger*, Die Freirechtsbewegung. Zur Entwicklung einer soziologischen Rechtsschule, 1968; *Rückert*, ZRG/GA 125 (2008), 199 ff.

[9] Nach *Damrau*, in: Hofmeister (Hrsg.), Forschungsband Franz Klein (1854–1926), 1988, 157 (160), waren es vor allem die Richter, die sich für eine Orientierung am österreichischen Modell aussprachen. Bei den Anwälten überwog eine ablehnende Haltung.

[10] Z. B. *Kohler*, Kritische Vierteljahresschrift für Gesetzgebung und Rechtswissenschaft 22 (1880), 354 ff.; *ders.*, AcP 97 (1905), 1 ff.; *ders.*, Zeitschrift für deutschen Zivilprozeß 33 (1905), 211 ff.; *ders.*, ARWP 1 (1907/08), 503 ff.; *ders.*, ARWP 6 (1912/13), 589 ff.; *ders.*, ARWP 9 (1916), 332 ff.; *ders.*, ARWP 11 (1917/18), 187 ff.

nographie[11] und Aufsatzsammlungen[12] zu Grundfragen des Prozessrechts standen eher didaktische Werke, wie eine kurze grundrissartige Gesamtdarstellung[13] und eine Falllösungssammlung[14]. Hinzu kamen Beiträge zu rechtsdogmatischen Spezialthemen, zahlreiche Rezensionen und Einwürfe zu rechtspolitischen Tagesthemen[15]. Außerdem wirkte er gemeinsam mit Ernst Rabel als Herausgeber der „Rheinischen Zeitschrift für Zivil- und Prozeßrecht“, die einen Schwerpunkt in der Rechtsvergleichung hatte. Eigentlich fehlte nur noch das große Lehrbuch – welches Kohler angekündigt hatte[16], zu dessen Abfassung es dann aber nicht mehr kam.

B. Zivilprozessrechtliche Markenzeichen

I. Das Prozessrechtsverhältnis

Im Mittelpunkt von Kohlers prozessrechtlichem Schaffen steht das Werk „Der Prozess als Rechtsverhältnis“ von 1888. Mit diesem Buch schaltete sich Kohler monographisch in eine rechtsdogmatische Grundlagendiskussion ein, deren Beginn man auf 1868 datieren kann, als Oskar Bülows Buch „Die Lehre von den Processeinreden und die Prozessvoraussetzungen“ erschien. Dies war die Zeit, in der sich das Zivilprozessrecht systematisch-begrifflich modernisierte, sich von Zuschreibungen als bloße deskriptive „Prozeßkunde“[17] befreien wollte, vor allem aber den Anschluss an das Niveau des materiellen Privatrechts suchte. Man wollte, genau wie dieses – von zentralen Begriffen ausgehend – ein System bauen[18]. Das „Prozessrechtsverhältnis“ war der Zentralbegriff, ein Begriff aus dem sich rechtsnormative Konsequenzen ableiten ließen. Heute – oder besser eigentlich schon seit den Arbeiten von Goldschmidt aus den 1920er Jahren – wird dem „Prozessrechtsverhältnis“ kein solcher Stellenwert mehr zugewiesen[19]. Zu jener Zeit war es der

[11] *Kohler*, Der Prozeß als Rechtsverhältnis, 1888.

[12] *Kohler*, Gesammelte Beiträge zum Zivilprozeß, 1894 (Neudr. 1969).

[13] *Kohler,* Grundriß des Zivilprozesses, mit Einschluß des Konkursrechts, 1907.

[14] *Kohler*, Zivilprozessualistische Rechtsaufgaben, 1. Aufl. 1881, 2. Aufl. 1892, 3. Aufl. 1900, 4. Aufl. 1906.

[15] Siehe die Übersicht bei *Arthur Kohler*, Joseph Kohler-Bibliographie, 1931 (Nachdr. 1984), 85–91.

[16] *Kohler,* Grundriß des Zivilprozesses, mit Einschluß des Konkursrechts, 1907, III; ebenso auch noch in der 2. Aufl., 1909, V.

[17] *Böhme,* Das Prozessrechtsverhältnis als Rechtsgrundbegriff, Diss. jur. Halle-Wittenberg, 1930, 1.

[18] *Nörr*, Ius Commune X (1983), 141 (190 f.).

[19] S. nur *Zeiss/Schreiber*, Zivilprozessrecht, 10. Aufl., 2003, 51. In der jüngeren Gegenwart stärker noch die Bedeutung des Prozessrechtsverhältnisses betonend (und auch auf die historische Entwicklung eingehend) *Lüke*, ZZP 108 (1995), 427 ff.

Ausgangspunkt für zahlreiche Versuche, ein Prozesssystem zu entwickeln und Rechte-Pflichten-Konstellationen daraus zu deduzieren; vor allem aber bringt es begrifflich die Ablösung vom materiellen Privatrechtsverhältnis mit seinem Aktionendenken auf den Punkt[20].

Kohler konzipierte sein Prozessrechtsverhältnis als einheitliches, also den gesamten Prozessverlauf erfassendes Rechtsverhältnis, welches durch die Klageerhebung begründet und dann durch Prozessrechtsgeschäfte und Prozessrechtsakte als wesentliche Elemente weiter ausgestaltet wurde[21]. Der Punkt, auf den ich mich hier konzentrieren will, weil vor diesem Hintergrund auch andere zivilprozessuale Vorstellungen Kohlers deutlich werden, ist die von ihm zugrunde gelegte rechtliche Akteurskonstellation. Denn ein Prozessrechtsverhältnis bestand für Kohler nur zwischen den Parteien, nicht hingegen mit dem Gericht[22]. Diese Position Kohlers stach heraus und war alles andere als Gemeingut[23].

Wie kam er zu dieser Konstruktion des Prozessrechtsverhältnisses? Der entscheidende Punkt für Kohler ist, dass es die Parteien sind, die im Streit stehen. Ihre Rechtsakte sind gegeneinander gerichtet und auf sich als Parteien bezogen. Das Gericht steht über diesem Streit. In den Worten Kohlers:

> „Der Staat als öffentliche, zur Wahrung des gesitteten Kulturlebens bestimmte Anstalt, steht viel zu hoch, als daß er sich in solche ständige Rechtsverhältnisse mit den Einzelnen einlassen könnte; – nicht als gleichberechtigt, sondern als übergeordnet steht der Staat hier den Parteien gegenüber […].“[24]

II. Der Rechtsschutzanspruch

Vor diesem Hintergrund wird auch die Haltung Kohlers zum sogenannten Rechtsschutzanspruch begreiflich. Dieser war ein zentraler Topos der neuen Zivilprozessrechtsdogmatik und ebenfalls ein zentrales Thema in Kohlers zivilprozessualem Werk. Etabliert wurde er von Adolf Wach, einem der wichtigsten Protagonisten des liberalen Prozessrechts, zuerst in seinem Handbuch des Zivilprozessrechts von 1885[25]. Danach hatte der Kläger bei Vorliegen der materiell- und prozessrechtlichen Voraussetzungen einen Anspruch auf ein ihm günstiges Urteil, nicht lediglich einen Anspruch auf Tätigkeit der Justiz unter Einhaltung der Verfahrensgarantieren wie beim Justizgewährungsanspruch[26]. Hiermit setzte Wach den Prozesszweck in einen „funktionellen Zu-

---

[20] *Gaul*, AcP 168 (1968), 27 (30 f.).

[21] *Kohler*, Der Prozeß als Rechtsverhältnis, 1888, 2 f., 34 f.

[22] *Kohler*, Der Prozeß als Rechtsverhältnis, 1888, 6.

[23] *Schumann*, JA 1976, 637 (637); *Lüke*, ZZP 108 (1995), 427 (430).

[24] *Kohler*, Der Prozeß als Rechtsverhältnis, 1888, 7.

[25] *Wach*, Handbuch des Deutschen Zivilprozeßrechts I, 1885, 19 ff. Weiter ausgeführt, insbesondere in Auseinandersetzung mit Bühlow, *Wach*, ZZP 32 (1904), 1 ff.

[26] *Vollkommer*, Gedächtnisschrift für Rudolf Bruns, 1980, 195 (197 ff.); *Detterbeck* AcP 192 (1992), 325 (327 f., 333 f.).

sammenhang zum materiellen Recht"[27]. Dies war nicht das alte Aktionendenken[28], aber dieses klang in der Akzessorietät des prozessualen zum materiellen Anspruch durchaus noch an[29]. Warum die Idee des Rechtsschutzanspruchs sogleich großen Zuspruch erhielt, erklärt sich vor allem daraus, dass er die dem liberalen Prozessverständnis konforme Regelungsfigur war[30]. Der Rechtsschutzanspruch war ein aus dem liberalen materiellen Privatrecht herrührender Anspruch gegen den Staat. Das staatliche Justizsystem sollte dem Interesse der Rechtssuchenden dienen, nicht der Realisierung übergeordneter Staatszwecke[31].

Vor diesem Hintergrund werden auch Kohlers immer wieder vorgetragenen Einwände verständlich. Die Argumentationen bewegten sich sowohl auf einer juristisch-logischen als auch auf einer staatsrechtstheoretischen Ebene. Gegen das Argument Wachs, der Rechtsschutzanspruch rechtfertige sich aus dem Charakter des Prozesses als „Rechtsverwirklichung" brachte Kohler vor, dass ein Prozess, in dem diese Rechtsverwirklichung nicht gelinge, folgerichtigerweise nicht Prozess genannt werden dürfte[32]. Außerdem sei die Konstruktion des Rechtsschutzanspruchs systemwidrig, weil er, gewissermaßen durch die „Hintertür", das materielle Recht zum Prozessrecht mache[33]. Ferner sei für den Rechtsschutzanspruch – im Unterschied zu den Richterpflichten – weder eine rechtliche Grundlage auszumachen, noch könnten aus ihm konkrete Konsequenzen abgeleitet werden[34]. Neben diesen zivilprozessrechtsdogmatischen Erwägungen stand jedoch noch ein grundlegender Einwand – und hier werden die Verbindungslinien zu seinem Verständnis des Prozessrechtsverhältnisses erkennbar: Sicher sei die Rechtsverwirklichung – oder um die Akzentsetzungen deutlicher zu machen: die Verwirklichung des Rechts in Übereinstimmung mit dem gesellschaftlichen Frieden[35] – Hauptzweck des Prozesses[36]. Ein Anspruch gegen den Staat könne daraus aber nicht resultieren. Ein solches subjektives öffentliches Recht, lehnte Kohler, gerade auch in Auseinandersetzung mit Jellinek[37] klar ab. Denn, so Kohler:

---

[27] *Gaul*, AcP 168 (1968), 27 (44).

[28] *Nörr*, Ein geschichtlicher Abriss des kontinentaleuropäischen Zivilprozesses, 2015, 113.

[29] *Maultzsch*, Streitentscheidung und Normbildung durch den Zivilprozess, 2010, 48.

[30] *Unger*, Adolf Wach (1843–1926) und das liberale Zivilprozeßrecht, 2005, 235, 238.

[31] *Mes*, Der Rechtsschutzanspruch, 1970, 30.

[32] *Kohler*, ZZP 33 (1905), 211 (212).

[33] *Kohler*, ZZP 33 (1905), 211 (217).

[34] *Kohler*, ZZP 33 (1905), 211 (215, 218 f.).

[35] *Kohler*, Lehrbuch des Bürgerlichen Rechts, Bd. 1, 1906, 215.

[36] *Kohler*, ZZP 33 (1905), 211 (225 f.).

[37] *Jellinek*, System der subjektiven öffentlichen Rechte, 1919 (Neudr. der 2. Aufl., 1905), 124 f. (Rechtsschutzanspruch als Bestandteil des Status positivus).

„Der Staat ist nicht dem Einzelnen, er ist sich selbst, er ist seiner hohen Aufgabe gegenüber verpflichtet, richtig zu funktioniren [...]"[38].

III. Prozessmaximen

Das Prozessverständnis Kohlers, das hinter dessen Positionierungen in den beiden grundlegenden Fragen der Zivilprozessdogmatik steht, wird noch deutlicher, wenn man sich seinen Ausführungen zu den Prozessmaximen zuwendet.

Den Ausgangspunkt bildet die Verhandlungsmaxime, an sich ein Kernstück des liberalen Zivilprozessverständnisses, die den Parteien die Stoffsammlung und damit die Herrschaft über die Schaffung der Tatsachengrundlagen zuwies. Dass sich die Verhandlungsmaxime als überwiegend anerkanntes Prozessprinzip im deutschen Zivilprozess etablieren konnte, war nach Kohler vor allem auf einen grundlegenden Fehlschluss zurückzuführen, der schon bei den frühen Prozessualisten, namentlich Grolmann und Gönner (dem eigentlichen Schöpfer der Prozessmaximen) angelegt war, nämlich den Schluss von der freien Verfügbarkeit über materiellrechtliche private Ansprüche auf die Befugnis, über die Prozesslage zu disponieren[39]. Die das materielle Zivilrecht bestimmende Privatautonomie konnte nach Kohler aber kein zwingendes zivilprozessuales Prinzip begründen. Ob ein Prozess stärker vom Verhandlungsgrundsatz oder vom Untersuchungsgrundsatz geprägt sei, sei eine Frage von Nützlichkeitserwägungen[40].

Genau diese Nützlichkeitserwägungen sind es, die Kohlers Auseinandersetzungen mit dem Verhandlungsgrundsatz prägen, nicht die doktrinäre Ersetzung durch den Untersuchungsgrundsatz, obwohl die Vehemenz, mit der er den Verhandlungsgrundsatz kritisierte, ihn doch deutlich aus den Reihen der etablierten Prozessualisten heraushob[41]. Dies drückt sich vor allem aus in der Forderung nach weitgehenden richterlichen Befugnissen bei der Tatsachenermittlung. So sollte der Richter auch Zeugen von Amts wegen laden können (außer wenn sich beide Parteien dagegen aussprachen), sollte nicht

[38] *Kohler*, Juristisches Litteraturblatt X (1898), 131–137, 132.

[39] *Kohler*, ARWP 1 (1907/08), 503 (508 f.). Zu dieser Tendenz der zeitgenössischen Rechtswissenschaft zu privatrechtsorientierter Konturierung der Zivilgerichtsbarkeit *Maultzsch*, Streitentscheidung und Normbildung durch den Zivilprozess, 2010, 38 ff.; zur naturrechtlichen Fundierung *Nörr*, Ein geschichtlicher Abriss des kontinentaleuropäischen Zivilprozesses, 2015, 105 f.

[40] *Kohler*, ARWP 1 (1907/08), 503 (508 f.).

[41] Die von *Damrau*, Die Entwicklung einzelner Prozeßmaximen seit der Reichszivilprozeßordnung von 1877, 1975, 291 f. neben Kohler genannten Befürworter des Untersuchungsgrundsatzes (Hussong, Benario, Levin, Schimmelbusch, Wildhagen, Boethke, Schmitt, Bozi) sind durchweg Praktiker, wenn auch in einigen Fällen (Wildhagen, Bozi) rechtspolitisch sehr umtriebige.

an von den Parteien Zugestandenes gebunden sein, wenn er dieses für offensichtlich unzutreffend hielt[42], sollte auch nichtnotorisches und nicht von den Parteien eingebrachtes Wissen zugrunde legen[43] und sollte schließlich im Fall der Beklagtensäumnis das vom Kläger Vorgetragene nicht ohne weiteres als bindende Tatsachengrundlage gelten lassen, sondern im Einzelfall die Möglichkeit eigener Überprüfung haben[44]. Gestärkt und bestätigt sah sich Kohler durch entsprechende Bestimmungen der österreichischen und vor allem der ungarischen ZPO, nach Kohler „das beste Gesetz der Welt“[45].

Damit auf einer Linie liegen auch Kohlers Vorbehalte gegen den Parteibetrieb, also der (partiellen) Überlassung der Verantwortung für den Fortgang des Prozesses an die Parteien. Vor allem die umständlichen Bestimmungen, über die – von den Parteien – vorzunehmenden Ladungen[46] waren es, die nach Kohler verantwortlich waren für die Kompliziertheit des Prozederes und dessen mögliche Verschleppung. Hinzu kamen die Möglichkeiten der Anwälte, nahezu nach Belieben das Verfahren zu vertagen[47]. Allerdings stach Kohler mit dieser Haltung nicht besonders aus der Masse des Schrifttums heraus. Der Parteibetrieb, wie er in der ZPO von 1877 konzipiert war, hatte schon sehr bald viele Kritiker gefunden[48] und hierauf reagierte auch der Gesetzgeber mit entsprechenden Nachbesserungen[49].

Nicht ganz so einfach lässt sich seine Haltung zum Mündlichkeitsprinzip feststellen. Das Mündlichkeitsprinzip gehörte ursprünglich zu den Kernforderungen der liberalen Reformbewegung, schließlich war Mündlichkeit auch essentielle Voraussetzung der Öffentlichkeit. Welche Ausformungen das Mündlichkeitsprinzip dann aber in der ZPO fand, erschien sehr doktrinär[50].

---

[42] *Kohler*, Kritische Vierteljahresschrift für Gesetzgebung und Rechtswissenschaft 22 (1880), 354 (373); *ders.*, Rheinische Zeitschrift für Zivil- und Prozeßrecht 3 (1910), 1 (3).

[43] *Kohler*, Rheinische Zeitschrift für Zivil- und Prozeßrecht 6 (1913), 1 (4).

[44] *Kohler*, ARWP 9 (1916), 332 (335).

[45] *Kohler*, Rheinische Zeitschrift für Zivil- und Prozeßrecht 6 (1913), 1 (18).

[46] *Dannreuther*, Der Zivilprozess als Gegenstand der Rechtspolitik im Deutschen Reich 1871–1945, 1987, 125 f. Die Partei hatte Klageschrift (und mit ihr die Ladung) bei Gericht einzureichen, dieses bestimmte den Termin und reichte die Ladung an die Partei zurück, welche wiederum für die Übersendung der Ladung an die Gegenpartei zu sorgen hatte, §§ 191, 193, 233 RCPO; siehe dazu *Damrau*, Die Entwicklung einzelner Prozeßmaximen seit der Reichszivilprozeßordnung von 1877, 1975, 6.

[47] *Kohler*, Rheinische Zeitschrift für Zivil- und Prozeßrecht 3 (1910), 1 (3 f.).

[48] *Dannreuther*, Der Zivilprozess als Gegenstand der Rechtspolitik im Deutschen Reich 1871–1945, 1987, 129; *Damrau*, in: Hofmeister (Hrsg.), Forschungsband Franz Klein (1854–1926), 1988, 157 (158).

[49] ZPO-Novelle 1910: amtswegige Zustellungen und Terminsbestimmungen im Verfahren vor dem Amtsgericht (§§ 496 Abs. 1, 497 S. 2 ZPO n.F.); siehe *Dannreuther*, Der Zivilprozess als Gegenstand der Rechtspolitik im Deutschen Reich 1871–1945, 1987, 257.

[50] Siehe dazu *Kip*, Das sogenannte Mündlichkeitsprinzip, 1952, 53.

Denn in seiner konsequenten Ausführung musste das Mündlichkeitsprinzip jegliche Bezugnahme auf Schriftstücke in der mündlichen Verhandlung verbieten. Genau dieses uneingeschränkte Bezugnahmeverbot findet sich ja auch in § 128 der ZPO von 1877. Dass hierdurch die mündliche Verhandlung nicht nur zu einer enormen intellektuellen Herausforderung wurde[51], sondern auch aufgebläht wurde, lag auf der Hand – auch wenn sich wohl in etlichen Gerichten eine das Mündlichkeitsprinzip eher unterlaufende Praxis entwickelt hatte[52]. Bei Kohler lässt sich eine merkwürdige Diskrepanz bei der Beurteilung des Mündlichkeitsprinzips feststellen. In einem Beitrag von 1887 heißt es, das Mündlichkeitsprinzip, wie es in der ZPO ausgeführt sei, verdiene „volles Lob“[53]. 1908 spricht er hingegen von der „Götze des öffentlichen mündlichen Verfahrens“ und lobt das englische Verfahren, welches wesentliche Prozessschritte aus der mündlichen Verhandlung ausgegliedert habe[54]. Das indiziert einen gewissen Sinneswandel. Was ihn veranlasst hat, ob sich Kohler 1887 noch von einer von Wach zum Mündlichkeitsprinzip durchgeführten und relativ positive Ergebnisse vermittelnden Umfrage[55] hat beeindrucken lassen, sich aber später für eine erneute kritische Diskussion des Mündlichkeitsprinzips[56], ausgelöst durch die einflussreiche Schrift Adickes zur Justizreform[57], offen zeigte, lässt sich nicht mit Sicherheit sagen[58].

Insgesamt kann man aber von einem recht schlüssigen Bild sprechen. Klar erkennbar ist die Gegenposition zum liberalen Modell des Parteiprozesses. Der Richter ist nicht Verpflichteter der Parteien, sondern steht im Dienst übergeordneter Staatszwecke über ihnen. So gilt für das Zivilprozessverständnis Kohlers auch das, was allgemein seiner Kulturtheorie des Rechts attestiert wird, nämlich die Dominanz „überindividualistischer Ordnungsvorstellungen“[59]. Nicht die Parteien sollen den Prozess lenken, über das Pro-

---

[51] Insbesondere in den Verfahren vor den Amtsgerichten, *Dannreuther*, Der Zivilprozess als Gegenstand der Rechtspolitik im Deutschen Reich 1871–1945, 1987, 123.

[52] *Kip*, Das sogenannte Mündlichkeitsprinzip, 1952, 71 f.

[53] *Kohler*, Deutsche Litteraturzeitung 1887, 760 (760).

[54] *Kohler*, Zeitschrift für Vergleichende Rechtswissenschaft 21 (1908), 309.

[55] *Wach*, Eine zivilprozualische Enquete, Zeitschrift für deutschen Zivilprozess 10 (1887), 181–193; Ergebnisse in der Zeitschrift für deutschen Zivilprozess 11 (1887), Ergänzungsheft, 1–168, zum insgesamt positiven Befund (wenn auch mit Kritik an der praktischen Handhabung), 165 ff.

[56] *Kip*, Das sogenannte Mündlichkeitsprinzip, 1952, 70.

[57] *Adickes*, Grundlinien durchgreifender Justizreform, 1908, zur massiven Kritik am „Prinzip“ der Mündlichkeit und zu dessen Ersetzung durch die pragmatische Verteilung von Mündlichkeits- und Schriftlichkeitselementen dort 118 f.

[58] Auf letzteres deutet jedenfalls die insgesamt wohlwollende Aufnahme der Schriften *Adickes* hin; siehe *Kohler*, Goltdammer's Archiv (GA) für Strafrecht und Strafprozeß 57 (1910), 422 und – wenn auch mit einigen Abstrichen – *Kohler*, Zeitschrift für Vergleichende Rechtswissenschaft 21 (1908), 310.

[59] *Nies*, „Die Geschichte ist weiter als wir“. Zur Entwicklung des politischen und völ-

zessgeschehen disponieren und darüber bestimmen, was als wahr zu gelten hat, sondern der Richter. Ob dabei seine eigenen Erfahrungen als Richter[60] und, damit verbunden, ein bestimmtes richterliches Selbstverständnis eine Rolle spielten, soll hier dahinstehen.

C. Richterliche Entscheidungsmaßstäbe

Welche Maßgaben aber sollen für den Richter gelten, wenn er am Ende die Entscheidung zu treffen hat? Soll er Richterkönig oder Subsumtionsautomat[61] sein? Diese Fragen führen hinein in die Freirechtsdebatte, aber auch in noch grundlegender Weise in Rechtstheorie und Rechtsphilosophie, weil zu klären ist, was unter jenem Recht verstanden werden muss, dem der Richter unterworfen ist. Allerdings wird mit den folgenden Ausführungen nicht das Ziel verfolgt, das Rechtsverständnis Kohlers in toto darzustellen. Vielmehr beschränken sie sich auf jene Aspekte, die für die richterliche Rechtsfindung von Bedeutung sind und über den Befund hinausgehen, dass Kohler ein – maßgeblicher – Vertreter der objektiven Auslegungslehre war.

In diesem Zusammenhang sind vor allem folgende Grundaussagen Kohlers von Belang: 1. Recht und Gesetz sind nicht identisch, 2. Es existieren übergeordnete Rechtsprinzipien, 3. Zentrales Element der modernen Kulturentwicklung ist die Interessenabwägung.

Die erste Aussage bedeutet, dass der Richter sich nicht nur nach dem Gesetz zu richten hat, sondern auch nach anderen rechtlichen Erwägungen. Diese Erwägungen nennt Kohler auch „Rechtspostulate"[62]. Bietet das Gesetz keine oder keine gerechte Lösung, kommen diese zur Anwendung, allerdings wie Kohler sagt „unter möglichster Anknüpfung an das gegebene gesetzliche Recht"[63]. Welchen materiellen Inhalt diese Postulate haben, ist nicht völlig klar. Überblickt man die verschiedenen Äußerungen Kohlers, ergibt sich auch nicht der Eindruck begrifflich-systematischer Konsistenz und Konsequenz. Eine zentrale Rolle spielen jedoch Billigkeit[64] und „Abwägung" bzw.

---

kerrechtlichen Denkens Josef Kohlers in der Wilhelminischen Ära, 2009, 131. Siehe für die Ablehnung eines vom Individuum ausgehenden Rechtskonzepts auch *Kohler*, ARWP 2 (1908), 445 (446 f.).

[60] Er war in den 1870er Jahren Kreisgerichtsrat in Mannheim.

[61] *Ogorek*, Richterkönig oder Subsumtionsautomat? Zur Justiztheorie im 19. Jahrhundert, 1986.

[62] *Kohler*, ARWP 1 (1907/08), 332 (334).

[63] *Kohler*, Zeitschrift für das Privat- und Öffentliche Recht der Gegenwart 13 (1886), 1 (57).

[64] *Kohler*, ARWP 6 (1912/13), 275 (276); *Kohler*, Lehrbuch der Rechtsphilosophie, 2. Aufl., 1917, 90; *ders.*, ARWP 13 (1919/1920), 6 ff.

„Interessenabwägung“[65]. Justiz weist dann eine hohe Qualität auf, wenn sie nach diesen Maßgaben handelt. Erkennbar ist eine Sympathie für Gesetze, die nur Grundsatzbestimmungen enthalten, damit sich Rechtsprechung (entsprechend den Anforderungen der – hegelianisch-geschichtsphilosophisch verstandenen – Kulturentwicklung[66]) entfalten kann[67].

Die Nähe zu freirechtlichem Gedankengut ist offensichtlich, allgemein verortete man Kohler in der „gemäßigten Richtung“ der Freirechtler[68], vereinzelt wird er zu deren Vorläufern gezählt[69]; er nahm (in der für ihn typischen Bescheidenheit) für sich auch durchaus in Anspruch, gewissermaßen ein Vordenker zu sein[70]. Die gedankliche Nähe ist an einigen Stellen besonders gut zu sehen: Einen ihrer bedeutendsten Protagonisten fand die Interessenabwägung im Freirechtler Stampe[71] und einer der aggressivsten Rhetoriker dieser „Bewegung“, Ernst Fuchs, spitzte bekanntlich den Gedanken des Gesetzes als allgemeine Leitlinie in der Weise zu, als dass er § 242 BGB als die einzige brauchbare Norm dieser Kodifikation qualifizierte[72] – eine freilich auch im Freirecht extreme Position. Hier werden allerdings auch die Grenzen zwischen Kohler und jedenfalls den radikalsten Ausprägungen der Freirechtslehre sichtbar. Eine derart vehemente Ablehnung des Gesetzes findet sich bei Kohler nirgends. Auch distanzierte er sich von der unter Freirechtlern verbreiteten entschiedenen Ablehnung der „Begriffsjurisprudenz“ – weil die Rechtsanwendung ohne Begriffe und Logik nicht auskomme[73] – und gab der individuellen richterlichen Freiheit weniger Spielraum: Im Ergebnis dürfe die „Sicherheit und Festigkeit“ des Rechts nicht gefährdet sein[74].

---

[65] *Kohler*, ARWP 6 (1912/13), 275 (276); *ders.*, Lehrbuch der Rechtsphilosophie, 2. Aufl., 1917, 52; *ders.*, ARWP 11 (1917/18), 1 (7).

[66] Zu diesem Kulturverständnis Kohlers *Schild*, in: Sprenger/Cramer (Hrsg.), Deutsche Rechts- und Sozialphilosophie um 1900, 1991, 46 (56 f.).

[67] *Kohler*, ARWP 6 (1912/13), 275 (277).

[68] *Reichel*, ARWP 3 (1909/1910), 534 (535); *Rundstein*, ARWP 5 (1911/1912), 136 (139).

[69] *Riebschläger*, Die Freirechtsbewegung. Zur Entwicklung einer soziologischen Rechtsschule, 1968, 31 (dort Eingruppierung Kohlers im Abschnitt „Die Vorläufer der Freirechtsbewegung“); *Gängel/Schaumburg*, Archiv für Rechts- und Sozialphilosophie 75 (1989), 289 (310).

[70] *Kohler*, ARWP 3 (1909/10), 581; *ders.*, ARWP 6 (1912/13), 275 (280).

[71] Dazu *Rückert*, ZRG/GA 125 (2008), 199 (236); *ders.*, JZ 2011, 913 (914 f.).

[72] *Fuchs*, Die Justiz I (1925), 349 (349).

[73] *Kohler*, ARWP 1 (1907/08), 332 (332).

[74] *Kohler*, Lehrbuch der Rechtsphilosophie, 2. Aufl., 1917, 90.

D. Alternativen zur Ziviljustiz

Aber auch dann, wenn man den Richter mit übergeordneten Rechtspostulaten armierte und es für richtig hielt, dass er auf außergesetzliche normative Inhalte zurückgriff – klar war, dass dies in der Praxis der Normaljustiz nur begrenzt möglich war. Dass Kohler sich dessen bewusst war, zeigen auch die eingangs zitierten Passagen aus seinem Aufsatz zu „Schiedsgericht und Aequitas“. Außerhalb der ordentlichen Gerichtsbarkeit und des ordentlichen Zivilprozesses war eigentlich der Raum, in dem sich Billigkeit und Interessenausgleich ungehindert entfalten konnten. Über solche Alternativen wurde seit den 1880er Jahren breit diskutiert[75]. Doch wie positionierte Kohler sich im Diskurs um solche Alternativen, sowohl institutioneller als auch verfahrensmäßiger Natur?

Was institutionelle Alternativen betrifft, lässt sich die damalige Diskussion unter dem Schlagwort „Sondergerichtsdebatte“ zusammenfassen[76]. In ihr ging es um die Frage, ob man für bestimmte Konfliktlagen und Personengruppen besondere Gerichte bräuchte. Auf Reichsebene hatte man solche bisher lediglich für Arbeitsrechtsstreitigkeiten geschaffen, nämlich 1890 die Gewerbegerichte[77] und später für Arbeitskonflikte mit Handlungsgehilfen die Kaufmannsgerichte[78]. Hinzu kamen die im Zuge der Bismarckschen Sozialversicherungsgesetzgebung geschaffenen Schiedsgerichte für Unfallversicherung[79] und Altersversicherung[80]. Ansonsten lassen sich nur wenige Spezialgerichte für eng umgrenzte Gebiete, wie die Schiedsgerichte für Bergbauschäden im Ruhrgebiet, nennen[81]. Die in der allgemeinen und Fachöffentlichkeit erhobenen Forderungen gingen weit darüber hinaus: spezielle landwirtschaftliche Gerichte, Gerichte für Mietsachen, für Bausachen, für gewerblichen Rechtsschutz, für Nachbarschaftsstreitigkeiten – also für Fälle, in denen spezieller Sachverstand gefragt war oder eine Vertretung der betroffenen Kreise angeraten schien. Gemeinsamer Nenner war die Beteiligung von Nichtjuristen. Und der Stimmungshintergrund lässt sich zusammenfas-

---

[75] *Wilhelm*, Das Deutsche Kaiserreich und seine Justiz. Justizkritik – politische Strafrechtsprechung – Justizpolitik, 2010, 419 ff.

[76] *Wilhelm*, Das Deutsche Kaiserreich und seine Justiz. Justizkritik – politische Strafrechtsprechung – Justizpolitik, 2010, 428 ff.; *Franck*, Juristen und Sachverständige, 2013, 158 ff.

[77] Gesetz, betreffend die Gewerbegerichte, vom 29. Juli 1890 (RGBl. S. 141).

[78] Gesetz, betreffend die Kaufmannsgerichte, vom 6. Juli 1904 (RGBl. S. 266).

[79] §§ 46 ff. Unfallversicherungsgesetz vom 6. Juli 1884 (RGBl. S. 69).

[80] §§ 70 ff. Gesetz, betreffend die Invaliditäts- und Altersversicherung vom 22. Juni 1889 (RGBl. S. 97).

[81] Die große Zeit der Sondergerichtsbarkeit begann erst mit Beginn des Ersten Weltkriegs; siehe dazu *Collin*, Jahrbuch der juristischen Zeitgeschichte 20 (2019), 3 ff.

sen mit dem Verdikt der „Lebensfremdheit“ der Richter. Noch weiter gingen Forderungen nach einer *allgemeinen* Volksjustiz, die allerdings weniger aus der Fachöffentlichkeit kamen, als vielmehr aus dem politischen Spektrum, vor allem der Sozialdemokratie.

Liest man eine Ausarbeitung von 1909, erscheint Kohler eher als entschlossener Gegner der Sondergerichtsbarkeit. Hier spricht er vom „Fluch der Sondergerichte“, der darin bestünde, „daß keine Gewähr vorhanden ist, daß dem Rechte und der Rechtserforschung die nötigen Rücksichten getragen werden“[82]. Allerdings äußerte er dies im spezifischen Zusammenhang eines Rechtsgutachtens, in dem es um die reichsrechtliche Zulässigkeit eines landesrechtlichen Sondergerichts für Enteignungssachen ging. Dieser Kontext muss berücksichtigt werden. Allerdings spricht noch ein anderer Beitrag Kohlers für seine ablehnende Haltung: In Patentsachen sollten lediglich mit Juristen besetzte ordentliche Gerichte entscheiden. Technische Sachverständige seien dort – auch als Beisitzer – fehl am Platz. Sie seien lediglich gutachterlich zu technischen Fragen zu hören[83]. Jedoch lässt sich dem kein uneingeschränktes Verdikt gegen Gerichte außerhalb der ordentlichen Gerichtsbarkeit entnehmen. In beiden Fällen ging es im Endeffekt um reine Rechtsfragen (auch wenn im letzten Fall technische Vorfragen zu klären waren – die nach Kohler aber auch klar von den Rechtsfragen getrennt werden konnten). Hier konnten nur Juristen entscheiden und daher bestand auch kein Anlass für besondere Entscheidungsgremien.

Anders verhielt es sich erstens dort, wo rechtliche und „nichtrechtliche“ Entscheidungsgrundlagen ineinander übergingen, wo also auch außergesetzliche Rationalitäten mit einem normativen Gehalt eine Rolle spielten. Dies kam natürlich vor allem bei Handelsstreitigkeiten zum Tragen. Derartige Konstellationen sprachen nach Kohler eher für eine Laienbeteiligung. Denn:

> „Die kaufmännischen Anschauungen haben einen bestimmten allgemeinen Charakter, und es ist daher auch angängig, daß in Handelssachen kaufmännische Beisitzer tätig sind; hier hängt zudem das Rechtliche mit den Anschauungen des Handelsstandes genau zusammen, und die kaufmännischen Sachverständigen können jedenfalls über das Übliche und Gebräuchliche im Leben und über die Auffassung des Verkehrs die richtige Kunde verbreiten.“[84]

Eine spezielle Handelsgerichtsbarkeit in Form der damals in Deutschland bestehenden Kammern für Handelssachen bei den Landgerichten, aber wohl auch separate Handelsgerichte, konnten daher auf den unbedingten Zuspruch Kohlers hoffen[85].

---

[82] *Kohler*, Rheinische Zeitschrift für Zivil- und Prozeßrecht 1 (1909), 414 (418).

[83] *Kohler*, Juristisches Literaturblatt 1909, 1 ff.

[84] *Kohler*, Juristisches Literaturblatt 1909, 1 (1).

[85] *Kohler*, Recht und Persönlichkeit in der Kultur der Gegenwart, 1914, 223: „von unschätzbarem Wert“.

Insgesamt lässt sich Kohlers Haltung wohl so beschreiben: Grundsätzlich gehörten Rechtskonflikte vor die ordentlichen Gerichte, die sich am Recht auszurichten hatten (wenn auch an einem Recht, das sich – wie oben beschrieben – nicht auf das Gesetzesrecht reduzieren ließ). Dort aber, wo bestimmte gruppenbezogene Normativitäten auszufechten waren, waren „Volksgerichte“, wie er diese an dieser Stelle in Abgrenzung zu „Juristengerichten“ nannte, durchaus sinnvoll[86]. Obwohl sich dies schwer nach klaren Kriterien feststellen lässt, kann man doch sagen, dass Kohler einer Verstärkung der Laienbeteiligung offener gegenüberstand[87] als die Mehrzahl der Juristen[88].

Eine relativ deutliche Position zeigt sich auch bei einer *verfahrensmäßigen* Alternative zum ordentlichen Zivilprozess, nämlich dem Güteverfahren. Allerdings ist hier zwischen verschiedenen Formen der Regelung gütlicher Streitbeilegung zu unterscheiden: der Anweisung an den Richter, eingangs der mündlichen Verhandlung auf eine gütliche Einigung hinzuwirken[89]; einem Güteverfahren als Voraussetzung für die Durchführung des Klageverfahrens[90] und der Unterwerfung bestimmter Streitsachen unter ein besonderes Verfahren und außerhalb des ordentlichen Gerichtsverfahrens. Letzteres barg besonderen rechtspolitischen Konfliktstoff, da es zur Auslagerung von Rechtskonflikten aus dem normalen, rechtsstaatliche Garantien vermittelnden Gerichtsprozess führen konnte, besonders dann, wenn es separaten Instanzen übertragen werden sollte, wie vor allem während des Ersten Weltkriegs initiiert[91]. Derartige Bemühungen hatten allerdings auch in der Kriegszeit, als angesichts der angespannten Personalsituation ein besonderer Entlastungsdruck bestand, keinen Erfolg[92].

Gerade im Krieg berührten sich bei der Diskussion um gütliche Streitbeilegung zwei Motivstränge: erstens die Vorbehalte gegenüber einem Verfahrensverständnis, das den Prozess als „Kampf“ konzeptualisierte – für die Zeitgenossen nirgendwo deutlicher verkörpert als in Jherings „Kampf ums

[86] *Kohler*, Lehrbuch der Rechtsphilosophie, 2. Aufl., 1917, 305.

[87] Ausdrücklich noch mal in *Kohler*, Recht und Persönlichkeit in der Kultur der Gegenwart, 1914, 222.

[88] *Kohler*, Recht und Persönlichkeit in der Kultur der Gegenwart, 1914, 222.

[89] Erstmals eingeführt durch § 18 der Bekanntmachung zur Entlastung der Gerichte vom 9. September 1915 (RGBl. S. 562).

[90] Eingeführt durch die Emminger-Reform 1923; siehe dazu *Dannreuther*, Der Zivilprozess als Gegenstand der Rechtspolitik im Deutschen Reich 1871–1945, 1987, 356.

[91] Zu Bemühungen der Übertragung an ein „Friedensamt“ *Dannreuther*, Der Zivilprozess als Gegenstand der Rechtspolitik im Deutschen Reich 1871–1945, 1987, 280.

[92] *Strempel*, in: Graul/Wolf (Hrsg.), Gedächtnisschrift für Dieter Meurer, 2002, 347 (351). Insgesamt zur Justizentlastung im Ersten Weltkrieg *Collin*, Jahrbuch der juristischen Zeitgeschichte 20 (2019), 3 ff.

Recht“[93] – und zweitens der Wunsch nach einem gewissermaßen justiziellen „Burgfrieden“: In Zeiten äußerer Bedrohung sollte innerer Zwist vermieden werden.

Auch bei Kohler kam dies zum Ausdruck. Dabei kann seine Forderung, für Bagatellstreitigkeiten eine gütliche Regulierung anzustreben[94], noch im Mainstream angesiedelt werden – jedenfalls solange man damit nicht einen umfassenden zwingenden Ausschluss des streitigen Verfahrens verband. In seiner Stellungnahme im Rahmen der Debatte um das Güteverfahren im Ersten Weltkrieg aber äußerte sich seine grundlegende Aversion gegen ein bestimmtes Prozessmodell, gegen eine dem Darwinismus entsprungene „Rechtskampftheorie“[95], wie Kohler es nannte, also gegen den kontradiktorisch konzipierten Parteienprozess. So lässt sich zwar der Ton seiner Äußerungen in einen spezifischen, kriegsbedingten Stimmungshintergrund einordnen. In der Sache jedoch kommt darin aber eine Konstante Kohlerschen Prozessdenkens zum Ausdruck: Recht und staatliches Gericht sollten nicht konsequenter individueller privater Interessendurchsetzung dienen, sondern einem höheren Kulturzweck. Hier schließt sich der Kreis wieder.

E. Schluss

Zusammenfassend lässt sich sagen. Was in den zum Teil verstreuten prozessrechtlichen Aussagen Kohlers sichtbar wird, ist eine Verfahrenskonzeption, die von bestimmten Prämissen getragen wird und insofern auch konsistent ist: Strukturiert wird das Verfahren durch ein einheitliches Prozessverhältnis, dessen Teilnehmer die Parteien sind, nicht aber das Gericht. Dieses steht über den Parteien, ist für die Wahrung des Rechts verantwortlich. Daraus resultiert aber kein individueller Rechtsschutzanspruch der Parteien gegenüber dem Gericht. Das Gericht ist als Träger übergeordneter Belange nicht Diener der Parteiinteressen, sondern Herr des Verfahrens, was damit einhergeht, dass der Verhandlungsgrundsatz in erheblicher Weise durch inquisitorische gerichtliche Befugnisse eingeschränkt wird. Richtschnur richterlichen Entscheidens ist das Recht, allerdings nicht nur in Form des Gesetzes, sondern auch in Gestalt übergesetzlicher Postulate höheren Rechts, die dann zum Einsatz kommen sollen, wenn das Gesetzesrecht versagt. Kernelemente dieses höheren Rechts sind Billigkeit und Interessenausgleich. Zum Tragen kommen kann diese Vorstellung in der ordentlichen Zivilgerichtsbarkeit aber

---

[93] Siehe *Silberschmidt*, ARWP 10 (1917), 377 (378) (unter dem programmatischen Titel „Deutscher Rechtsfriede“).

[94] *Kohler*, Recht und Persönlichkeit in der Kultur der Gegenwart, 1914, 219.

[95] *Kohler*, Deutsche Richterzeitung 1916, 648 (648).

nur in begrenzter Weise. Der eigentliche Ort der Billigkeit liegt außerhalb des normalen Zivilverfahrens: wenn Parteien diesem durch Schiedsvertrag entsprechend Raum geben; in traditionellen Bereichen besonderer Standesjustiz, vor allem bei der Handelsgerichtsbarkeit; in Einrichtungen, in den es darum geht kollektive konfligierende Interessenlagen durch Einbeziehung von Gruppenrepräsentanten auszugleichen.

Kohler positionierte sich mit dieser Konzeption zwar klar gegen das klassische liberale Prozessverständnis, aber nicht in extremer Weise, und er war kein Außenseiter. Sein „Prozess als Rechtsverhältnis“ und seine Aufsätze in der Zeitschrift für deutsches Zivilprozessrecht wurden oft zitiert. Sie waren maßgeblicher Teil des Diskussionsstandes. Kohler kann als maßgebliche Figur bei der Emanzipation des Prozessrechts vom materiellen Recht angesehen werden und damit als jemand, der erheblichen Anteil an der Entwicklung einer selbsttragenden Zivilprozessdogmatik hat. Seine Ablehnung des Rechtsschutzanspruches kann in diesem Zusammenhang gesehen werden. Er verkörperte eine Richtung, die die Modernisierung des Zivilprozesses in einer Weise vorantrieb, welche sich durch die Ambivalenz ihrer Effekte auszeichnete. Einerseits stärkte sie den Staat gegenüber den Parteien und war damit – bei Kohler in Gestalt philosophisch überhöhter Staatsvorstellungen[96] – einem autoritären Justizverständnis verhaftet. Andererseits öffnete sie den Zivilprozess, indem sie ihn nicht nur den Interessen der Parteien unterstellte, für Belange, die in einer modernen Gesellschaft auch im Zivilverfahren zu berücksichtigen waren, insbesondere für soziale Zwecke[97].

---

[96] *Schild*, in: Sprenger/Cramer (Hrsg.), Deutsche Rechts- und Sozialphilosophie um 1900, 1991, 46 (62).

[97] In diesem Sinne (in Bezug auf die Diskussion über den Rechtsschutzanspruch) auch *Maultzsch*, Streitentscheidung und Normbildung durch den Zivilprozess, 2010, 50.

Vom „alten“ zum „neuen“ Völkerrecht

Josef Kohlers völkerrechtliche Schriften zwischen Frieden und Krieg

Margrit Seckelmann

A. Einführung

War Josef Kohler Völkerrechtler[1]? So selbstverständlich, wie es der Titel des Aufsatzes nahelegt, lässt sich die Frage nicht mit Ja beantworten. Zwar veröffentlichte Kohler unzählige Schriften über das Friedens- und später auch das Kriegsrecht[2], war aber gleichzeitig – und ähnlich produktiv – in nahezu allen anderen Rechtsgebieten unterwegs. Hans Kelsen kleidete das in ein etwas vergiftetes Lob, als er Josef Kohler anlässlich dessen (posthum gefeierten) 100. Geburtstags als „internationally recognized expert in almost all branches of jurisprudence“ bezeichnete[3].

Kohlers Werk war aber nicht nur umfangreich und breitgefächert. Es zeichnete sich auch durch eine sehr spezifische Herangehensweise aus, die Kohler selbst folgendermaßen beschrieb: „Deine Zeit mußt Du verstehen,//willst Du Dauerhaftes schaffen.//Mußt ergreifen, mußt erraffen,//Eh' die Stunden rasch vergehen“[4]. Etwas genauer (und weniger poetisch) drückt

---

[1] Zu Kohlers Vita vgl. statt vieler *Gängel/Schaumburg*, Archiv für Rechts- und Sozialphilosophie (ARSP) 75 (1989), 289 (295); *Gross*, Josef Kohler. Lebenspfade eines badischen Universaljuristen, 2009; *Großfeld*, Josef Kohler (1849–1919), in: Grundmann u.a. (Hrsg.), Festschrift 200 Jahre Juristische Fakultät der Humboldt-Universität zu Berlin, 2010, 375 ff.; *Kiesow*, Josef Kohlers Poesie, in: ders./Ogorek/Simitis (Hrsg.), Summa – Dieter Simon zum 70. Geburtstag, 2005; *Osterrieth*, Josef Kohler. Ein Lebensbild, 1920; *Pahlow*, Josef Kohler (1848–1919), in: Apel/ders./Wießner (Hrsg.), Biographisches Handbuch des Geistigen Eigentums, 2017, 165 ff.; *Spendel*, Josef Kohler. Bild eines Universaljuristen 1983.

[2] Diese finden sich bei *A. Kohler*, Josef-Kohler-Bibliographie. Verzeichnis aller Veröffentlichungen und hauptsächlichen Würdigungen. Mit einem Bild Josef Kohlers von Alfred Enke, 1931 (dort Nr. 1881–2086) bzw. (nach Jahrgängen geordnet) bei *Nies*, „Die Geschichte ist weiter als wir“. Zur Entwicklung des politischen und völkerrechtlichen Denkens Josef Kohlers in der Wilhelminischen Ära, 2009, 377 ff.

[3] *Kelsen*, The American Journal of International Law 43 (1949), 346.

[4] *Kohler*, Grußwort, 11. Juli 1910, in: Liebmann (Hrsg.), Die Juristische Fakultät der Universität Berlin von ihrer Gründung bis zur Gegenwart in Wort und Bild, in Urkunden

es Martin Rath aus, wenn er Josef Kohler attestiert, „fast manisch hinter jedem aktuellen Lebenssachverhalt her" gewesen zu sein, „dem er als Erster ein rechtsdogmatisches Korsett verpassen konnte"[5].

Kohlers Werk ist also von einer gewissen Rastlosigkeit und – vor allem – von einem nahezu enzyklopädischen Zugang geprägt. Seine Arbeiten, auch sein hier im Mittelpunkt stehendes völkerrechtliches Œuvre[6], zeichnen sich daher weniger durch ein „Ausfeilen der Einzelheiten" und eine genuin rechtsdogmatische Durchdringung aus. Ihre Stärke liegt vielmehr im rechtlichen Einordnen und Umreißen. Und ihre Bedeutung und ihren Innovationsgehalt gewannen sie, wie Kirsten Nies es in ihrer beeindruckenden Studie über Josef Kohlers politisches und völkerrechtliches Denken analysiert, aus der „Kombination der verschiedensten Seiten des Rechts und der Kultur" sowie der „Zusammenstellung von Gesichtspunkten, die vorher als fremd erschienen, in der Auffindung neuer konstruktiver Zusammenhänge und neuer Ziele der Entwicklung"[7]. Kohler war also eher ein großer „Anreger"[8], weniger ein Rechtsdogmatiker – dazu hätte er spätestens in seinen Berliner Jahren auch nicht mehr die Zeit gefunden.

Bei dem „Erraffen" ihn interessierender Lebenssachverhalte erwies sich Kohler zudem als ausgesprochen erfindungsreich. So bat er Studenten und Doktoranden, die ihn in Berlin hören wollten, ihm eine Darstellung der rechtlichen Regelungen bestimmter Sachverhalte in ihrem Heimatland zu erstellen, die er dann in seinen Aufsätzen verarbeitete[9]. Unterfüttert durch Erkenntnisse, die er durch eine für das Auswärtige Amt durchgeführte Fragebogenaktion gewann[10], veröffentlichte er diese Aufsätze unter Titeln wie „Über das Recht der Australneger"[11] oder „Das Recht der Marschallinsu-

---

und Briefen. Mit 450 handschriftlichen Widmungen, 1910, 182 (hier die erste Strophe); ein Faksimile dieses Gedichtes ist abgedruckt in: *Spendel* (Fn. 1), 18.

[5] *Rath*, „Hitler mit ie". Juristen im Sommer 1913, LTO vom 18.8.2013, online: https://www.lto.de/recht/feuilleton/f/rechtsgeschichte-sommer-1913-juergen-kohler-adolf-hitler-kaiser-wilhelm-kurtaxe/2/ (10.6.2021).

[6] *Obergfell,* Zeitschrift für Geistiges Eigentum (ZGE) 2014, 397 ff.

[7] *Nies* (Fn. 2), 192.

[8] Ebd. Das gilt letztlich auch für Kohlers übriges Werk, vgl. *Klippel*, ZGE 2014, 443 ff.; *Pahlow* (Fn. 1), 169.

[9] *Nies* (Fn. 2), 118.

[10] Zu dieser vgl. *Kohler*, Fragebogen zur Erforschung der Rechtsverhältnisse der sog. Naturvölker, namentlich in den deutschen Kolonialländern, in: Zeitschrift für Vergleichende Rechtswissenschaft 1897, 427 ff.; vgl. hierzu auch den Beitrag von *Metzler* in diesem Band sowie *Großfeld/Wilde*, Josef Kohler und das Recht der deutschen Schutzgebiete, in: Rabels Zeitschrift für ausländisches und internationales Privatrecht 1994, 59 ff.

[11] *Kohler,* Zum Recht der Australneger. Neuer Beitrag, in: Zeitschrift für Vergleichende Rechtswissenschaft 1887, 321 ff.; *ders.*, Zum Recht der Australneger. Neuer Beitrag, in: Zeitschrift für Vergleichende Rechtswissenschaft 1897, 417 ff.

laner"[12] in der von ihm mitbegründeten Zeitschrift für Vergleichende Rechtswissenschaft. Josef Kohler kann damit als einer der Pioniere der vergleichenden empirischen Sozialforschung gelten, wenngleich diese erst später durch Paul Lazarsfeld und andere methodisch durchgeformt wurde[13].

Die enorme Begeisterungsfähigkeit, die gewisse, manchmal geradezu rührende Naivität – und die vielen kolonialistischen Vorurteile[14] –, die Kohlers Arbeiten trugen, wenn nicht gar ermöglichten, waren wahrscheinlich auch ursächlich für den großen Erfolg gerade in regierungsamtlichen und anderen tonangebenden Kreisen. Nahmen Kohlers Berliner Kollegen die nicht eben ausgeprägte Reflektiertheit seiner Arbeiten durchaus wahr und kommentierten sie gelegentlich kritisch[15], trafen diese bei „offiziellen" Stellen inner- und außerhalb des Reiches auf Wohlgefallen: Im Jahr 1905 verlieh der Kaiser Josef Kohler den Titel des „Geheimen Justizrats von Gnaden" und im Folgejahr zeichnete der badische Großherzog ihn mit dem Kommandokreuz zweiter Klasse nebst Orden des Zähringer Löwen aus[16]. Nebenbei gesagt: Für diese Ehrungen revanchierte sich Kohler. Als Dekan verlieh er in einer pompösen (Selbst-)Inszenierung der Juristischen Fakultät anlässlich ihrer Hundertjahrfeier dem deutschen Kaiser, dem Kronprinzen Ruprecht von Bayern, zahlreichen ausländischen Juristen, deutschen Wissenschaftlern anderer Fakultäten sowie Ministerialbeamten aus Preußen und anderen Mitgliedsstaaten des Deutschen Reichs die Ehrenpromotion[17]. Bereits 1904 wurde Josef Kohler zudem von der Universität Chicago zum juristischen Ehrendoktor promoviert[18].

Diesen USA-Aufenthalt nutzte Kohler nicht nur erneut zu Studien des Rechts der dortigen Bundes- und Einzelstaaten[19]. In seiner Dankesrede wies er auch auf die Errungenschaften des deutschen Kaiserreichs hin. Damit offenbarte und beförderte er, wie es Kirsten Nies formuliert hat, die „Motive und Ziele deutscher auswärtiger Wissenschafts- und Kulturpolitik", nämlich „Kulturausstrahlung, kulturelle Selbstinterpretation, kulturelle Expan-

---

[12] *Kohler,* Das Recht der Marschallinsulaner, in: Zeitschrift für Vergleichende Rechtswissenschaft 1897, 441 ff.

[13] Dazu instruktiv *Fleck*, Transatlantische Bereicherungen. Zur Erfindung empirischer Sozialforschung, 2007.

[14] Vgl. dazu auch den Beitrag von *Metzler* in diesem Band.

[15] *Nies* (Fn. 2), 120.

[16] *Nies* (Fn. 2), 121 f. m. w. N.

[17] Näheres dazu (mit Bildreproduktionen) bei *Nies* (Fn. 2), 203 ff. Wie Nies überdies herausstellt, war das nichts Ungewöhnliches. Auch andere Fakultäten der Berliner Universität nutzten, angeführt vom Rektor Erich Schmidt (Germanistik), den Anlass, Industriellen sowie einigen Persönlichkeiten des öffentlichen Lebens den Dr. h. c. zu verleihen.

[18] *Nies* (Fn. 2), 118 f.

[19] Vgl. insbesondere *Kohler*, Aus vier Weltteilen [1908], 117 ff.

sion“[20]. Letztere verstand Josef Kohler allerdings in einem explizit friedlichen – und friedenssicherndem – Sinn: Als Verdienste der Rechtswissenschaft (und Rechtswissenschaftler) beschrieb er den Umstand, dass sie „die Alte und die Neue Welt einander angenähert“ und „zu einer Verknüpfung der Völker beigetragen“ hätten[21]. Diese für Kohlers Ansatz typische – und neue – Verschränkung klassisch-völkerrechtlicher Argumentationsfiguren mit pazifistischem Wollen deutet Nies als einen frühen „Versuch, Strategien zur Friedenserhaltung wissenschaftlich zu entwerfen, in der Hoffnung auf politische Rezeption, im Bemühen um Resonanz in der Öffentlichkeit“[22]; „[a]uswärtige Wissenschaftspolitik“ begriff und praktizierte Josef Kohler also „als Alternative staatlicher Weltfriedenspolitik“[23]. Dieses (Selbst-)Verständnis, die von ihm gespeisten Aktivitäten und die beschriebene und damit integral verbundene Methode Kohlers lassen ihn eher als Wissenschaftsmanager und *public intellectual* denn als (dogmatisch und systematisch arbeitenden) Rechtswissenschaftler erscheinen und begreifbar werden.

Eine solche Einordnung Kohlers verträgt sich zudem mit dem Umstand, dass die eingangs gestellte Frage, ob Josef Kohler wirklich als genuiner Völkerrechtler betrachtet werden kann, auch in inhaltlicher Hinsicht schwierig zu beantworten ist. Denn letztendlich verfolgte Kohler eine politisch-gesellschaftliche Zielsetzung, beziehungsweise war von einer solchen getragen und motiviert. Wenn es, wie angesprochen und wie es Kirsten Nies ausdrückt, Kohler primär um die „Friedenssicherung“ zu tun war, zeigte sich das nicht nur darin, dass er „alle anderen Gebiete des Völkerrechts“ recht kurz behandelte, sondern auch darin, dass er „Staat und Recht“ beständig „auf die sittlichen Grundfragen staatlicher Ordnung“ zurückführte[24]. Das ist auch der Grund dafür, dass es Josef Kohler, jedenfalls bis zum Beginn des Ersten Weltkriegs, gar nicht so sehr um das Völkerrecht als vielmehr um eine Art „Gentlemen‘s Agreement“ (zwischen den Nationen, die er unter die „Kulturnationen“ subsumierte) und dessen Sicherung durch eine zwischenstaatliche Schiedsgerichtsbarkeit ging[25] – und dafür, dass er sich nach 1914 so

[20] *Nies* (Fn. 2), 120.

[21] *Kohler*, Rede des juristischen Dekans bei der Jubiläumsfeier der Königl. Friedrich-Wilhelms-Universität zu Berlin am 12. Oktober 1910, 1910, 4, zitiert nach *Nies* (Fn. 2), 204.

[22] *Nies* (Fn. 2), 192.

[23] *Nies* (Fn. 2), 118. In der Zwischenkriegszeit sagte man dem Zivilprozessrechtler und Völkerrechtler Albrecht Mendelssohn Bartholdy nach, mit den Klavierkonzerten, die er im Zusammenhang mit seinen vielen Auslandsvorträgen gab, Friedenspolitik am Klavier gemacht zu haben, vgl. *Morstein Marx*, Albrecht Mendelsohn [sic!] Bartholdy 1874–1936, in: Lebensbilder Hamburgischer Rechtsgelehrter. Veröffentlicht von der Rechtswissenschaftlichen Fakultät aus Anlaß des fünfzigjährigen Bestehens der Universität Hamburg, 1919–1969, 1969, 53 (55).

[24] *Nies* (Fn. 2) 191.

[25] Vgl. etwa den posthum erschienenen Artikel *Kohler*, Schiedsgericht und Aequitas, in:

dezidiert von diesen Vorstellungen abwandte. Wenn das im Folgenden eingehender betrachtet werden soll, lautet die zugrundeliegende Überlegung also, dass die Positionen, die Josef Kohler nach 1914 vertrat, weniger als Wende oder Bruch mit seinem bisherigen Denken denn als *Kontinuum* anzusehen sind.

B. Josef Kohler und das Völkerrecht

I. Völkerrecht und „Kulturrecht“

Was mich zu dieser Überlegung führt, ist der Umstand, dass Kohler sein Konzept eines *Gentlemen's Agreement* mit einer Schiedsgerichtsbarkeit als Dreh- und Angelpunkt letzten Endes als Indiz und Ausdruck eines *allgemeinen Kulturfortschritts* begriff. Genauer gesagt, leitet er es direkt aus einer seiner zentralen Überzeugungen ab: aus der Existenz eines „Kulturrechts“ und der Möglichkeit, allgemeingültige universale „Entwicklungsgesetze“[26] des Rechts identifizieren und analysieren zu können. Diesem universalen Recht ordnet Josef Kohler alles unter. Er differenzierte insoweit nicht (oder kaum) zwischen Methoden internationaler Streitbeilegung, wie wir sie heute aus dem Welthandelsrecht kennen[27], und dem Völkerrecht. Letzteres stand, wie auch die Rechtsgebiete, die wir heute unter den Begriffen „Rechtsvergleichung“ und des „internationalen Privatrechts“ (IPR) verstehen, gewissermaßen an *zweiter Stelle*, es wurde aus dem – im Sinne eines universalen Vernunftrechts zu verstehenden[28] – Kulturrecht abgeleitet oder war sogar dessen Hilfswissenschaft.

Archiv für Rechts- und Wirtschaftsphilosophie (ARWP) 1919/1920, 6: „[m]it dem Schiedsgericht ist eine ganz neue Phase des Rechts eröffnet“, das „Billigkeitsrecht erhebt sich in die Höhe des Äthers!“. Die Frage, ob Kohlers auf dem Prinzip der „Billigkeit“ beruhende Schiedsgerichte „in den Traditionen des Altliberalismus und des deutschen Idealismus“ stehen, wie Nies vermutet, oder (auch) typisch für die Wende vom 19. zum 20. Jahrhundert sind, muss hier offenbleiben. Vgl. dazu aber (zum einen) *Nies* (Fn. 2), 193 und (zum anderen und beispielhaft) *Löhr*, Die Globalisierung geistiger Eigentumsrechte. Neue Strukturen internationaler Zusammenarbeit 1886–1952, 2010; *Seckelmann*, Industrialisierung, Internationalisierung und Patentrecht im Deutschen Reich 1871–1914, 2006, 155 ff.; *Vec*, Recht und Normierung in der Industriellen Revolution. Neue Strukturen der Normsetzung in Völkerrecht, staatlicher Gesetzgebung und gesellschaftlicher Selbstnormierung, 2006.

[26] Dazu *Spendel* (Fn. 1), 34.

[27] Vgl. Herrmann/Weiß/Ohler (Hrsg.), Welthandelsrecht, 2. Aufl., 2007.

[28] Zur Verbindung von Völkerrecht und Naturrecht vgl. *Kohler*, Naturrecht und Völkerrecht, in: Der Tag 1916, Heft 31 v. 6.2.1916; *ders.*, Naturrecht und Völkerrecht, in: Der Tag 1918, Heft 119 v. 25.8.1918.

Die Suche nach einer Art „Universalgrammatik“[29] des Rechts verband Kohler übrigens mit dem von ihm hochgeschätzten Bremer Landrichter und Publizist Albrecht Hermann Post[30]. Dessen Werke – sowie Johann Jakob Bachofens „Mutterrecht“ von 1861[31] – hatten Kohler zu seiner Studie über die „Urgeschichte der Ehe“ von 1897 inspiriert, durch die er als einer der Begründer der Rechtsethnologie gelten kann[32].

Um das Kulturrecht zu „ermitteln“ und zu beschreiben, ging Josef Kohler, wie bei der erwähnten Fragebogenaktion für das Auswärtige Amt, induktiv vor. Er versuchte zunächst einmal eine Bestandsaufnahme des geltenden Rechts vorzunehmen, um dann dessen Entwicklung zu beobachten und auf Entwicklungsgesetze schließen zu können[33]. Seiner Methode lag also die Annahme zugrunde, dass, wer die geschriebenen und ungeschriebenen Normen eines Volkes (ich benutze diesen Begriff hier bewusst) studiere, einen Schlüssel zum Verständnis nicht nur des betreffenden Volkes selbst erhalte, sondern zu einer bestimmten Stufe des Kulturfortschritts, aus der sich – wenn man denn genug weiteres Anschauungsmaterial bekomme – Rückschlüsse auf die inhärenten und allgemeingültigen Gesetze der Kultur- und Rechtsentwicklung ziehen ließen[34]. Denn letzteres entwickle sich für Kohler gleichsam koevolutiv zur Kultur fort und hatte dem „Kulturfortschritt“ zu dienen[35]: Das Patentrecht etwa sollte Erfindungen den Boden bereiten und

---

[29] Vgl. dazu *Chomsky*, Rules and Representations, 1980.

[30] *Post*, Afrikanische Jurisprudenz. Ethnologisch-juristische Beiträge zur Kenntnis der Rechte Afrikas, 1887; *ders.*, Die Grundlagen des Rechts und die Grundzüge seiner Entwicklungsgeschichte, 1884. Vgl. dazu *Kohler*, Rezension zu Post, Die Grundlagen des Rechts und die Grundzüge seiner Entwicklungsgeschichte, Oldenburg 1884, in: Zeitschrift für Vergleichende Rechtswissenschaft 1887, 460 f.; *ders.*, Nachruf auf Albrecht Hermann Post, in: Zeitschrift für Vergleichende Rechtswissenschaft 1897, 455 ff. Zu Post vgl. auch *Kiesow*, Das Naturgesetz des Rechts, 1997.

[31] *Bachofen*, Das Mutterrecht. Eine Untersuchung über die Gynaikokratie der alten Welt nach ihrer religiösen und rechtlichen Natur, 1861.

[32] *Kohler*, Zur Urgeschichte der Ehe, in: Zeitschrift für Vergleichende Rechtswissenschaft 1897, 187 ff. Zur Rechtsethnologie s. *Schott*, Interdisziplinäre Forschungen auf dem Gebiet der Rechtsethnologie, in: Africa Spectrum 1969, Heft 2: Interdisziplinäre Afrika-Forschung, 5 f. Vgl. auch die Würdigung durch *Kelsen* (Fn. 3), 346, der Kohler als „jurist and ethnologist“ und „one of the first jurists who made systematic research on the law of the primitive people“ schildert.

[33] *Kohler*, Das Recht als Kulturerscheinung. Einleitung in die vergleichende Rechtswissenschaft, 1885; *ders.*, Rechtsgeschichte und Culturgeschichte, in: Zeitschrift für das Privat- und öffentliche Recht der Gegenwart 1885, 583 ff.

[34] Vgl. beispielhaft *Kohler*, Über die Methode der Rechtsvergleichung, in: Zeitschrift für das Privat- und öffentliche Recht der Gegenwart 1901, 273 (276 ff.); *ders.*, Rechtsgeschichte und Weltentwicklung, in: Zeitschrift für Vergleichende Rechtswissenschaft 1884, 321 ff. Vgl. auch (*illustrandi causa*) *ders.*, Fortschrittelemente in der Menschheit, in: Frauenrundschau 1904, 209 ff. sowie die in Fn. 33 genannten Schriften.

[35] *Seckelmann* (Fn. 25), 403. Um den Kulturfortschritt nicht aufzuhalten, forderte Koh-

wurde in seiner Entwicklung von genau diesen beeinflusst[36]. Wenn Recht für Kohler ebenso Bedingung wie Folge der „Kultur der Gegenwart" war[37], ließ sich anhand der Universal(rechts)geschichte oder der – wie er ein Buch betitelte – „Allgemeinen Rechtsgeschichte"[38] die Kulturgeschichte der Menschheit schreiben.

Wenn Kohler am Patentrecht würdigte, dass es dazu beitrage, dass sich „Erfindung […] an Erfindung" reihe und so „der Kulturzweck, daß wir die Welt beherrschen sollen, […] in einem Maße erreicht" werde, „wie es frühere Jahrhunderte nicht für möglich gehalten hätten"[39], zeigt das, in welchem Maß er an die Kultur als treibende, bildende Kraft glaubte[40]. Diese Kraft und die von ihr ausgelöste Dynamik verstand Kohler dabei in zweierlei Hinsicht in besonderer Weise. Zum einen wies in seinen Augen beides in die Zukunft. Damit unterschied sich Kohler sehr klar – und ebenso dezidiert – von der Historischen Rechtsschule. Letzterer warf er vor, „sich in die Retrospektive geflüchtet" zu haben und es an „wahrem historischen Sinn" für Probleme der Zeit" habe fehlen lassen[41], „die großartigsten Ergebnisse der anderen Kulturnationen nicht in Vergleich" gezogen zu haben, sondern sich einseitig auf das Römische Recht zu fixiert zu haben – mit dem Ziel, dieses unter einer Glasglocke konservieren zu wollen[42].

Zweitens wirkten Kohler zufolge Kraft und Bewegung von Kultur und Recht nicht in eine unbestimmte, zufällige Richtung, sondern hätten ein inhärentes Ziel, ein *telos*. Dieses sei „die „dialektische Entfaltung von Gegensätzen, endend mit deren Versöhnung in der Gegenwart des Betrachters"[43] und letztendlich „die vollkommene Menschheit", in der sie „in unendlicher Anhäufung der Kulturwerte zur Gottähnlichkeit gelangt" sei und „der Weltprozess im Ewigen aufgehe"[44]. Für das Recht hieß das, dass ein *ideales Recht*

---

ler sogar, keine Gesetzesmaterialien zu veröffentlichen, vgl. *Gast*, Zeitschrift für Vergleichende Rechtswissenschaft 1986, 1 (7).

[36] *Kohler*, Einfluß der Erfindungen auf die Rechtsentwicklung, in: Deutsche Juristen-Zeitung 17 (1912), Sp. 25 (25 f.).

[37] *Kohler*, Recht und Persönlichkeit in der Kultur der Gegenwart, 1914; vgl. auch *Pahlow* (Fn. 1), 170.

[38] *Kohler/Wenger*, Allgemeine Rechtsgeschichte: 1. Hälfte: Orientalisches Recht und Recht der Griechen und Römer, 1914. S. dazu *Grossfeld/Theusinger*, Rabels Zeitschrift für ausländisches und internationales Privatrecht 2000, 696 ff.

[39] *Kohler* (Fn. 36), 26.

[40] S. dazu *Kocourek*, The American Political Science Review 1914, 312.

[41] *Gast* (Fn. 35), 2.

[42] *Kohler*, Begegnungen, in: *ders.*, Vom Lebenspfad. Gesammelte Essays, 1902, 27 (46). Zur Historischen Rechtsschule s. *Haferkamp,* Die Historische Rechtsschule, 2018; vgl. auch den Beitrag von *Haferkamp* in diesem Band.

[43] *Nies* (Fn. 2), 47 f.

[44] *Kohler*, Wesen und Ziele der Rechtsphilosophie, in: Archiv für Rechts- und Wirtschaftsphilosophie 1907/8, 9.

nicht nur denkbar, sondern der *zwangsläufige Endpunkt der Entwicklung des geltenden Rechts* – und damit notwendigerweise auch ein *„Weltrecht"* war (allerdings eher im Sinne dessen, was wir heute unter internationalem Privatrecht bzw. „Welthandelsrecht" verstehen)[45]. Dass Kohlers entwicklungshistorischer Ansatz insbesondere aus dem phänomenologisch-deutenden Ansatz Hegels seine Inspiration bezog, blieb den Zeitgenossen nicht verborgen, jedenfalls ausländischen Betrachtern galt Kohler als „unquestioned head of [...] the Neo-Hegelian School"[46].

Von dem Philosophen unterschied sich Kohler allerdings nicht nur hinsichtlich des systematischen Durchdringungsgrads, sondern auch in Bezug auf die Natur des Kulturfortschritts (hegelianisch: des Weltgeists) und der Rolle von Politik und Gesellschaft. Kohler wollte nämlich der Kulturentwicklung auf die Sprünge helfen und rief zu einer aktiven Beförderung der gegenseitigen Annäherung der Staaten sowie zu entsprechenden erzieherischen Maßnahmen im „Wechselspiel von natürlicher Entwicklung und bewusster Beschleunigung dieser Entwicklung"[47] auf – etwas, das Hegel sicher nicht in den Sinn gekommen wäre. Für Kohler stand fest, dass das Recht – ebenso wie die Juristen – der Bewältigung der Probleme der neuen Zeit, insbesondere der Beförderung des industriellen Fortschritts, dienen mussten – und konnten[48]: „Wir Juristen haben den hohen Beruf, die vom Gesetze gegebenen Hausmauer zum behaglichen Wohnhaus umzubauen, das von Zeit zu Zeit einer Reparatur, einer Umgestaltung, einer neuen Zier bedarf"[49].

[45] Zur Vorstellung eines Weltrechts s. *Dölemeyer*, „Das Urheberrecht ist ein Weltrecht" – Rechtsvergleichung und Immaterialgüterrecht bei Josef Kohler, in: Wadle (Hrsg.), Historische Studien zum Urheberrecht in Europa. Entwicklungslinien und Grundfragen 1993, 139 ff. Schon im Zusammenhang mit der Verabschiedung der Pariser Verbandsübereinkunft zum Schutz des gewerblichen Eigentums von 1883 wurde den Zeitgenossen allerdings deutlich, dass die Vorstellungen darüber, welches Recht näher am idealen Recht sei, sehr weit auseinandergingen –, was dazu führte, dass das Deutsche Reich dieser zunächst nicht beitrat. Dazu *Seckelmann* (Fn. 25), 204 ff. Zum Welthandelsrecht s. *dies.*, From the Paris Convention (1883) to the TRIPS Agreement (1994) – The History of the International Patent Agreements as a History of Propertization?, in: comparativ 2011 [= Löhr/Siegrist (Hrsg.), Intellectual Property Rights and Globalization], 46 ff.

[46] *Kocourek* (Fn. 40), 312.

[47] *Nies*, Vom „Caligula" zum Pazifismus: Ludwig Quidde und Josef Kohler in der deutschen Friedensgesellschaft, in: Quellen und Forschungen aus italienischen Archiven und Bibliotheken 2008, 556 (562). Hinsichtlich der Abgrenzung von Hegels „logischer" Entwicklung von Kultur und Recht und des Ansatzes von Kohler, der auch Momente des Zufalls in den „Kulturfortschritt" einbezogen wissen wollte, vgl. den Beitrag von *Klippel* in diesem Band.

[48] Darin unterschied sich Kohler von Rudolf von Jhering und dem von ihm postulierten „Kampf um's Recht", s. dazu *Kocourek* (Fn. 40), 312 sowie den Beitrag von *Haferkamp* in diesem Band.

[49] *Kohler*, Die Idee des geistigen Eigentums, in: Archiv für die civilistische Praxis (AcP)

Dabei habe die Rechtswissenschaft auch „praktisch[e] Erwägungen einzubeziehen, weil „das praktische Recht das richtige Recht ist, weil ein Recht, das zu ungesunden praktischen Resultaten führt, sich damit von selbst als ein Hirngespinst erweist"[50]. Als zentralen Gedanken hinter dem „Industrierecht" identifizierte Kohler letztlich die Lockesche Arbeitstheorie[51]: „Die Arbeit ist historisch die erste Quelle, philosophisch der stete Rechtfertigungsgrund des Privateigentums"[52]. Daher wundert es auch nicht, dass Josef Kohler zahlreiche Privatgutachten für Carl Duisberg und andere schrieb und dass seine Schriften gerne von der deutschen Industrie rezipiert wurden[53], hatten sie dieser doch „Millionen eingebracht"[54].

Wenn Kohler im Hinblick auf das Industrierecht auf einer Linie mit dem *mainstream* im Kaiserreich lag, galt das auch in Bezug auf die Einordnung und Rechtfertigung des Kolonialismus. Auch er ging von der damals verbreiteten, auf Johann Gottfried Herder fußenden Überzeugung aus, der zufolge sich die Menschheitsgeschichte wie eine vernunftgeleitete Fortsetzung der Naturgeschichte vollzog und der „Entwicklungsgang" der „Menschenkultur" in „Stufen und Grade[n]" verlief[55]. Und gemäß der – allerdings schon nicht mehr unumstrittenen – Tradition des Völkerrechts des Kaiserreichs teilte Josef Kohler die jeweiligen Nationen analog zu den Menschenaltern in diese verschiedenen Entwicklungsstände ein[56]. Wen er dabei auf welchen

1894, 141 (157); vgl. auch *Gast* (Fn. 35), 2 sowie *Wandtke*, Geistiges Eigentum contra Persönlichkeitsrecht?, in: Dittrich (Hrsg.), Die Notwendigkeit des Urheberrechtsschutzes im Lichte seiner Geschichte, 1991, 59.

[50] *Kohler* (Fn. 33), 588.

[51] Vgl. nur *Kohler*, Über die Aufgabe der Jurisprudenz im Industrierechte, in: Archiv für die civilistische Praxis 1887, 408 ff.; *ders.*, Aus dem Patent- und Industrierechte. Industrierechtliche Abhandlungen und Gutachten, 3 Bände 1889–1892; zum Begriff vgl. *Seckelmann* (Fn. 25), 300. Zu Lockes Arbeitstheorie s. *Locke*, The Second Treatise of Government. An Essay Concerning the True Original, Extent, and End of Civil Government, in: *ders.*, Two Treatises of Government. Edited with an Introduction and Notes by Peter Laslett, Cambridge 1988, § 32, 290 f., dazu s. *Seckelmann* (Fn. 25), 66 f. sowie 351 f.

[52] *Kohler*, Deutsches Patentrecht, systematisch bearbeitet unter vergleichender Berücksichtigung des französischen Patentrechts, I. Abtheilung: Einleitung und materielles Patentrecht, 1877, 1.

[53] S. dazu *Seckelmann* (Fn. 25), 273 ff. und 350. Zu den teilweise engen Verbindungen zwischen Wissenschaft und Wirtschaft im deutschen Kaiserreich vgl. auch *dies.*, Das Patentrecht als Rektionsbeschleuniger. Die Entwicklung des Patentrechts im deutschen Kaiserreich (1871–1914), in: Otto/Klippel (Hrsg.), Geschichte des deutschen Patentrechts, 2015, 37 ff.

[54] So *Heymann*, Hundert Jahre Berliner Juristenfakultät. Ein Gedenkblatt, in: Liebmann (Hrsg.), Die Juristische Fakultät der Universität Berlin von ihrer Gründung bis zur Gegenwart in Wort und Bild, in Urkunden und Briefen. Mit 450 handschriftlichen Widmungen, 1910, 49 f.

[55] *Kohler*, Über die Methode der Rechtsvergleichung (Fn. 34), 276.

[56] Vgl. insbesondere *Holtzendorff*, Handbuch des Völkerrechts – Auf Grundlage euro-

„Stufen“ vermutete, legte Kohler (allem Interesse an afrikanischen Völkern zum Trotz) spätestes im Heft 1914/14 des „Archiv für Rechts- und Wirtschaftsphilosophie“ offen, als er die klassische ethische Frage, wen man denn retten solle, wenn man nur einen von zwei Schiffbrüchigen retten können, an der sich seit der Antike zahlreiche Gelehrte die Köpfe zerbrochen hatten, dahingehend beantwortete: „Sollte man nicht einen Goethe retten dürfen, wenn sein Leben mit dem eines Indianers in Kollision tritt?“[57]

Allerdings: Von vielen seiner Zeitgenossen unterschied sich Kohler dann, wenn es um die „erst neulich hervorgetretenen, von europäischer Bildung durchtränkten Ostasiaten“ ging, diese seien, bezogen auf die „Vergesellschaftung der Nationen“ durchaus auf eine Stufe mit den „christliche[n] Völker[n]“ zu stellen[58] – vielleicht ging Josef Kohlers Bibliothek nicht ohne Grund später nach Japan[59].

Die niedrigere Einstufung der Angehörigen der „weniger entwickelten“ Nationen hatte ebenso innerjuristische wie weitere Konsequenzen. Eine der wichtigsten und problematischsten war, dass Kohler, wie viele seiner Zeitgenossen sich auf eine weitere etablierte (unter anderem von Adam Ferguson begründete) Denkfigur stützte und nur die sogenannten zivilisierten Nationen als „voll geschäftsfähig“ betrachtete und die „weniger zivilisierten“ Nationen Kindern gleichstellen, also als (nur) beschränkt geschäftsfähig betrachtet ansehen wollte[60]. Zwar hielt es Kohler, und auch das entsprach dem *common sense*, für die vornehmste Pflicht der weiter entwickelten Nationen, diesen „Kindern“ zur vollen Geschäftsfähigkeit zu verhelfen, die „weniger entwickelten“ Nationen also bei ihrer Entwicklung zu unterstützen. In diesem „edukative[n] Kolonialismus“[61] lag aber auch – und vielleicht insbesondere – eine Rechtfertigung dessen, was wir heute in der Völkerrechtsgeschichte als „ungleiche Verträge“ verstehen: Verträge, die „weniger zivilisier-

päischer Staatspraxis, Band 2: Die Völkerrechtliche Verfassung und Grundordnung der auswärtigen Staatsbeziehungen, 1887, 256 f.; kritisch dazu aber schon *Laband*, Staatsrecht, Band 2, 5. Aufl., 1911, 282 ff. und insbesondere *Bluntschli*, Das moderne Völkerrecht der civilisirten Staten: als Rechtsbuch dargestellt, 1868, 166. Vgl. auch das (fortschrittliche) US-amerikanische Lehrbuch von *Lawrence*, The Principles of International Law, 3. Aufl., 1900, 166: „Protectorates over savage or semi-barbarous races are, as a rule, but temporary resting-places on the road to complete incorporation“. Zum Gesamtkomplex vgl. *Kämmerer*, Das Völkerrecht des Kolonialismus: Genese, Bedeutung und Nachwirkungen, in: Verfassung und Recht in Übersee 2006, 397 (408) m. w. N.

[57] *Kohler*, Das Notrecht, in: ARWP 1914/15, 412 ff.; dazu *Rath* (Fn. 5).

[58] *Kohler* (Fn. 37), 266.

[59] *Dommann*, Autoren und Apparate. Die Geschichte des Copyrights im Medienwandel, 2014, 310 (Anm. 19).

[60] *Hill*, Journal of Scottish Historical Studies 2018, 104 ff.

[61] Begriff nach *Kämmerer* (Fn. 56), 415.

te" Nationen zwangen, sich den Bedingungen der „zivilisierteren" anzupassen – und letztere dabei regelmäßig deutlich begünstigten[62].

II. Kohlers Völkerrecht in Frieden und Krieg

Es wurde schon angesprochen: Die Tatsache, dass Kohler seine Konzepte letztlich von einem gesamtgesellschaftlichen Ideal aus entwickelte, führte in seinem völkerrechtlichen Denken dazu, dass er, wie Kirsten Nies schreibt, durchgängig „für eine ideelle Umgestaltung der internationalen Ordnung [...] sowie eine Verstärkung des Rechts- und Friedensgedankens"[63] plädierte.

Dabei schwebte Josef Kohler ein völkerrechtlicher Föderalismus vor. Auf der theoretischen Ebene diente ihm dabei Kant (genauer dessen Schrift „Zum ewigen Frieden") als Grundlage[64]. Praktisches Anschauungsmaterial fand er in den USA: Insbesondere bei seinem bereits angesprochenen Aufenthalt anlässlich der Verleihung der Ehrendoktorwürde der *University of Chicago* studierte er den US-amerikanischen Föderalismus aufmerksam und kam zu dem Schluss, dass er ein tragfähiges Modell für die Kulturnationen insgesamt, zumindest diejenigen Europas, bilden könne. Ob Kohler dabei auf ein Bundesstaatsmodell oder auf einen Staatenbund setzte, ist nicht klar, beides hatte ihm zufolge sein Für und Wider. Entscheidend war für ihn nur, dass ein einheitliches, übergeordnetes Recht herrschte, in dessen Rahmen sich die einzelnen Mitgliedstaaten dann ihr eigenes, spezifisches Recht geben könnten[65].

Mit seinen hegelianisch grundierten Konzepten gelang es Kohler durchaus, „den Pazifismus von der ‚Utopie' zur Wissenschaft zu erheben" und „von der ethisch-rationalistischen Begründung Suttner'scher Prägung zu einer naturwissenschaftlich-entwicklungsgesetzlichen Begründung zu gelangen"[66]: Man werde sich doch unter zivilisierten Nationen einigen können, diese seien ja schließlich schon erwachsen, so in etwas lautete Kohlers Theo-

[62] Vgl. dazu *Anghie*, Imperialism, Sovereignty and International Law, 2004, 107 f.; *Kleinschmid*, Das europäische Völkerrecht und die ungleichen Verträge um die Mitte des 19. Jahrhunderts, 2007; *Wagner*, Die deutschen Schutzgebiete. Erwerb, Organisation und Verlust aus juristischer Sicht, 2002, 596 ff. sowie *Fischer*, Die deutschen Kolonien. Die koloniale Rechtsordnung und ihre Entwicklung nach dem Ersten Weltkrieg, 2001.

[63] *Nies* (Fn. 2), 191.

[64] Dort statuierte der Philosoph bekanntlich, „Das Völkerrecht soll auf einen *Föderalism* freier Staaten gegründet seyn", *Kant*, Zum ewigen Frieden. Ein philosophischer Entwurf. Neue vermehrte Auflage, 1796, zweiter Definitivartikel [Hervorhebung i. O.]; vgl. dazu statt vieler *Höffe*, Einleitung. Der Friede – ein vernachlässigtes Ideal, in: ders. (Hrsg.), Immanuel Kant: Zum ewigen Frieden, 1995, 5 (22).

[65] *Kohler*, Staatenverbindung und Staateneinigung, in: Zeitschrift für Völkerrecht und Bundesstaatsrecht 1909, 430.

[66] *Nies* (Fn. 2), 561.

rie vor 1914. Das hieß allerdings auch, dass Kohler die sittliche Verpflichtung zum Pazifismus aus der Notwendigkeit des „Kulturfortschritts" ableitete, nicht umgekehrt[67]. Und genau an dieser Stelle, an der „Relativität" des Kohler'schen Pazifismus (um einen Gedanken von Kirsten Nies aufzugreifen)[68] implodierte sein Konzept angesichts der Ereignisse des Jahres 1914.

Denn in Kohlers Wahrnehmung demaskierten sich die (Deutschland als Kriegsgegner gegenübertretenden) europäischen Staaten selbst: 1914 zeigten sie sozusagen ihr wahres Gesicht, enthüllten, dass sie gar keine „Kulturnationen" und „Gentlemen" seien, mit denen zu einem belastbaren „Agreement" zu kommen sei. Kohlers Attacken galten dabei zunächst vor allem den Briten, die Franzosen behandelte er wegen seiner zahlreichen Beziehungen zu dem westlichen Nachbarland zunächst etwas glimpflicher. Durchaus in Form einer Selbstanklage stellte er fest, einer „Händlernation", um die bekannte Schmähschrift Werner Sombarts zu zitieren[69], auf den Leim gegangen zu sein: Er, aber auch niemand sonst in Deutschland, habe „eine solche Fülle von Niedertracht und hinterlistiger Tücke, ein solches Mass [sic! M. S.] an Verruchtheit, elender Selbstsucht, zu gleicher Zeit aber einen solchen Grad von Torheit, Kurzsichtigkeit und Verranntheit, wie ihn England bewiesen" habe, annehmen können[70]. Den notorisch vertragsuntreuen Briten könne Deutschland nur mit „Verachtung"[71] und „hart wie das Eisen" gegenübertreten[72].

Mit den Kriegsereignissen weitete Kohler seine Invektiven aus: Die deutsche Invasion in Belgien begriff er – unter Berufung auf Hugo Grotius – als eine „von außen aufgezwungene Selbstverteidigung"[73], sah sie aber in äußerster polemischer Schärfe auch dadurch gerechtfertigt, dass sich Belgien Frankreich und England „geradezu in die Arme geworfen" habe[74]. Schließlich habe es seit 1887 seine Festungen an der Grenze zu Frankreich nach und nach abgebaut und dafür diejenigen an der Grenze zu Deutschland verstärkt[75]. Darüber hinaus sei Belgien völkerrechtlich zwar Neutralität zuge-

[67] *Nies* (Fn. 2), 193.

[68] Ebd.

[69] *Sombart*, Händler und Helden. Patriotische Besinnungen, 1915.

[70] So ein allerdings unveröffentlichtes Manuskript aus dem Nachlass Kohlers, zitiert nach *Nies* (Fn. 2), 244 f.

[71] *Kohler*, Nicht Haß, sondern Verachtung, in: Der Tag vom 1.10.1914.

[72] *Kohler*, Ein Sühneruf aus Südafrika, in: Der Tag vom 5.5.1918; weitere Beispiele bei *Nies* (Fn. 2), 245 f.

[73] *Payk*, Frieden durch Recht?: Der Aufstieg des modernen Völkerrechts und der Friedensschluss nach dem Ersten Weltkrieg, 2018, 123 f.

[74] *Kohler*, Geleitwort zu Fritz Norden, Das neutrale Belgien und Deutschland im Urteil belgischer Staatsmänner und Juristen, 1916, XV.

[75] *Kohler*, Notwehr und Neutralität, in: Zeitschrift für Völkerrecht 1914, 570 (576); *ders.*, Krieg und Völkerrecht, in: Deutsche Juristen-Zeitung 19 (1914), Sp. 1011 (1013); vgl. dazu *Nies* (Fn. 2), 289 ff.

sichert worden, diese bedeute aber lediglich eine *„indépendance"*, nicht aber auch eine *„integrité"* oder gar *„inviolabilité"*[76]. Zudem sei Deutschland in früheren Friedensverträgen zumindest implizit ein Durchmarschrecht eingeräumt worden[77], und schließlich habe man die Flamen, einen „niederdeutschen Tochterstamm", so Kohler, vor den Wallonen schützen müssen[78]. (In anderen Fragen war Kohler allerdings milder als viele seiner Zeitgenossen gestimmt. So ging er beispielsweise davon aus, dass die Haager Landkriegsordnung von 1907 prinzipiell fortgalt, auch wenn sich im Kriegsverlauf abzeichnete, dass die dort vorgesehene Trennung zwischen dem Kampf der Armeen und der weitestmöglichen Verschonung der Zivilbevölkerung immer weniger aufrechtzuerhalten war. Eine Okkupationsregierung sei daher, so Kohler, kriegsvölkerrechtlich angemessen auszugestalten: Sie solle für „geordnete kulturwürdige Zustände" sorgen[79].)

1916 verdichtete Josef Kohler seine Selbstanklage, dass er sich „wie tausend andere" in „der Wertschätzung der menschlichen Vernunft und ihrer Bedeutung für die Weltkultur getäuscht" und fälschlicherweise angenommen habe, dass „das ganze Weltreich in der Friedensbestrebung einmütig" sei[80], zu einer Absage an sein eigenes Konzept: Unter dem programmatischen Titel „Das neue Völkerrecht" erteilte er seiner zuvor propagierten Idee eines „auf Völkervertrag bestehende[n] Völkerrecht[s]" eine deutliche Abfuhr und erklärte dieses zu einer „Illusion", der er selbst viel zu lange nachgehangen habe[81] – „Verträge mit Lügnern und Betrügern" könnten eben „keine Rechtsquelle bilden"[82]. Konsequenterweise wies Kohler auch Wilsons Initiativen zurück, dessen Vorschlag einer „Liga der Nationen, die den Frieden und die Gerechtigkeit in der ganzen Welt sichert", nahe an Kohlers eigenen früheren Konzepten war[83]. So sprach Kohler nicht nur der ersten Note des 28. US-

---

[76] *Nies* (Fn. 2), 293. Sie weist auch darauf hin, dass Kohler sich mit dieser Annahme auf einen belgischen Völkerrechtler bezog – und nicht allein war, auch Karl Strupp und andere vertraten diese These.

[77] Ebd.

[78] *Nies* (Fn. 2), 295. Ihr zufolge war das auch die Meinung Max Webers.

[79] *Kohler*, Verwaltung, Wirtschaft und Rechtspflege im besetzten Feindesland, in: Schäfer (Hrsg.), Der Krieg, 1914–1916: Unter Mitwirkung hervorragender Fachmänner, Band 1, 1916, 429.

[80] So das (in Fn. 70) genannte unveröffentlichte Manuskript Kohlers, vgl. auch *Nies* (Fn. 2), 244.

[81] *Kohler*, Das neue Völkerrecht, in: Zeitschrift für Völkerrecht 1916, 5 (6 f.).

[82] Ebd., 7. Unklar ist, ob Kohler dabei direkt auf das erste englische Kriegsgesetz auf dem Gebiet des gewerblichen Rechtsschutzes (Patents, Designs and Trade Marks [Temporary Rules] Act) reagierte, jedenfalls forderte auch er die „rücksichtslose Vernichtung feindlicher Schutzrechte", s. *Mächtel*, Das Patentrecht im Krieg, 2009, 243 (unter Bezugnahme auf *Osterrieth*, Der gewerbliche Rechtsschutz und der Krieg, in: Gewerblicher Rechtsschutz und Urheberrecht 1914, 289 (298)).

[83] Vgl. dazu die Berichterstattung der FAZ vom 12.1.1917: „Alliierte antworten

amerikanischen Präsidenten vom 19. Dezember 1916 jegliche völkerrechtliche Relevanz ab, sondern ihrem Autor auch jedes diesbezügliche Grundverständnis[84].

Vieles an Kohlers kriegsvölkerrechtlichem Schrifttum zeigt also eine tiefe Gekränktheit – Gekränktheit darüber, dass sein Konzept an der Arglist derer, die er für taugliche Vertragspartner gehalten hatte, gescheitert war. Im Grunde war Josef Kohler der Inbegriff des von Kurt Tucholsky porträtierten „gekränkten Idealisten“: Auch er wollte „die Welt gut haben“ und rannte, da sich diese für ihn inzwischen als „schlecht“ erwiesen hatte, „nun [...] gegen das Schlechte an“[85]. Kohlers Idealismus schlug sich dabei vor allem darin nieder, so meine These, dass er in seinen Überlegungen vor 1914 die Machtfrage vernachlässigt hatte. Kirsten Nies zufolge war Josef Kohler im Kaiserreich zwar gesellschafts- wie wirtschaftspolitisch liberal eingestellt[86], fand sich aber mit der herrschenden Machtverteilung ab[87]. Ich würde es eher dahingehend zuspitzen, dass Kohler, wie Teile der National- und der Fortschrittsliberalen des Kaiserreiches[88], die *Machtfrage* entweder ausblendete oder sogar – als Anhänger Nietzsches – auf die Ebene des Individuums ver-

---

Wilson“, https://www.faz.net/aktuell/politik/der-erste-weltkrieg/frankfurter-zeitung-12-01-1917-alliierte-antworten-wilson-14501293.html (19.11.2019).

[84] „[D]enn dem Amerikaner fehlt kraft seines Anglizismus vollkommen die Uebung des logisch juristischen Denkens. Der Amerikaner krümelt sich an ein paar Präjudizien herauf, vor allem an englischen Präjudizien, die durchaus nicht auf juristische Grundsätze gebaut sind, sondern auf die Absicht, die Welt zu gestalten, wie es den Engländern beliebt.“ [sic!], *Kohler*, Wilsons Note, in: Deutsche Juristen-Zeitung 22 (1917), Sp. 457 (457 f.).

[85] *Wrobel* [*Tucholsky*], Was darf die Satire?, in: Berliner Tageblatt Nr. 36 v. 27.1.1919.

[86] Berühmt wurde etwa sein (vorsichtiges, nationalökonomisch und zugleich historisch argumentierendes) Eintreten für die Rechte der Homosexuellen, vgl. *Kohler*, Dante und die Homosexualität, in: Goltdammer's Archiv (GA) für Strafrecht und Strafprozeß 1901, 63 (67): „In den Erklärungen für Beibehaltung des § 175 wird vielfach hervorgehoben: wenn derartige Personen durch unsere Gesetzgebung aus dem Lande getrieben würden, so sei dies kein Schaden, und wir könnten uns nur darüber freuen. Dem möchte ich doch ein gewichtiges Bedenken beifügen. Sind dies beliebige Individuen ohne Verdienst und Auszeichnung, dann bin ich damit völlig einverstanden; ist es aber so, dass etwa ein begabter Künstler oder ein scharfsinniger Heerführer oder ein bedeutender Techniker dadurch dem Vaterlande entzogen würde, so möchte ich das immerhin für ein grosses Uebel halten; denn wir haben kein solches Uebermass an Talenten, dass die Verdrängung solcher Personen uns gleichgültig lassen könnte. Die Sittlichkeit ist von höchstem Werthe, allein die Talente sind es, welche die Kultur weiter bilden, und die Talente müssen wir vor Allem unserem Vaterlande wahren.“

[87] *Nies* (Fn. 2), 208 f.

[88] Extrem insbesondere (zuvor) die Position der deutschen Freihändler, vgl. *Seckelmann* (Fn. 25), 139 ff.; zur wirtschaftspolitischen Auffassung der Mehrheit der Volkswirte im deutschen Kaiserreich vgl. *Plumpe*, Das kalte Herz. Kapitalismus: die Geschichte einer andauernden Revolution, 2019, 163 ff.

schob[89]. Indizien dafür gibt es viele: Nicht nur seine Vorstellung von einem Gentlemens' Agreement und die Tatsache, dass er Staaten wie Unternehmen als Organisationen betrachtete, gehören dazu (dazu passt, dass er zumindest vor 1914 Max Weber förderte[90]). Auch der Umstand, dass er bei dem Entwurf seines föderalistischen Modells die Ahnung Kants außer Acht ließ, dass kein Völkerbund oder Völkerstaat entstehen könne, ohne dass auch die zivilisierten Nationen „darüber balgen" würden, wer denn jetzt die Oberhoheit über diesen habe[91], spricht dafür – beziehungsweise dass Kohler sich mit dem Verweis auf die internationale Schiedsgerichtsbarkeit begnügte. Auch sein Erstaunen, dass Wilsons Bedingungen nach der Ablehnung seiner ersten Note, härter wurden, lässt darauf schließen, dass Kohler ein originär *politischer* Zugang fehlte. Um es zusammenzufassen: Kohlers Denken – und sein pazifistisches Engagement – waren nicht auf den „Ernstfall" vorbereitet. Und als der „Machtstaat" hervortrat (beziehungsweise und in seiner Wahrnehmung: als sich die Staaten der Entente plötzlich und unerwartet als Machtstaaten zu erkennen gaben), erodierte oder implodierte beides.

Diese Implosion war nachhaltig: Einen Anschluss an die neue Gegenwart, also an die vom Krieg ausgelösten Entwicklungen, konnte Josef Kohler nicht mehr finden. Zum Erstaunen seiner Söhne hielt er fast bis zum Schluss an der Vorstellung eines Siegfriedens fest[92] – und eine Parlamentarisierung des Deutschen Reichs für untunlich[93]. Anders als beispielsweise Max Weber, der sich enttäuscht vom – so wörtlich – „Fatzke" an der Spitze des Deutschen Reiches abwandte[94], verteidigte Kohler die Berechtigung der monarchischen Staatsform und begriff sich selbst wohl letztlich als „Unpolitischer" im Sinne Thomas Manns[95]. Darüber ob Kohler, der nach dem Krieg noch Webers Deutscher Demokratischer Partei beitrat, wirklich (wie seine Biografin Kirsten

---

[89] Kohler kokettierte insoweit mit der auf das Individuum als „Wille zur Macht" bezogenen Philosophie Nietzsches, in dessen Nachfolge er sich sah, vgl. *Kohler,* Auf den Spuren Nietzsches [1902], in: *ders.*, Aus Kultur und Leben, 3 (5).; dazu auch die Beiträge von *Haferkamp*, *Klippel*, *Kraus* und *Metzler*.

[90] *Nies* (Fn. 2), 88.

[91] *Kant* (Fn. 64).

[92] *A. Kohler*, Erinnerungen an Josef Kohler, in: D'r alt Offeburger vom 5.11.1932.

[93] Auch hierin zeigt sich, dass Josef Kohler seinen Kant nur sehr oberflächlich gelesen hatte. Denn dieser hatte (ebenfalls in seiner Schrift „Zum ewigen Frieden") statuiert: „Die bürgerliche Verfassung in jedem Staate soll republikanisch seyn" (wobei er „republikanisch" als Gegensatz zu „despotisch" verstand), s. *Kant* (Fn. 64).

[94] So *Radkau*, Max Weber. Die Leidenschaft des Denkens, 2005, 745. Diese Aussage wurde wohl ursprünglich überliefert von Berta Lask; zu ihrer Bedeutung für die Rezeption Webers vgl. *Anter*, Männer mit Eigenschaften: Max Weber, Emil Lask und Georg Simmel als literarische Figuren in Berta Lasks Roman „Stille und Sturm", in: Lüdke (Hrsg.), Siegreiche Niederlagen: Scheitern: die Signatur der Moderne, 1992, 156 ff.

[95] Zu diesem Konzept vgl. *Mann*, Betrachtungen eines Unpolitischen, 1918.

Nies vermutet) das Zeug zum „Vernunftrepublikaner" gehabt habe[96], lässt sich nur mutmaßen. Josef Kohler starb bekanntlich bereits im August 1919 in Charlottenburg.

C. Bilanz

Die Todesursache Josef Kohlers war Auszehrung, obwohl er auf dem Papier einer der bestverdienenden deutschen Professoren war (angeblich hatte es ihm sein Patriotismus verwehrt, auf dem Schwarzmarkt einzukaufen oder einkaufen zu lassen[97]). Letztendlich starb er aber wohl auch an Verbitterung. Denn der Krieg hatte bewiesen, dass Kohlers „altliberal" und fortschrittsoptimistisch angelegtes Völkerrecht[98] und seine Narration von der zivilisierenden Kraft Europas[99] noch in das „lange" 19. Jahrhundert gehörten – das ebenso wie Kohlers letztlich auf einer Verbindung von Eurozentrismus und Bonhomie gründender Entwurf mit dem Krieg sein Ende fand.

Gleichwohl erwies sich Kohlers Œuvre gerade in seiner Offenheit für spätere und vor allem auch für US-amerikanische Ansätze als anschlussfähig[100]. Die mangelnde Stringenz der Ausarbeitung, die oftmals über eine „Propagierung grundsätzlicher Ideen" nicht hinauskam[101], erwies sich auf längere Sicht geradezu als Vorteil – sie stellte Kohlers völkerrechtliches Werk nämlich gleichsam auf Dauer[102]. Seine fast mythische Hochschätzung der Schiedsgerichtsbarkeit und seine Verbindung „politisch-pazifistischen und völkerrechtstheoretischen Argumentierens"[103] weist schließlich (und sehr konkret) voraus auf die Global Governance-Bewegung[104]: Auch sie sucht nach neuen Möglichkeiten internationaler Streitbeilegung" in Abwendung vom „westfälischen" Völkerrecht[105] – und läuft dabei mitunter Gefahr, und auch hier

---

[96] *Nies* (Fn. 2), 376.

[97] *Malek-Kohler*, Im Windschatten des Dritten Reiches, 1986, 81.

[98] Zu der „altliberalen" Verortung Kohlers s. Fn. 25.

[99] *Koskeniemmi*, The Gentle Civilizer of Nations. The Rise and Fall of International Law 1870–1960, 2004.

[100] Dazu Näheres bei *Nies* (Fn. 2), 375.

[101] Ebd.

[102] In diesem Sinne auch *Kiesow* (Fn. 1).

[103] *Nies* (Fn. 2), 375.

[104] Dazu *Offe*, Governance – „Empty signifier" oder sozialwissenschaftliches Forschungsprogramm?, in: Folke Schuppert/Zürn (Hrsg.), Governance in einer sich wandelnden Welt, 2008, 61 ff.; *Seckelmann*, Verwaltungsarchiv 2007, 30 ff.

[105] Programmatisch insbesondere die Schrift von *Rosenau*, Governance without Government: Order and Change in World Politics, 2009 und *Strange*, Review of International Studie 25 (1999), 345. Dazu historisch-kritisch *Duchhardt,* HZ 1999, 305 ff. Die Rolle internationaler Organisationen betont z.B. *Czempiel*, Friedensstrategien: Systemwandel

kann Josef Kohler als paradigmatisch betrachtet werden, die Machtfrage(n) auszublenden[106].

Und so kann man Josef Kohler, der sich auch gerne an Jules Verne gemahnenden Technikutopien hingab[107], auch in seinem politischen Œuvre – allen schrillen nationalistischen Zwischentönen zum Trotz – letztlich als zugleich konservativen wie innovativen Denker bezeichnen, ganz so, wie es auch seinem immaterialgüterrechtlichen Wirken entsprach[108]. In seiner Kombination von (durchaus geldbringender) Innovation, rechtsvergleichender Offenheit und idealistisch-historischer Schwärmerei liegt die Größe und zugleich die Tragik seines Denkens[109].

---

durch internationale Organisationen, Demokratisierung und Wirtschaft, 1986. Zum Begriff des „westfälischen Völkerrechts" s. *Krell*, Weltbilder und Weltordnung. Einführung in die Theorie der internationalen Beziehungen, 4. Aufl., 2009. Zum Thema „Streitbeilegung" vgl. auch den Beitrag von *Collin* in diesem Band.

[106] Vgl. Fn. 104. Man muss sich allerdings gewahr sein, dass eine derartig historisierende Verwendung des Governance-Begriffs nicht unproblematisch ist, dazu *Seckelmann*, Regulierte Selbstregulierung – Gewährleistungsstaat – Kooperativer Staat – Governance: Aktuelle Bilder des Zusammenwirkens zwischen öffentlichen und privaten Akteuren als Analysekategorien für historische Kooperationsformen, in: Collin/Bender/Ruppert/dies./Stolleis (Hrsg.), Regulierte Selbstregulierung in der westlichen Welt des späten 19. und frühen 20. Jahrhunderts, 2014, 27 ff.

[107] *Kohler*, Eine Liebesgeschichte aus dem Jahr 2100, I. Beiblatt der Vossischen Zeitung vom 1.1.1893, wieder abgedruckt in: *ders.*, Vom Lebenspfad. Gesammelte Essays, 1902, 157 ff. ; dazu *Seckelmann*, Das Patentrecht als „Reaktionsbeschleuniger". Die Entwicklung des Patentrechts im zweiten deutschen Kaiserreich (1871–1914), in: Otto/Klippel (Hrsg.), Geschichte des deutschen Patentrechts, 2015, 37 (37 f.).

[108] Dazu etwa *Dölemeyer* (Fn. 45), 139; *Dommann* (Fn. 59), 7 ff.; *Klippel* (Fn. 8); *Pahlow* (Fn. 1), 165; *Seckelmann* (Fn. 25), 300.

[109] Vielleicht ist es das, was *Kiesow* (Fn. 1) unter Josef Kohlers „Poesie" versteht.

Kolonialismus als Ressource für die Rechtswissenschaft

Josef Kohlers rechtsethnologische Forschungen

Gabriele Metzler

A. Einführung

Josef Kohler, der Zeitgenosse des deutschen Imperialismus, hat nie einen Fuß auf den Boden eines der deutschen „Schutzgebiete“ gesetzt und kannte sie genauso wenig wie die Kolonien anderer europäischer Staaten aus eigener Anschauung[1]. Er hat sich nicht als Koloniallobbyist hervorgetan, von einem nennenswerten Engagement seinerseits in einem der kolonialen Verbände ist nichts überliefert. Und doch sind in Kohlers Oeuvre koloniale Dimensionen erkennbar, die in diesem Beitrag ausgeleuchtet werden sollen. Am deutlichsten zutage treten sie in seinen Arbeiten zum sogenannten „Eingeborenenrecht“: Kohler zeigt sich hier als einer der Impulsgeber für die deutsche Rechtsethnologie, als der er bereits von seinen Zeitgenossen[2], dann aber auch in der (rechts-) historischen Forschung gewürdigt worden ist. Dabei hat sie bislang unterschiedliche Akzente gesetzt: In seiner Gesamtschau der frühen deutschen Rechtsanthropologie stellt Sebastian Kuck zwar andere Wissenschaftler ins Zentrum (Post, Wilutzky, Dargun), gibt aber auch Kohler – gleichsam als Konkurrenzunternehmen in der Rechtsethnologie – gewissen Raum[3]. Boin stellt Kohlers Aktivitäten in den Kontext der deutschen Kolonialpolitik, konkreter der Frage nach Kodifizierung des „Eingeborenenrechts“[4]; Habermas und Schaper ordnen seine Arbeiten ein in das koloniale Herrschaftssystem, dessen „Rechtspluralismus“ durch die Forschungsprojekte Kohlers und anderer eher bestärkt und legitimiert worden sei[5]. Groß-

[1] *Großmann/Wilde*, RabelsZ 1994, 59 (73). Überliefert ist lediglich eine Reise nach Nordafrika, vgl. *Boin*, Die Erforschung der Rechtsverhältnisse in den „Schutzgebieten“ des Deutschen Reichs, 1996, 47.

[2] Siehe etwa den Nachruf von *Schmidt*, in: Heymann u.a., Josef Kohler zum Gedächtnis, 1920, 40 ff.

[3] *Kuck*, Die Anfänge der deutschen Rechtsanthropologie, 2001.

[4] Zu nennen sind vor allem: *Boin* (Fn. 1); für den weiteren Kontext: *Sippel*, RabelsZ 1997, 714.

[5] *Habermas*, ZRG/GA 129 (2012), 150 (163); *Schaper*, Koloniale Verhandlungen. Gerichtsbarkeit, Verwaltung und Herrschaft in Kamerun, 1884–1916, 2012.

feld/Wilde deuten Kohlers Rechtsethnologie als Ausfluss seines Strebens nach empirischer Forschung[6]. Zwierlein verortet Kohlers Rechtsethnologie in den rechtspolitischen Kämpfen um das BGB und argumentiert, Kohler habe durch seine rechtsethnologischen Erhebungen vor allem Argumente für seine Positionierung in diesen Auseinandersetzungen gewonnen[7].

An diese substantiellen Forschungen anknüpfend, soll mein Beitrag vornehmlich eine methodische Anregung geben. Er soll die Aufmerksamkeit der (Kolonial-) Rechtsgeschichtsschreibung auf wissenschaftshistorische Ansätze lenken, die für andere Felder entwickelt wurden und in deren Licht die Befunde zu Kohler durchaus in neuem Licht erscheinen. Konkret werde ich argumentieren mit dem Begriff der „Ressourcen".

Die wissenschaftshistorische Forschung interessiert sich seit der Publikation eines impulsgebenden Aufsatzes von Mitchell Ash vor knapp zwanzig Jahren für „Ressourcen", und ich suche dieses Konzept hier für die Analyse von Kohlers rechtsethnologischen Arbeiten fruchtbar zu machen. Unter „Ressourcen" sind nicht allein finanzielle Mittel oder Rohstoffe zu verstehen, sondern „Ressourcen" können Ash zufolge auch „kognitiver, apparativer, personeller, institutioneller oder rhetorischer Art" sein. Ashs Anliegen war (und ist) es, „Wissenschaft und Politik als Ressourcen füreinander" zu begreifen; sie bilden ein spezifisches, veränderliches Ensemble, in dem Ressourcen aller Art „im Prinzip gegenseitig mobilisierbar" sind[8].

Ziel dieses Beitrags ist es deutlich zu machen, dass das Ressourcenensemble, innerhalb dessen Kohler agierte, durch den Kolonialismus bzw. die deutsche Kolonialherrschaft mit verändert wurde. Aus kolonialen Ressourcen, so die These, speisten sich Kohlers wissenschaftliche Erkenntnisse; davon wird der erste, ausführlichste Teil handeln. Koloniale Ressourcen halfen ihm aber auch dabei, wissenschaftspolitische Interessen – Gegenstand des zweiten Teils – sowie politische Anliegen durchzusetzen, die abschließend behandelt werden.

---

[6] *Großmann/Wilde* (Fn. 1), 59.

[7] *Zwierlein*, ZNR 2012, 219.

[8] *Ash,* Wissenschaft und Politik als Ressourcen für einander, in: Rüdiger vom Bruch/Brigitte Kaderas (Hrsg.), Wissenschaften und Wissenschaftspolitik – Bestandsaufnahmen zu Formationen, Brüchen und Kontinuitäten im Deutschland des 20. Jahrhunderts, 2002, 32 f.

B. Koloniale Ressourcen für die Rechtswissenschaft

I. Kohlers Weg zur Rechtsethnologie

Die rechtsethnologischen Arbeiten nehmen insgesamt nur einen kleinen Teil im Oeuvre des notorischen „Vielschreibers“[9] Kohler ein. Die von seinem Sohn Arthur Kohler herausgegebene Bibliographie verzeichnet seine Werke unter 2.482 Nummern, davon sind lediglich 14 Aufsätze dem Recht der „Australische[n] und Südseevölker“ sowie 21 wissenschaftliche Beiträge dem Recht der „Asiatische[n] Völker“ gewidmet. Weitere 22 Beiträge behandeln „Afrikanische Völker“. Diesen sogenannten „Naturvölkern“ gilt ein genuin rechtsethnologisches Interesse, während er das Recht der „orientalischen Kulturvölker“ methodisch vielfältiger behandelt[10].

Zur Rechtsethnologie fand Kohler, bevor das Deutsche Reich formal Kolonien (genauer: „Schutzgebiete“) erwarb[11]. Sein Interesse am Recht „fremder“ Völker wurzelte in der Rechtsgeschichte, die er wiederum studierte, um aus dem historischen Material eine „Universalrechtsgeschichte“ zu entwickeln[12]. Ausgangspunkt war seine Annahme von der „fundamentale[n] Einheit des Menschengeschlechts in seinen verschiedenen Racen und Stämmen trotz ihrer äußerlichen Differenzierung“; und, so hielt er 1881 fest, gäbe zwar die Erforschung des römischen und des germanischen Rechts keinen neuen Aufschluss über lange zurückliegende „Perioden der Rechts- und Kulturbildung“, so lägen diese doch „im Leben anderer Völker vollkommen oben an.“[13]

Kohler griff die ersten Impulse der modernen Anthropologie (zu seiner Zeit identisch mit dem heutigen Verständnis von Ethnologie) auf, die sich ab den 1870er Jahren zunehmend mit dem kolonialen Projekt des Kaiserreichs auf das engste verwoben[14]. Mochte ihn zunächst Bachofens wegweisende Studie zum „Mutterrecht“ (1861) beeinflusst haben, so ließ er sich doch bald konkret von Ethnologen zu evolutionistischen Annahmen von der Rechtsentwicklung inspirieren: zunächst von seiner Verbindung zum Indologen

---

[9] *Boin* (Fn. 1), 46.

[10] Josef Kohler-Bibliographie, bearb. von Arthur Kohler, 1931, Nr. 225–310, zu den „orientalischen Kulturvölkern“ Nr. 311–435. Hier sind auch zahlreiche kürzere Rezensionen mit aufgenommen.

[11] Konziser Überblick über die Etablierung des Forschungsfelds bei *Schaper* (Fn. 5), 234 ff.

[12] *Boin* (Fn. 1), 49.

[13] *Kohler*, Kritische Vierteljahresschrift für Gesetzgebung und Rechtswissenschaft 1881, 161 (175 f.).

[14] Dazu grundlegend: *Zimmerman*, Anthropology and Antihumanism in Imperial Germany, 2001.

Julius Jolly während der gemeinsamen Würzburger Zeit[15], dann aber besonders von den Arbeiten des Berliner Ethnologen und ersten Direktors des Museums für Völkerkunde, Adolf Bastian, durch die er sich in seiner Annahme einer gemeinsamen, universalen Quelle des Rechts bestätigt sah (siehe dazu unten, B.I). Kohler erwartete vom Studium der „Naturvölker" – einem Konstrukt der zeitgenössischen Anthropologie[16] – neue Einsichten in die Genese des Rechts. Geradezu euphorisch kommentierte Kohler in seiner Besprechung der rechtsethnologischen Pionierarbeiten des Bremer Richters Albert Hermann Post den erhofften Zugewinn an neuen Quellen: „Hier greift zu, ihr Forscher, hier ist noch Material für hundert rüstige Kräfte, hier ist kalifornische Ausbeute zu hoffen, wenn die übrigen Quellen der historischen Rechtsforschung zu versiegen beginnen!"[17]

Erste rechtsethnologisch ausgerichtete Aufsätze Kohlers erschienen bald in rascher Folge, geografische Schwerpunkte setzte er dabei nicht. So wirkt die Auswahl der Themen zunächst etwas erratisch, wenn Kohler allein binnen zweier Jahre Abhandlungen über das birmanische Recht (1886), „Das Recht der Australneger" (1887), „Das Recht der Papuas auf Neu-Guinea" (1887) und „Das Recht der Goajiroindianer" (1887) in den jeweiligen Bänden der von ihm mitherausgegebenen Zeitschrift für vergleichende Rechtswissenschaft veröffentlichte[18]. Relevant für das Erkenntnisinteresse dieses Beitrags ist die Frage, wie Kohler selbst die Wissensgrundlage für seine ersten rechtsethnologischen Studien beurteilte. In seinem „Recht der Australneger" zielt gleich der erste Satz auf das Problem der „Dürftigkeit unserer Kenntnisse der Naturvölker" – und obendrein, so konstatierte er, stamme das dürftige Wissen „von solchen, welche ein ganz anderes Arbeitsgebiet als das der vergleichenden Rechtswissenschaft gewählt haben". Für Kohler zunächst kein Grund zu zweifeln; stattdessen plädierte er emphatisch für die Rezeption ethnologischer Forschungen durch die Rechtswissenschaft:

[15] Unter den ersten außereuropäisch angelegten Aufsätzen *Kohlers*: Indisches Obligationen- und Pfandrecht, Zeitschrift für Vergleichende Rechtswissenschaft 1882, 161; *ders.*, Indisches Ehe- und Familienrecht, ebd., 342.

[16] *Zimmerman* (Fn. 14), 38.

[17] *Kohler*, Kritische Vierteljahresschrift für Gesetzgebung und Rechtswissenschaft 1881, 161 (176). Besprechung von *Post*, Bausteine für eine allgemeine Rechtswissenschaft auf vergleichend-ethnologischer Basis, 1880; s. auch *Kohlers* Besprechung von *Post*, Die Grundlagen des Rechts und seiner Entwicklungsgeschichte, Zeitschrift für Vergleichende Rechtswissenschaft 1887, 460 f.

[18] Vier Beiträge Kohlers zum birmanischen Recht erschienen allein 1886 in der Zeitschrift für Vergleichende Rechtswissenschaft 1886, 161; 186; 205; 388; weitere Beiträge *Kohlers* zum Recht der Australneger, der Papuas auf Neu-Guinea und der Goajiroindianer in der Zeitschrift für Vergleichende Rechtswissenschaft 1887, 321; 369; 381.

„Oeffnet einmal den Born tüchtiger, verbürgter Nachrichten, welche von Forschern kommen, die jahrelang unter den Völkern gelebt und sich in ihre Verhältnisse vertieft haben, und gar in neuerer Zeit, wo die verschiedenen Nationen miteinander wetteifern, die noch vorhandenen Kinder der Natur nicht nur in ihrer physischen Erscheinung, sondern auch in ihrem geistigen Leben zu erforschen“[19].

Freilich stellte er bald fest, dass derlei Wissensquellen das Erkenntnisinteresse von Juristen nicht recht zu befriedigen vermochten. Der Blick derjenigen, die von „fremden Völkern“ berichteten, sollte besser und systematischer auf die Erfassung von Rechtsinstituten und -gebräuchen gelenkt werden. Hierfür eröffnete ihm die zunehmend formale deutsche Herrschaft über Territorien in Afrika und in der Südsee neue Ressourcen.

II. Der erste Fragebogen Kohlers

Um Informationen aus den deutschen Schutzgebieten systematisch zusammentragen und zu Analysen zusammenbinden zu können, suchte Kohler die Unterstützung der kolonialpolitischen Abteilung des Auswärtigen Amtes[20]. Im Oktober 1891 richtete er, sich ausdrücklich als Herausgeber der Zeitschrift für vergleichende Rechtswissenschaft und Autor mehrerer rechtsvergleichender Arbeiten ausweisend, an die Abteilung die Bitte, ihm die dort vorhandenen Kenntnisse über die Rechtsverhältnisse der Indigenen zugänglich zu machen[21]. Damit hatte sich das Amt freilich noch gar nicht befasst, und so beschied es den Berliner Professor zwar abschlägig, gab sein Ansuchen jedoch in Form eines Zirkularerlasses an die zuständigen Stellen in den Schutzgebieten weiter mit der Anweisung, entsprechende Informationen zu sammeln und an die Zentrale zu übermitteln[22]. Die Vorgaben waren vage, und entsprechend amorph war das Material, das (teils auch erst nach drängenden Rückfragen seitens der Zentrale) in Berlin einging und das die Kolonialabteilung Kohler umgehend zugänglich machte[23]. Kohler ließ sich davon nicht irritieren; das nun verfügbare Material, so heterogen es sein mochte – es enthielt ausführliche Beschreibungen von Rechtsgebräuchen einzelner „Stämme“ ebenso wie Gerichtsurteile, die aus Kamerun als Antwort auf den

[19] *Kohler*, Australneger (Fn. 18), 321.

[20] Dazu detailliert: *Boin* (Fn. 1), 49–56.

[21] Schreiben Kohlers an das Auswärtige Amt, 10.10.1891, Bundesarchiv Berlin-Lichterfelde [künftig zit.: BArch] R 1001/4989, fol. 2–3. – Die einschlägigen Akten des Reichskolonialamts (R 1001) sind in digitalisierter Form zugänglich und wurden für diesen Beitrag ausgewertet. – Zu Kohlers Verbindungen zur Kolonialabteilung auch *Schaper* (Fn. 5), 246 ff.

[22] Antwortschreiben des Auswärtigen Amts an Kohler, 21.10.1891; Zirkularerlass des Auswärtigen Amts, 31.10.1891; beide BArch R 1001/4989, fol. 4, 5.

[23] Kolonialabteilung an Kohler, 5.8.1895, BArch R 1001/5000, fol. 77 (Übersendung eines Berichts und Bitte um Rücksendung von fünf anderen). Siehe auch *Boin* (Fn. 1), 53.

Erlass geschickt worden waren[24] – verarbeitete er in einem weiteren großen Aufsatz[25]. Ungeachtet der schmalen Quellenbasis brachte er allgemeine Befunde zu Papier („Bekanntlich ist ja dieser Frauenkauf allgemeines Negerrecht."[26]).

Bei Lichte betrachtet aber musste Kohler zugeben: Der Rücklauf war unbefriedigend. Er sah nun die Notwendigkeit und die Chance, seine Forschungen unabhängiger von den mehr oder minder zufällig nach Berlin gelangenden Informationen durch Missionare, Kolonialbeamte oder Militärs zu machen und vor allem die Blicke derer, die Daten über die Rechtsverhältnisse der Indigenen sammelten, sicherer zu lenken[27]. Hierfür griff Kohler auf ein Instrument zurück, das sich in der Anthropologie seit den frühen 1870er Jahren zuverlässig etabliert hatte: Im Januar 1896 legte er der Kolonialabteilung einen Fragebogen mit 100 Fragen vor, und zugleich suchte er um Genehmigung nach, diesen veröffentlichen zu dürfen[28]. Bemerkenswert ist, wie es Kohler gelang, seine Forschungsagenda – wie im Fragebogen eingekapselt – gegenüber der Kolonialabteilung durchzusetzen; immerhin gab es konkurrierende Anfragen und alternative Fragebögen. In der Vorbemerkung zum Fragebogen in der ZVerglR verschwieg Kohler nonchalant, dass seiner bereits der dritte war, der der Kolonialabteilung vorlag: Nach Karl Friedrichs 1892 und Max Beneke (für die Gesellschaft für Vergleichende Rechts- und Staatswissenschaft (GVRS) 1895, deren Fragebögen das Auswärtige Amt zurückgewiesen hatte, wurde Kohlers Fragenkatalog in die Schutzgebiete versandt. Nur der Hartnäckigkeit ihres Vorsitzenden Felix Meyer gelang es der Internationalen Vereinigung für Vergleichende Rechtswissenschaft und Volkswirtschaftslehre (IVVRV) 1896, die Kolonialabteilung zum Versand auch ihres Fragebogens zu bewegen. Dieser wiederum ging maßgeblich auf Post zurück, war nicht nur in Deutsch, sondern auch in Englisch und Französisch gehalten und ging kurz nach Kohlers Katalog in die Kolonien, auch in diejenigen anderer europäischer Mächte[29].

Kohler hatte in den Ablehnungen der übrigen Fragebögen eine maßgebliche Rolle gespielt; im Falle von Friedrichs hatte er ein negatives Gutachten

[24] *Schaper* (Fn. 5), 247.

[25] *Kohler*, Ueber das Negerrecht, namentlich in Kamerun, Zeitschrift für Vergleichende Rechtswissenschaft 1895, 413.

[26] *Kohler* (Fn. 25), 434; auch bereits festgehalten bei *Boin* (Fn. 1), 55 f.

[27] Die Formulierung, Fragebögen „zur Lenkung des Blicks" bei *Habermas* (Fn. 5), 157; so auch bereits *Zimmerman* (Fn. 14), 55.

[28] Kohler an Kolonialabteilung, 22.1.1896, BArch R 1001/5000, fol. 130. Angekündigt hatte er den Fragebogen bereits in seinem Schreiben vom 6.8.1895, BArch R 1001/5000, fol. 78. *Kohler,* Zeitschrift für Vergleichende Rechtswissenschaft 1897, 427. – Ausführlich zu den Diskussionen um die Fragebögen *Boin* (Fn. 1), 57–70.

[29] *Lyall*, J. Afr. Law 2008, 114. Dort (124 ff.) auch der Abdruck einer englischen Übersetzung des Fragebogens.

geschrieben, Beneke war von der Kolonialabteilung ablehnend auf den in Vorbereitung befindlichen Kohler-Katalog verwiesen worden[30], und auch der Internationalen Vereinigung hatte Kohler beschieden, ihr Entwurf wäre nicht zweckmäßig. Damit hatte er seine Interessen mit dem ganzen symbolischen und sozialen Kapital des Berliner Rechtsprofessors gegen andere Forschungsvorhaben durchgesetzt. Dass der Beneke-Bogen auf anderem Wege in die Schutzgebiete gelangte und in einer Handreichung des Museums für Völkerkunde zur ethnographischen Forschung in Ostafrika ausdrücklich genannt wurde,[31] mochte der GVRS als Erfolg erscheinen; faktisch freilich hatte sich Kohler schon jetzt als „Forschungsbeauftragter der Reichsregierung"[32] etabliert. Die Antwort auf den Beneke-Bogen fand Eingang in Kohlers Aufsatz „Das Recht der Hottentotten"[33].

Kohlers Fragebogen unterschied sich substantiell insofern von den beiden vorhergehenden, als er gleich mit der ersten Frage ins Zentrum seines Erkenntnisinteresses vorstieß: „Herrscht Vater- oder Mutterrecht?" Die beiden anderen hatten die prospektiv Berichtenden deutlich sorgsamer an den Gegenstand der Befragung herangeführt und zunächst Informationen über Land und Leute erfragt. Für solche allgemeinen Fragen interessierte sich Kohler gar nicht[34].

Den Rücklauf musste er eigentlich als enttäuschend bewerten. Auf die 165 Kohler- und 88 Post-Fragebögen, die in den Schutzgebieten verteilt worden waren, gelangten lediglich 17 Berichte zurück nach Berlin (10 zu Kohler, 6 zu Post, ein unabhängiger Bericht). Fünf weitere Aufsätze immerhin konnte Kohler aus diesem und dem zuvor von der Kolonialabteilung erhaltenen Material aber erarbeiten, in denen er seitenweise das Berichtete nahezu unkommentiert und ohne Heranziehung weiterer Quellen referierte[35].

---

[30] Kolonialabteilung an den Vorstand der Gesellschaft für vergleichende Rechts- und Staatswissenschaft, Herrn Stradonitz, 26.8.1895, BArch R 1001/5000, fol. 91; Kohler an Kolonialabteilung, 9.3.1896, BArch R 1001/5000, fol. 152. – Zu Kohlers „privilegierter Stellung" auch *Schaper* (Fn. 5), 248 f.

[31] Der „Fragebogen über die rechtlichen und wirtschaftlichen Verhältnisse der Natur- und Halbkulturvölker" (auch in BArch R 1001/5000, fol. 81 ff.) liegt gedruckt vor als Separatum aus den Mitteilungen der Gesellschaft für vergleichende Rechts- und Staatswissenschaft zu Berlin, Berlin 1895. Verweis auf den Fragebogen durch *Seidel,* Mittheilungen von Forschungsreisenden und Gelehrten aus den Deutschen Schutzgebieten 1897, 1 (5).

[32] *Schaper* (Fn. 5), 248.

[33] *Kohler*, Das Recht der Hottentotten, Zeitschrift für Vergleichende Rechtswissenschaft 1902, 337; dazu auch *Boin* (Fn. 1), 64.

[34] *Boin* (Fn. 1), 71–79, zum Vergleich der Fragebögen.

[35] *Kohler*, Rechte der deutschen Schutzgebiete. I. Das Recht der Herero, Zeitschrift für Vergleichende Rechtswissenschaft 1900, 294; Ueber das Recht der Herero, ebd. 1906, 29, 412; *ders.*, Das Recht der Papuas, ebd. 1900, 321; 409; *ders.*, Das Banturecht in Ostafrika, ebd. 1902, 1; Das Recht der Betschuanen, ebd., 321.

III. Die zweite Fragebogenaktion

Nach 1900 begann sich die deutsche Kolonialpolitik zunehmend stärker für das Recht der Kolonisierten zu interessieren: In Berlin hatten die Aufstände erst in Deutsch-Südwestafrika, dann in Deutsch-Ostafrika zu der skeptischen Einschätzung geführt, dass die deutsche Kolonialherrschaft prekär blieb, solange sie sich nicht hinlänglich mit den Gegebenheiten vor Ort auseinandergesetzt und daraus die richtigen Schlüsse zur Organisation dieser Herrschaft gezogen hatte[36]. Dazu zählte namentlich die Befassung mit den lokal verwurzelten Rechtsordnungen. Kohler selbst wies die Kolonialabteilung des Auswärtigen Amts 1906 darauf hin:

> „Ein großer Teil der Fehler unserer Kolonialbeamten", ließ er das Amt wissen, „beruht darauf, dass ihnen die Rechtsanschauungen und die Denkweisen der Eingeborenen unbekannt sind, und sie daher, ohne es zu wissen, solche verletzen und dadurch den Widerspruch der Eingeborenen erregen. Und wenn man früher glauben mochte, dass ein solcher für uns keine weiteren Konsequenzen habe, so haben die vergangenen Jahre gezeigt, wie schwerer Schaden daraus hervorgehen könne."[37]

Kohlers Tadel fügte sich gut zu dem Vorhaben Bernhard Dernburgs, der sich als Leiter des 1907 neu eingerichteten Reichskolonialamts (RKA) zum Ziel setzte, die deutsche Kolonialpolitik stärker zu „verwissenschaftlichen"[38]. Darin unterschied sie sich nicht von der Politik anderer europäischer Kolonialmächte, die ebenfalls nach der Jahrhundertwende wissenschaftliches Wissen gezielt zu generieren suchten, wobei es dabei um (vermeintlich) gesicherte Entscheidungsgrundlagen genauso ging wie um Legitimationsgewinne gegenüber den Kolonisierten und der Opposition in der Metropole. Für die Rechtswissenschaft war es zunächst jedoch nicht Kohler, sondern vor allem der umtriebige Felix Meyer, der seine Verbindungen in den Reichstag spielen ließ und dafür sorgte, dass 1907 eine Kommission mit der Erforschung des „Eingeborenenrechts" beauftragt wurde[39].

Außer Meyer und Kohler traten drei Angehörige des RKA, vier Reichstagsabgeordnete (darunter auf Dernburgs ausdrücklichen Wunsch auch der Sozialdemokrat Südekum[40]) sowie der Ethnologe Pater Schmidt in die Kommission ein. Dernburg betraute Kohler mit dem Vorsitz. Die beiden kannten sich und schätzten einander: Der Leiter des RKA hatte während seines Studiums bei Kohler gehört, und dass dessen Onkel Heinrich Dernburg Kollege in der Berliner Juristischen Fakultät war, war für Kohler sicher auch kein Nachteil, sondern brachte ihn erneut in eine privilegierte Position.[41] Schmerz-

---

[36] *Sippel* (Fn. 4), 714 (719 f.).

[37] Kohler an Dernburg, 29.10.1906, BArch R 1001/4990, fol. 121.

[38] *Zimmerman* (Fn. 14), 218.

[39] *Sippel* (Fn. 4), 720; *Schaper* (Fn. 5), 250.

[40] Dernburg an Unterstaatssekretär v. Loebell, 12.6.1907, BArch R 1001/4992, fol. 32.

[41] *Zwierlein* (Fn. 7), 225, 227.

lich für ihn war lediglich, dass er sich nicht recht revanchieren konnte: Als er als Dekan der Juristischen Fakultät zum Universitätsjubiläum 1910 freigiebig Ehrendoktorwürden verteilte, musste er eingestehen, dass die Fakultät zwar bereits für Bernhard Dernburg gestimmt hatte, ihr dann aber „eine andere Fakultät" – vermutlich die Philosophische – mit der Verleihung des Dr. h.c. an diesen zuvorgekommen war[42].

Bevor die Kommission ihre Arbeit aufnahm, legten Dernburg und Kohler vorab wahrscheinlich das weitere Vorgehen fest[43]. Abermals ging es um einen Fragebogen. Kohlers Katalog gab die Grundlage, von der aus weiter diskutiert wurde, und auch das Resultat der Beratungen in der Kommission trug noch deutlich seine Handschrift, auch wenn der finale Regierungsfragebogen erweitert und in Teilen anders formuliert war[44]. Lediglich die Praktiker aus den Kolonien, die Gouverneure Ostafrikas und Togos, gaben zu bedenken, dass ein Fragebogen schwerlich der Diversität und Wandelbarkeit aller indigenen Rechtsverhältnisse gerecht werden könne[45].

Der Fragebogen ging nun an die Gouverneure und Beamten in den deutschen Schutzgebieten (mit Ausnahme Togos, wo Asmis bereits Forschungen unternahm), an Militärs, an Missionare und Händler. Kurz: Diese Akteure wurden als Experten für die Rechtsverhältnisse vor Ort herangezogen, die Kolonisierten selbst freilich aus der Befragung ausgeschlossen. In einer Handreichung riet das Auswärtige Amt explizit davon ab, denn in Berlin befand man, dass „es den Eingeborenen schwer fällt sich in den Gedankengang des Fragenden hinein zu versetzen, selbst wenn ihm einfache und konkrete Fälle vorgelegt werden, weil er nach kurzer Zeit geistig ermüdet, selbstersonnene Antworten gibt, um den Fragenden zufrieden zu stellen, und mit dem eigenen besseren Wissen aus Furcht vor Widersprüchen, Misstrauen und Pietät zurückhält."[46]

Insgesamt gingen beim RKA 77 Rückmeldungen auf die 380 ausgesandten Fragebögen ein, das Gros davon (40) kam von Missionaren, weitere 20 von Beamten und Militärs. Eine Veröffentlichung der Berichte sollte, anders als bei den vorangegangenen Erhebungen, nicht direkt erfolgen, stattdessen war die Kommission angehalten, zunächst die Befunde zu systematisieren. Kohler erhielt dafür finanzielle Mittel des RKA, mit denen er fünf Mitarbeiter bezahlte; im übrigen konnte er auf Zuarbeiten durch einen Mitarbeiter des Ethnologischen Museums zurückgreifen, der für ihn niederländische und

[42] *Kohler,* Rede des juristischen Dekans, 1910, 8.

[43] Darauf deutet jedenfalls der Zeitpunkt der Verabredung der beiden hin: Dernburg an Kohler, 4.6.1907; Kohler an Dernburg, 8.6.1907, BArch R 1001/4992, fols. 29, 31.

[44] Vergleich des Kohler- mit dem Fragebogen von 1908 bei *Boin* (Fn. 1), 119f.

[45] Protokoll der 2. Sitzung, 1.2.1908, BArch R 1001/4992, fol. 125–130 (128).

[46] Zit. nach *Zwierlein* (Fn. 7), 238.

portugiesische Literatur exzerpierte[47]. Mit der Auswertung ging es freilich nur schleppend voran. Kohlers Drängen während des Krieges, die Arbeiten zu beschleunigen, weil „gewiss seinerzeit die Kongovölker dazu kommen [werden], allein dies wäre dann Gegenstand neuer Befragungen und neuer Arbeiten", verpuffte ohne den gewünschten Effekt[48]. Krieg und Nachkriegswirren, dann der Verlust der Kolonien und Kohlers Tod 1919 verzögerten den Abschluss obendrein. Erst 1929/30 erschien eine Synthese[49].

Mochte das Forschungsprojekt „Eingeborenenrecht" auch nicht so erfolgreich abgeschlossen werden können wie von Kohler geplant, so bietet es doch hinreichend Anschauungsmaterial für meine Leitfrage nach der Bedeutung von Ressourcen. Die deutschen Schutzgebiete bildeten einen Forschungsraum, der es Kohler und anderen ermöglichte, bestimmte Fragestellungen konsequent zu verfolgen und systematisch Daten erheben zu lassen. Für sein Interesse an der Rechtsvergleichung, vor allem aber an der Ausarbeitung einer „Universalrechtsgeschichte" durfte er sich davon weiterführende Einsichten erhoffen, die aufgrund ihrer vermeintlich authentischen Quellenbasis objektive Geltung beanspruchen durften.

Er konnte hierfür auf die materiellen und personellen Ressourcen des Auswärtigen Amts bzw. des RKA zurückgreifen, weil die deutsche Politik ihrerseits ein Interesse daran hatte, wissenschaftlich gesicherte Informationen über die Rechtsordnungen vor Ort zu erhalten, auf deren Grundlage sich die deutsche Herrschaft effizienter absichern ließe.

IV. Die rechtsethnologischen Befunde

Kohler gewann aus dem Kontext des kolonialen, des imperialen Projekts epistemische Ressourcen, die ihm bestimmte Deutungen nahelegten und diese wiederum für seine Fachcommunity, aber auch für eine breitere Öffentlichkeit verstehbar machten und sie als gesichertes Wissen erscheinen ließen.

Nicht ausführlich eingehen will ich an dieser Stelle auf die eminenten methodischen Schwächen in Kohlers rechtsethnologischen Arbeiten, die keinerlei Quellenkritik enthalten und den Modus der Konstruktion ihres Gegenstands nicht problematisieren. Kurz gesagt: Kohler fand unter den „Eingeborenen" genau das, wonach er suchte; und für andere Informationen ließ er mit den eng geführten Fragebögen gar keinen Raum[50]. Den Fragebögen wie auch seinen rechtsethnologischen Studien liegt eine als unhintergehbar

[47] Siehe etwa Kohler an Dernburg, 6.11.1908; Kohler an RKA (Jacobs), 19.6.1908; BArch R 1001/4992, fols. 139, 142.

[48] Kohler an RKA, 20.10.1915, BArch R 1001/4992, fol. 203.

[49] *Zwierlein* (Fn. 7), 227, das Weitere in diesem Absatz: ebd., 227–229.

[50] Methodische Kritik bei: *Schaper* (Fn. 5), 267 ff.; *Zwierlein* (Fn. 7); zum „Othering": *Habermas* (Fn. 5), 161.

ausgewiesene Differenzbehauptung zu Grunde, auf der sowohl das koloniale Projekt als auch Kohlers Rechtstheorie ihr Fundament fanden. Kohlers Unterscheidung zwischen „Natur" und „Kultur", wie er sie seit der Publikation seiner Schrift „Das Recht als Kulturerscheinung" 1885 konsequent weiterverfolgte und 1914 quasi summarisch im Buch „Recht und Persönlichkeit in der Kultur der Gegenwart" ausführte, bettet sich einerseits ein in die großen Debatten um den Kulturbegriff, wie sie um die Jahrhundertwende weithin geführt wurden; und sie bildete andererseits den Kern seiner evolutionistischen Rechtstheorie, die in der Annahme stetigen Fortschritts ihren Fluchtpunkt fand. Zur „Kultur" hatte der Mensch aus der „Natur" gefunden; und das Konstrukt der „Naturvölker", die prominent in seinen rechtsethnologischen Arbeiten vertreten sind, stützte die Selbstbeschreibung der Kolonisierer als „herrschendes Kulturvolk"[51] mit entsprechend fortgeschrittener Rechtsordnung. Fast durchgängig erscheint in seinen Studien das Eingeborenenrecht als ein Recht des „noch nicht", als ein Recht, das noch auf einer früheren Entwicklungsstufe angesiedelt war und seinen Durchbruch in die Moderne noch vor sich hatte. Öfter schon hat die Forschung darauf hingewiesen, dass in der westlichen Anthropologie des ausgehenden 19. und frühen 20. Jahrhunderts die Kolonisierten in einer anderen Zeit verortet waren;[52] hier war Kohler sicher in bester Gesellschaft, wenn er etwa über „die Bantuvölker Afrikas" oder die „Polynesier" schrieb, sie hätten „das Verdienst, uns einen tiefen Einblick gewährt zu haben in die ursprünglichen Regungen der menschlichen Natur und in diejenige geistige Phase des Denkens, von welcher auch die Kultur unserer Altväter ausgegangen ist."[53]

Geltungskraft konnte Kohler für seine evolutionistische Rechtstheorie nur beanspruchen, wenn er für Rechtsordnungen des „noch nicht" bzw. des „nicht mehr" Belege beibrachte. Dass er systematisch nach einer Unterfütterung seiner These suchte, in der Rechtsentwicklung folge einer Phase des Mutterrechts eine des Vaterrechts und das empirische Unterscheidungskriterium läge in der „Muntwalt", hat Zwierlein überzeugend dargelegt. In der Tat enthielt Kohlers Fragebogen explizit eine ganze Reihe von Begriffen und Fragen, die auf das germanische Recht zielten wie die Muntwalt, andere, wie die nach dem „Leviratsrecht", hatten ihre Wurzeln im biblischen Recht[54]. Ich komme auf die politische Bedeutung dieses Interesses an den ehe- und familienrechtlichen Regeln der „Eingeborenen" im dritten Teil noch einmal zurück.

---

[51] *Kohler*, Recht und Persönlichkeit, 1914, 20.

[52] Einschlägig zu dieser Form des „Othering": *Fabian*, Time and the Other, 1983 [Ndr. 2002].

[53] *Kohler*, Aus der Gedankenwelt unserer Kolonialvölker, Der Zeitgeist. Beilage zum „Berliner Tageblatt", 25.2.1901.

[54] *Zwierlein* (Fn. 7), 233 f.

Das *Othering*, das Kohler in seinen rechtsethnologischen Publikationen betrieb, ging im Übrigen mit beträchtlichem Voyeurismus einher. Habermas hat auf die Vielzahl der Fragen zu Blutrache, Frauenraub und anderen hingewiesen. Auch hier war Kohler nicht frei vom kolonialen Blick, der das Exotische suchte[55].

C. Koloniale Ressourcen und wissenschaftspolitische Interessen

I. Kohlers Positionierung in der Rechtswissenschaft

Prämisse seiner optimistischen Einschätzung, neue rechtshistorische bzw. rechtstheoretische Erkenntnisse ließen sich aus rechtsethnologischen Studien gewinnen, war Kohlers These von einer gemeinsamen Wurzel allen Rechts und von der Kulturbedingtheit seiner spezifischen Entwicklung. Die Historische Schule der Rechtswissenschaft, so Kohler, sei dafür blind gewesen und einem zu engen Verständnis der Vergangenheit gefolgt[56]. Und damit nicht genug seiner Angriffe auf die Historische Schule, ja auf die gesamte Grundkonzeption der Rechtswissenschaft als hermeneutisch arbeitender Textwissenschaft: Kohler war es mit seiner Hinwendung zur Rechtsethnologie auch darum zu tun, seine eigene Disziplin auf gleiche Höhe mit den um die Jahrhundertwende zunehmend dominant werdenden Naturwissenschaften zu bringen. Er reflektierte damit – nicht sehr feinziseliert in den Argumenten, dafür mit umso größerer Entschiedenheit in den Schlüssen, die er zog – die zur Hochzeit seiner rechtsethnologischen Arbeiten viel beschworene Krise der Geisteswissenschaften und der Geschichte im Besonderen. Damit machte er sich zum Teilhaber eines genuin bildungsbürgerlichen Projekts, das „Moderne" auch als Signum der Produktion wissenschaftlichen Wissens verstand[57]. Nur in Analogie zu den Naturwissenschaften erschien ihm die Rechtswissenschaft sich in dieser Hinsicht weiterentwickeln zu können:

> So [könnten] „die Rechtsverhältnisse der Urvölker allein die Lösung des großen Räthsels von dem Entstehen und von der socialen Natur des Rechts bieten. Nicht ein begriffliches Zerfasern von Imperativen, Urtheilssätzen, Positionen und Negationen kann uns das Wesen und Werden des Rechts erklären, sondern nur der frische Blick auf die unendliche Fülle von Bildungen, welche das Recht auf jeder Kultur- und Nichtkulturstufe aus seinem Schosse erzeugt. Das Studium der Naturvölker wird die Rechtswissenschaft, die Rechts-

[55] *Habermas* (Fn. 5), 160 f.

[56] So bspw. *Kohler*, Deutsche Revue, 1890, 194 (198).

[57] *Zimmerman* (Fn. 14), 239 et passim. Als Reflexion auf Modernität lässt sich auch Kohlers Beitrag zum Immaterialgüter- und Urheberrecht etc. deuten, dazu *Schwab*, ZNR 2014, 45 (55).

geschichte und Rechtsphilosophie ebenso neu beleben, wie das Studium der primitiven Zellenbildungen die Entwicklungslehre, wie das Studium der einfachen chemischen Verbindungen die Biologie und Physiologie."[58]

Anders als die Ethnologie, die sich in Koevolution mit dem modernen Imperialismus und Kolonialismus als Disziplin definierte, war die Rechtswissenschaft bereits etabliert und wandte sich aus einer gefestigten disziplinären Kontur dem Recht der „Naturvölker" zu. Kohlers Kerninteresse zielte nicht primär auf die Erforschung der Rechte, der Rechtsordnungen und -kulturen ferner „Stämme", sondern darauf, in sein eigenes Fach hineinzuwirken. Disziplinäre Grenzziehungen („boundary-work") waren dabei gar nicht trivial, wie Kohler in einem kleineren Beitrag in der Zeitschrift „Die Geisteswissenschaften" 1913 darlegte:

„Die vergleichende Rechtswissenschaft hat mit manchen Schwierigkeiten zu kämpfen; von hüben und drüben werden ihr Hindernisse in den Weg gelegt. Will sie sich an die Ethnologie anschließen, so wird ihr von den Juristen entgegengehalten, dass dies über die Grenzen der Jurisprudenz hinausginge; will sie sich in sich selbst entwickeln, so wird ihr von Ethnologen der Vorwurf gemacht, dass sie die Menschheit ohne ethnologische Hilfsmittel zu erkennen versuche."[59]

Für sich selbst suchte er aus seiner vermeintlichen rechtsethnologischen Expertise einen Distinktionsgewinn in der Rechtsvergleichung und Rechtsgeschichte zu erzielen: „Wer von der Ethnologie nichts versteht, kann in der Geschichte des Rechts niemals einen Boden finden", erklärte er apodiktisch[60].

Seine Erkenntnisse aus der Erforschung des „Eingeborenenrechts" gaben ihm überdies ein starkes Argument gegen den Rechtspositivismus seiner Zeit an die Hand. Kohlers viel zitiertes Diktum gehört in diesen Zusammenhang: „Daher gibt es kein Volk ohne Recht: es gibt Völker ohne Gerichte, es gibt Völker, bei welchen die staatliche Organisation fehlt oder nur in ihren äußersten Rudimenten entwickelt ist – aber ein Volk ohne Recht gibt es nicht: der Mensch kann niemals Nichtmensch sein."[61] Indem er aus den kolonialen Daten Hinweise auf informelle Rechtspraktiken und auf Gewohnheitsrecht gewann, konnte er seinen Kollegen eine Abfuhr erteilen, die Recht nur als positives Recht anerkannten.

Bereits 1886 erklärte er den Paradigmenwechsel zur „ethnologischen Jurisprudenz" für vollzogen, „der Kampf [um sie] sei ausgekämpft", ihre Notwendigkeit bewiesen[62]. Noch nicht „ausgekämpft" war freilich der Streit um

---

[58] *Kohler*, Besprechung von Bastian, Zeitschrift für Vergleichende Rechtswissenschaft 1883, 277 (278 f.).

[59] *Kohler,* Die Geisteswissenschaften 1913, 28 (28).

[60] *Kohler* (Fn. 59), 29.

[61] *Kohler*, Australneger (Fn. 18), 324.

[62] *Kohler*, Zur ethnologischen Jurisprudenz, Zeitschrift für Vergleichende Rechtswissenschaft 1886, 407 (425).

ihren Ansatz: Sollte man zunächst vorrangig Detailforschung betreiben und möglichst die Spezifika einzelner „Stämme“ und Volksgruppen erforschen, bevor man universale Schlüsse zog? Oder sollte es primär darum gehen, möglichst rasch eine universale Theorie zu formulieren, in die die Einzelbefunde dann eingeordnet werden könnten? Kohler neigte zunehmend der ersten Position zu[63]. Dass er – so zumindest erwartete er – kontinuierlich auf alle neu nach Berlin gelangenden Berichte und Daten aus den Kolonien zugreifen und sie systematisch auswerten konnte, mochte ihm gegenüber anderen, die ebenfalls in der Rechtsethnologie arbeiteten und weniger privilegiert waren als er, einen Vorsprung hinsichtlich der empirischen Basis verschaffen. Demnach nutzte er koloniale Ressourcen auch für seine Positionierung innerhalb der Rechtsethnologie.

II. Die Rechtswissenschaft im Kanon der kolonialaffinen Fächer

Von einem Vorrang der Ethnologie konnte für Kohler keine Rede sein, im Gegenteil. Noch einmal: „es gibt kein Volk ohne Recht“, daher gingen, so Kohlers Anspruch, völkerkundliche Untersuchungen ohne juristische Beteiligung von vornherein fehl. In seinen Worten: „Allüberall, wo nicht Juristen es unternommen haben, rechtliche Gestaltungen zu behandeln, ist man völlig gestrauchelt.“[64] Ein schlagkräftigeres Argument für die eigene Profession lässt sich schwerlich vorstellen.

Für Kohler stand gänzlich außer Frage, dass in den Kolonien zwar die Beobachtungen unternommen und Daten gesammelt werden mussten; ihre Auswertung jedoch musste in den Händen geschulter Rechtswissenschaftler in der Metropole liegen. Diese Idee von Arbeitsteiligkeit hatte er mit anderen rechtsethnologisch arbeitenden Juristen gemein[65]. Auf diese Weise konnte Kohler mehrfach profitieren: Er konnte für die Datenerhebung die konkrete Anschauung und Beobachtung vor Ort nutzen und dadurch besondere Authentizität seiner Quellen behaupten, verteidigte freilich gleichzeitig das Deutungsmonopol der Juristen.

Wenn es „kein Volk ohne Recht“ gab, dann waren Juristen immer als Experten gefragt, wenn es um die Kenntnis und das Verständnis anderer Völker ging. Und da er auch davon ausging, dass es zwar „keine Völker ohne Recht“, doch „Völker ohne Rechtswissenschaft“ gab, konnte er seiner eigenen Disziplin auch eine hervorragende Stellung im System der Disziplinen zuschreiben: „die Rechtswissenschaft“, teilte er mit, „ist, wie die Philosophie, nur wenigen Völkern von hoher sittlicher Kraft und grossem Abstraktions-

---

[63] Ausführlicher *Kuck* (Fn. 3), 163 ff.

[64] *Kohler* (Fn. 59), 29 f.

[65] *Schaper* (Fn. 5), 258 ff.

vermögen verliehen worden"[66]. Die Mobilisierung von kolonialem Interesse an Herrschaftssicherung und rechtsethnologischer Forschung als Ressourcen füreinander im Eingeborenenprojekt hatte dafür hinreichend Anschauung geboten.

III. Juristen als Experten

Auf diese Weise etablierte Kohler den Juristen als Experten für koloniales Recht[67]. Als Experte war er Garant für den Erfolg einer „wissenschaftlichen Kolonisierung", er lieferte das Wissen, das zur Etablierung und Legitimierung kolonialer Herrschaft notwendig war. Zu einer Zeit, die der Historiker Lutz Raphael als wirkmächtigen Anfang der „Verwissenschaftlichung des Sozialen" gesehen hat[68], war Kohler damit eine wichtige, kaum verzichtbare Ressource für den kolonialen Staat.

Das war gewissermaßen die Nachfrageseite. Umgekehrt bot Kohler aber auch unaufhörlich rechtswissenschaftliche Expertise an. Kaum war das Deutsche Reich in den Erwerb von „Schutzgebieten" eingetreten, appellierte er eindringlich, angehende Juristen an den Hochschulen – „diesen Pflanzstätten der Idealität" – seien unbedingt in „ethnologischer Jurisprudenz" zu schulen: „Schon die gewaltige colonisatorische Aufgabe, welche unserer Nation harrt, bringt es mit sich, dass der Jugend das Recht der fremden Völker, in deren Gebiet das deutsche Banner weht, nicht fremd bleiben darf."[69] Dieses Anliegen zieht sich wie ein roter Faden durch Kohlers Stellungnahmen zur Kolonialpolitik, wobei er auch auf die Praxis anderer europäischer Kolonialmächte hinwies, die ihre Kolonialbeamten vor Entsendung nach Übersee systematisch schulten. Wolle Deutschland sich mit Erfolg als Kolonialmacht behaupten, so sei

> „das erste Postulat, das mithin an alle zu stellen ist, die in den Kolonien herrschen oder an der Herrschaft teilnehmen sollen, [..] eine gründliche ethnologische und rechtswissenschaftliche Schulung überhaupt und sodann eine gründliche ethnographische und juristische Vertrautheit mit den Völkern, die unter unserer Macht stehen."[70]

Ob Kohler involviert war in die Überlegungen, einen Lehrstuhl für koloniales Recht an seiner Fakultät der Berliner Friedrich-Wilhelms-Universität einzurichten, ließ sich für diesen Beitrag nicht ermitteln[71]. Dazu kam es am

---

[66] *Kohler*, Die assyrischen und babylonischen Rechtsurkunden, Zeitschrift für Vergleichende Rechtswissenschaft 1882, 201 (217 f.).

[67] So auch *Schaper* (Fn. 5), 258 ff.

[68] *Raphael*, Geschichte und Gesellschaft 1996, 165.

[69] *Kohler* (Fn. 62), 428 f.

[70] *Kohler*, in: Giesebrecht (Hrsg.), Die Behandlung der Eingeborenen in den deutschen Kolonien. Ein Sammelwerk, 1898, 159 (164).

[71] Vgl. zum Projekt insgesamt *Spenkuch*, Preußische Universitätspolitik im Deutschen Kaiserreich, 2018, 21 f., 30, 317 ff.

Ende nicht, sondern zur Gründung des Kolonialinstituts in Hamburg, als dessen Rechtsprofessor Ferdinand Perels 1909 in die Kommission zur Erforschung des Eingeborenenrechts nachrückte. Perels kam zu spät, um die Arbeit der Kommission und die Ausgestaltung des Fragebogens noch zu beeinflussen; bei der späteren Auswertung der Rückläufe spielte er dann eine wichtigere Rolle[72].

Kohler war als Rechtsethnologe zum Experten geworden, und er entwickelte subtile Techniken, sich diesen Status möglichst exklusiv zu bewahren. Dies lässt sich zum einen im Blick auf sein Verhältnis zu Felix Meyer beobachten, der bemerkenswerte Energie aufbrachte, zunächst den Fragebogen seiner Vereinigung, der IVVRV (die sich von Kohlers VVRS 1894 abgespalten hatte), zu platzieren und dann der Kommissionsarbeit und damit auch der Kolonialpolitik seinen Stempel aufzudrücken[73]. Gegen Meyer und andere Experten argumentierte Kohler mit größtem Nachdruck, man müsse zunächst genaues Wissen über Details sichern, bevor man allgemeinere Theorien entwickeln könne. Die Details wiederum erhielt er über die Kolonialabteilung bzw. das RKA.

Aus seinem Zugriff auf Daten aus den Kolonien gewann Kohler überdies Kriterien, nach denen er die Qualität der wissenschaftlichen Arbeiten anderer Autoren beurteilte. So steckte er gleichsam seine wissenschaftlichen Claims ab, wenn er etwa in einer Besprechung einer Studie über die deutschen Südseeinseln auf „neue Nachrichten" verwies, die ihm über Nauru bereits vorlägen und die er veröffentliche, sobald das Reichskolonialamt seine Zustimmung gegeben habe[74]. An anderer Stelle kritisierte er Befunde, weil deren Autor nicht mit einem Fragebogen gearbeitet habe und „deswegen seine Erkundigungen nicht so ergiebig, seine Feststellungen nicht so scharf geworden [seien], wie es sonst der Fall gewesen wäre."[75] Und selbst wenn mit Fragebögen gearbeitet worden war, sah Kohler darin allein längst keinen Ausweis für Qualität: Eine französische Forschungsarbeit kanzelte er ab, weil der zugrundeliegende Fragebogen „offenbar von ganz unkundiger Hand entworfen worden ist, ohne rechtes Verständnis der ethnographischen Probleme und der vergleichenden Rechtswissenschaft [...]"[76].

---

[72] *Boin* (Fn. 1), 133 f.

[73] Siehe etwa das mehrseitige Schreiben Meyers an die Kolonialabteilung des AA, 3.4.1907, BArch R 1001/4992, fol. 8 ff. Freilich gelangte auch die umfangreiche „Ethnographische Fragensammlung" der IVVRV in die Kolonien, s. *Boin* (Fn. 1), 128.

[74] *Kohler*, Besprechung von Krämer, Zeitschrift für Vergleichende Rechtswissenschaft 1910, 238.

[75] *Kohler*, Bemerkungen zum Bericht von Asmis, Zeitschrift für Vergleichende Rechtswissenschaft 1911, 131 (131). – Kritik an der Nichtverwendung seines Fragebogens äußert *Kohler* auch in seiner Besprechung von Weiß, Zeitschrift für Vergleichende Rechtswissenschaft 1910, 477.

[76] *Kohler*, Die Bantus der Elfenbeinküste, Zeitschrift für Vergleichende Rechtswissenschaft 1905, 446 (446).

Als Experte, der seine Vorrangstellung geschickt gegen Kritik oder auch nur alternative Deutungsversuche mit Hilfe seines besonderen Zugangs zu Wissensressourcen aus den Kolonien zu imprägnieren suchte, geriet Kohler auch in die Nähe zur Politikberatung. In dieser Aufgabe freilich zeigte er sich weniger offensiv.

D. Die politische Dimension kolonialer Ressourcen

I. Kohler in der Zivilisierungsmission

Aus Kohlers Formel, es gebe „kein Volk ohne Recht“, wurde häufig der Schluss gezogen, er habe „keine Abwertung der so genannten Naturvölker“ vorgenommen; habe er doch auch ihnen die Fähigkeit zum Recht und damit zur „Kultur“ zugeschrieben[77]. Freilich sollte man Kohler nicht vorschnell zubilligen, er habe die Völker für gleichrangig gehalten. Zwar seien, so schrieb er 1898 in Antwort auf eine große Umfrage, „die sogenannten Wilden durchaus keine Leute der Unkultur“; sie trügen „eine langjährige, uralte Kultur in sich [...], die nur eben minderwertig in ihren Erfolgen ist, als die unsrige, und nicht zu denjenigen Ergebnissen geführt hat, welche wir als die eigentlichen Merkzeichen einer Kultur im engeren Sinn anzunehmen pflegen.“[78] Noch zugespitzter äußerte er sich zur zeitgenössisch heftig umkämpften „Mischehe“:

> „Die zweite wichtige Relation, welche bei der Eheschliessung in Betracht kommt, ist die Ebenburt. Diese hat insbesondere da eine ganz hervorragende sociale und ethnologische Bedeutung, wo höhere und niedere Raçen zusammenleben und die Gefahr entsteht, dass die Vermischung mit den letzteren zum gradationsweisen Verderbniss des besseren Blutes ausschlagen werde. Mag die egalisirende Gesetzgebung mit dem nivellirenden Begriffe des Staatsbürgerrechts die Unterschiede vermindern, sie wird damit die physiologische Verschiedenheit der Raçe nicht aufheben können. Eine durchgreifende Vermischung der Europäer mit den Negern oder Chinesen oder Eskimos wäre der Untergang des europäischen Staatslebens; darum hütet sich die weisse Gesellschaft instinctiv vor der Vermischung mit Negerblut, mag auch die Gesetzgebung dem Neger alle Rechte und Freiheiten des europäischen Staatsbürgerthums eröffnen.“[79]

Damit lassen sich bei Kohler durchaus jene Denkmuster finden, die die (bildungs-) bürgerliche Kultur um die Jahrhundertwende beherrschten. Auch in weiterer Hinsicht fügte er sich in deren Gedankenwelten ein: Kohler, ein Bewunderer Nietzsches, auf dessen Spuren im Engadin er mehrfach wandelte, sah durch die Weltlage dessen „Zarathustra“-Vision schon bestätigt: „Der Übermensch ist ja schon heute da: der Europäer und Angloamerikaner

---

[77] So etwa *Schwab* (Fn. 57), 46.

[78] *Kohler* (Fn. 70), 159 f.

[79] *Kohler*, Indisches Ehe- und Familienrecht (Fn. 15), 368.

sind Übermenschen gegenüber den Wesen niederer Rasse […]"[80]. In der „Rohheit und Sinnlichkeit eines Urvolks" vermochte er „ein Kapital von Kraft" zu erkennen; für die „Kulturvölker" durchaus ein bedenkenswertes Phänomen, sah Kohler doch „Nationen, welche an sich zu weich veranlagt sind, unter den Stürmen des Schicksals zusammenbrechen"[81]. Wir erkennen hier Anklänge des zeitgenössischen Dekadenzdiskurses, der offensichtlich auch Kohler beeinflusste. Koloniale Räume waren vor diesem Hintergrund immer auch Räume, in denen sich der westliche „Übermensch" zu bewähren hatte, wollte er nicht dem Untergang anheimfallen. Zusammen mit Kohlers Anthropologie der rohen, unkultivierten „Naturvölker", die gleichwohl – mit Unterstützung der Kolonisierer – zum Fortschritt, zur „Kultur" fähig seien, unterfütterten und legitimierten solche Positionierungen die deutsche Kolonialpolitik und Zivilisierungsmission.

Wie Bastian und andere auch, ging Kohler von einem statischen „Eingeborenenrecht" aus, das sich erst durch den Kontakt mit Europäern (bzw. Deutschen!) verändere[82]. Umso wichtiger sei es, die vorfindlichen Urformen des Rechts noch aufzuzeichnen, ehe sie verschwänden[83].

II. Kohler und die deutsche Kolonialpolitik

Präzise Vorstellungen hinsichtlich der weiteren Ausgestaltung deutscher oder anderer europäischer Kolonialherrschaft hatte Kohler nicht, jedenfalls liegen sie uns in der schriftlichen Überlieferung nicht vor. So finden wir allenfalls knappe Hinweise darauf, wie er sich die Zukunft der Kolonien und namentlich der Völker in den Kolonien dachte. Wichtig war es ihm zu betonen, dass keine tiefen Eingriffe in die lokalen Rechtsordnungen der Indigenen vorgenommen werden sollten, allenfalls geringe Korrekturen schienen ihm zweckmäßig:

> „Unsere Aufgabe ist es", schrieb er 1901, „diese Völker allmählich unsern Vorstellungen anzunähern, langsam und schonend; nur gewisse Auswüchse, die unsern Anschauungen völlig widersprechen, wie das Lebendigbegraben der Witwen, den Gifttrunk, das Tötungsrecht des Häuptlings, werden wir sofort und mit aller Macht vertilgen müssen. Im übrigen aber ist zu hoffen, daß die Völker, wenn richtig behandelt, erhalten bleiben und sich in neue Verhältnisse einzuleben vermögen."[84]

Als tiefe Eingriffe in die bestehenden sozialen und rechtlichen Ordnungen verstand er die von ihm avisierten Maßnahmen gegen „gewisse Auswüchse"

---

[80] *Kohler,* Auf den Spuren Nietzsches [1902], in: ders., Aus Kultur und Leben, 3 (5).

[81] *Kohler*, Australneger (Fn. 18), 344.

[82] Mit Verweis auf Luschan: *Schaper* (Fn. 5), 240. *Kohler* bspw. Banturecht (Fn. 35), 3.

[83] So bspw. *Kohler*, Ueber die Urgeschichte der Ehe, Zeitschrift für Vergleichende Rechtswissenschaft 1905, 256 (256).

[84] *Kohler* (Fn. 53).

nicht; und eine Begründung, weshalb er gerade die genannten Institutionen abgeschafft sehen wollte, blieb er schuldig. Für anderes, was nach heutigem Verständnis ebenfalls als „Auswuchs" gelten würde, fand er hingegen legitime Gründe. Zwei Beispiele mögen zur Illustration hinreichen: So gab er als gebräuchlich wieder, dass die „Australneger" im Falle des Tods einer stillenden Mutter den Säugling mitbegrüben; dies sei, so Kohler, „zu einer Zeit, zu der es keine Milchthiere und keine Ammen gibt, leicht erklärlich"[85]. An anderer Stelle bagatellisierte er Gewalt gegen Frauen: „derbe Schläge", schrieb er, hätten „indess bei der Härte der dortigen Schädelknochen weniger zu sagen"[86].

Kohler war es nicht um eine Reformierung indigenen Rechts in humanitärem Sinne zu tun; ein Anliegen, das zeitgenössisch um die Jahrhundertwende durchaus von einzelnen Akteuren verfolgt wurde. Die lokalen Rechtsordnungen möglichst unangetastet zu lassen, begründete er freilich nicht mit Respekt vor ihnen, sondern aus ganz opportunistischer Erwägung:

„Wir postulieren also möglichstes Studium der Seele und des Seelenlebens der sogenannten Wilden und möglichste Schonung ihrer Vorstellungen und Gebräuche. Was hätte das Gegenteil für Folgen! Man entfremdet sich die Bevölkerung, über die man herrschen soll; man kommt nicht dazu, populär zu werden; man stösst überall auf Widerstand, wo man mit Güte alles erreichen könnte [...]. Aber noch mehr: Eine solche negative, die Menschen ihren Idealen entfremdende Behandlung [...] wird schliesslich zum Ruin ganzer Völker ausschlagen. Ihre Organisation, ihre Lebensbeziehungen verlieren den Halt; statt des Volkes hat man eine entnervte, unfähige Horde."

Diese wiederum, fuhr er fort, sei für die „Kolonisatoren" von geringem ökonomischem Nutzen, schließlich benötige man angesichts schwieriger klimatischer Bedingungen unbedingt die Arbeitskraft der Indigenen[87].

Das Vorhaben einer Kodifizierung des kolonialen Rechts – die den Indigenen eine gewisse Rechtssicherheit gebracht hätte – lehnte er entschieden ab:

„abgesehen vom Strafrecht, vom Bezirksleiterrecht usw., in welcher Beziehung wir schöpferisch vorgehen müssen, [sei] eine Kodifikation des Eingeborenenrechts, also insbesondere ihres ganzen Personen-Eherechts, durchaus nicht angezeigt, sondern [könnte] im Gegenteil im höchsten Grade schädlich wirken. Mein Bestreben ging von jeher dahin, die vorhandenen Gewohnheitsrechte möglichst kennen zu lernen, teils aus wissenschaftlichem Interesse, teils auch, damit wir auf Grund dieser Kenntnis mit den Völkern in harmonischer ergibiger Weise verkehren können, aber durchaus glaubte ich niemals, dass es angezeigt sei, durch eine Kodifikation der natürlichen Entwickelung dieser Stammesrechte in die Arme zu greifen, in dem vollen Bewusstsein, dass dies als Zwangsjacke empfunden würde, die Eingeborenen gegen uns aufbringen und unser Verhältnis zu ihnen schädigen würde."[88]

---

[85] *Kohler*, Australneger (Fn. 18), 321 (356).

[86] *Kohler*, Australneger (Fn. 18), 321 (350).

[87] *Kohler*, (Fn. 70), 162 f.

[88] Kohler an Reichskolonialamt (v. Jacobs), 20.2.1908, BArch R 1001/4992, fols. 121–122.

Darin konnte er sich mit Dernburg einig wissen; und man kommt kaum umhin, Kohlers Positionierung in der Kommission für die Erforschung des Eingeborenenrechts vor dem Hintergrund seiner Rivalität zu Meyer zu deuten.

Freilich konnte Kohler seine Sozialisierung im europäischen Recht und der westlichen Rechtsgeschichte auch nicht vollends abstreifen. Eine Vorstellung davon, wie die Entwicklung des Eingeborenenrechts weitergehen könnte, ließ er durchaus durchscheinen, die Fragen 84 bis 100 seines Katalogs deuten darauf hin. Hier fragte er nach Staatsorganisation und politischer Ordnung, nach Verwaltungsrecht und völkerrechtlicher Vertretung, legte also seine Ausrichtung an den Eigenschaften des zeitgenössischen modernen territorialen Anstaltsstaats klar offen. Dass die Kolonisierten über kurz oder lang diese Entwicklung nehmen würden, stand für ihn außer Frage. Darauf ließ sich bruchlos die europäische Zivilisierungsmission stützen, die auch in einer evolutionistischen, an den Fortschritt glaubenden Rechtstheorie wie derjenigen Josef Kohlers legitimatorische Ressourcen finden konnte, um die eigenen Gestaltungsansprüche in kolonialen Räumen durchzusetzen. Nicht nur konnten sich die Europäer auf der richtigen Seite der Geschichte wähnen, sondern sie konnten sich in ihrem selbst gestellten Auftrag bestätigt fühlen, dem Fortschritt der Geschichte zum Durchbruch zu verhelfen.

III. Koloniale Ressourcen für die Positionierung zum BGB

Als politische Ressource nutzte Kohler seine Eingeborenenforschungen in weiteren Zusammenhängen. Zwierlein schlägt überzeugend eine Brücke von den Forschungen in kolonialem Kontext zu den aktuellen Gesetzgebungsvorhaben seiner Zeit, insbesondere zu den Arbeiten am BGB. Kehren wir also nochmals zur Muntwalt zurück. Kohlers Beobachtungen zum Übergang vom Mutter- zum Vaterrecht mündeten in eine theoretische Formel, wonach letzteres die fortschrittlichere Form sei; einigen Bantustämmen bescheinigte er beispielsweise, sie seien „im Mutterrecht zurückgeblieben“[89]. Peinlich genau achtete er auf Nuancen, die Übergänge zum Vaterrecht anzeigen mochten. Diesen Übergang hielt er für einen „welthistorischen Prozess“. Und schließlich:

> „Und zum Zeichen, daß die vergleichende Rechtswissenschaft auch ihre praktische Bedeutung hat, wollen wir nur hervorheben, dass es ein völlig unrichtiges […] System ist, wenn man seit einem Jahrhundert die Bahn verfolgt hat, die väterliche und eheherrliche Gewalt zu schwächen.“[90]

Wir können demnach auf ein eminentes rechtspolitisches Interesse schließen, wenn Kohler in seinem Fragebogen 1897 als allererste Frage (in einem Ka-

[89] *Kohler*, Banturecht (Fn. 35), 30.
[90] *Kohler*, Die Ehe mit und ohne Mundium (1886), zit. nach *Zwierlein* (Fn. 7), 235.

talog von hundert!) stellt: „Besteht Mutter- oder Vaterrecht?“[91] Die epistemischen und kognitiven Ressourcen, die ihm die Forschungen in kolonialen Räumen lieferten, setzte Kohler ein, um vor dem Hintergrund seiner Entwicklungstheorie des Rechts für eine (in seinem Verständnis) angemessene, einem fortschrittlichen, modernen „Kulturvolk“ angemessene Gesetzgebung zu plädieren. Insofern lassen sich seine rechtsethnologischen Forschungen auch als Kompensation dafür deuten, dass er an den Beratungen über das BGB direkt nicht beteiligt war (das ihm dann, kaum überraschend, mit „zahlreichen Fehlern“ behaftet erschien[92]).

E. Fazit

Das Koloniale in Kohlers Werk tritt uns in mehreren Dimensionen entgegen. Die deutschen Schutzgebiete und das Interesse des Reichs an stabiler Herrschaft eröffneten ihm den Zugang zu personellen und materiellen, kognitiven und epistemischen Ressourcen, die er für die Weiterentwicklung von Rechtsvergleichung und -ethnologie einsetzte. Auf dieser Grundlage konnte er seine evolutionistische Rechtstheorie als Alternative zur Historischen Schule weiter fundieren. Die Verflechtung politischer und wissenschaftlicher Interessen ermöglichte es ihm zudem, gegenüber seiner eigenen Disziplin Spielraum für die Rechtsvergleichung zu erkämpfen sowie Deutungsansprüche gegenüber der Ethnologie zu formulieren. Zudem konnte er aus kolonialen Forschungen gewonnene Erkenntnisse als argumentative Ressourcen in den rechtspolitischen Kämpfen seiner Zeit nutzen.

Kohlers Oeuvre zum Recht der Kolonisierten ist durchsetzt von orientalistischen Stereotypen, es ist methodisch fragwürdig und in der epistemologischen Grundanlage problematisch. Darin unterscheidet es sich wenig vom Mainstream der zeitgenössischen ethnologischen und anthropologischen Forschung. Insofern zeigt sich Josef Kohler fest verwurzelt in den Deutungs- und Repräsentationssystemen seiner Zeit, die er seinerseits zusätzlich stützte. Anders als andere war er kein rassistischer Scharfmacher, kein Kolonialagitator und kein Schönredner genozidaler Praktiken in den Kolonien. Ihn trieben vor allem wissenschaftliche, wissenschafts- und rechtspolitische Interessen in der Metropole, um die konkrete Weiterentwicklung der Schutzgebiete war es ihm nicht primär zu tun. Man muss seine Interessengeleitetheit und die Nutzung kolonialer Ressourcen in Rechnung stellen, um seine universalistische Orientierung besser einordnen zu können. Im „Recht der Australneger“ bringt er all dies in einer – für Historiker als Nicht-Juristen atemverschlagenden – rhetorischen Operation zusammen:

---

[91] *Kohler*, Fragebogen (Fn. 28), 428.
[92] Zit nach *Boin* (Fn. 1), 49.

„Der Gedanke aber, der uns beschleichen muss, wenn wir die schwarzen Kannibalen von rechtlichen Ideen durchdrungen fühlen, welche einst unsere Voreltern beherrschten, ist der Gedanke der Einheit des Menschengeschlechts. ‚Alle Menschen werden Brüder'; dieser Gedanke tritt überall hervor, wo die Rechtswissenschaft weilt."[93]

[93] *Kohler*, Australneger (Fn. 18), 368.

Josef Kohler und die Verleger

Die Briefe von Walther Rothschild und der wissenschaftliche Publikationsmarkt im Kaiserreich

Louis Pahlow

A. Einführung

Viele, die sich mit Kohler beschäftigt haben, standen einerseits staunend, andererseits skeptisch vor der überwältigenden Masse juristischer und nichtjuristischer Veröffentlichungen, die er hinterlassen hat. Beschreibungen wie „märchenhaft“[1], „unbegreiflich“[2] oder „fast übermenschlich“[3] finden sich in seinen Nachrufen. Dagegen haben andere in ihm einen notorischen „Vielschreiber“ gesehen[4]. Häufig ausgeblendet wurden bei diesen wertenden Beschreibungen seiner Arbeiten die Bedingungen und Umstände ihrer Entstehung, etwa die Frage nach der Rolle der Verlage und Herausgeber, bzw. des kommerziellen Nutzens und weiterer Nutznießer, oder auch nach den Logiken des Wissenschafts- und Buchmarktes im Kaiserreich insgesamt, in der diese Massenproduktion von Wissen seine Abnehmer finden musste.

Die von Arthur Kohler bezeugte „ungewöhnlich umfangreiche Korrespondenz“[5] seines Vaters könnte für das Umfeld seines Schaffens eine wichtige Quelle sein; sie ist jedoch zu einem großen Teil dem Zweiten Weltkrieg zum Opfer gefallen. Lediglich für die Anfangsbuchstaben R und S sind Bestände in der Staatsbibliothek Berlin überliefert. Darunter befindet sich auch ein auffallend dichter Briefwechsel mit Walther Rothschild, einem noch jungen jüdischen Verleger aus Berlin, dessen Briefe an Kohler bis zu dessen Tod vollständig erhalten geblieben sind[6]. Zwar liegen uns die Antwortschreiben Kohlers nicht vor (er fertigte offenbar keine Abschriften an), aber durch die zeitlich enge Frequenz der von Rothschild verfassten Briefe lassen sich Koh-

---

[1] *Krückmann*, Zeitschrift für deutschen Zivilprozess 1920, 309–318, 311.

[2] *Rabel*, Rheinische Zeitschrift für Zivil- und Prozeßrecht 1919, 123–133, 124.

[3] *Klee*, Goldtammers Archiv 67 (1919), 342.

[4] *Boin*, Die Erforschung der Rechtsverhältnisse in den „Schutzgebieten“ des Deutschen Reiches, 1996, 46 sowie die Nachw. oben in der Einführung.

[5] *A. Kohler*, Josef Kohler-Bibliographie. Verzeichnis aller Veröffentlichungen und hauptsächlichen Würdigungen, 1931, IX.

[6] SBB-PK, Nachl. Joseph Kohler, Sign. 20 (Ro-Rz).

lers Reaktionen zum Teil valide erschließen. Der Bestand zeichnet ein zwar lückenhaftes, aber doch aussagekräftiges Bild über Josef Kohler als Autor im Kaiserreich. Das ist nicht nur für das Verständnis seiner „Vielschreiberei" von Bedeutung, sondern liefert auch Einblicke in die Wissenschafts- und Buchhandelsgeschichte um 1900[7].

Walther Rothschild gründete seine Verlagsbuchhandlung 1905 in Berlin. Mit Ausnahme einer wohlwollenden Festschrift anlässlich des 25jährigen Firmenjubiläums im Jahr 1930 ist über seine Verlegertätigkeit in Kaiserreich und Republik, auch seine geschäftlichen Beziehungen zu Autoren wenig bekannt[8]. Die wenigen biographischen Skizzen konzentrieren sich weitgehend auf sein persönliches und berufliches Schicksal nach 1933. Rothschild selbst emigrierte 1938 über die Schweiz und Großbritannien in die USA; er starb 1967 in Kalifornien[9]. Durch seine Korrespondenz mit Josef Kohler lernen wir seine frühe Tätigkeit als Verleger kennen, der bis 1933 berühmte juristische Autoren wie Paul Laband, Georg Jellinek, Gerhard Anschütz, Eugen Schiffer oder Adolf Wach unter Vertrag hatte.

Rothschild war für Kohler ein durchaus bedeutsamer Verleger. Bei ihm erschienen eine Reihe wichtiger Veröffentlichungen der letzten Jahre, u.a. seine „Rechtsphilosophie" (1909), das „Archiv für Rechts- und Wirtschaftsphilosophie" (ab 1908), sein „Wettbewerbsrecht" (1914) oder auch die zweite Auflage seines „Shakespeare vor dem Forum der Jurisprudenz" (1919), die posthum erschien. Rothschild ist es auch, der 1931 die „Josef Kohler-Bibliographie" mit einem „beträchtlichen Druckkostenzuschuss" unterstützte und druckte[10]. Der Umstand, dass Walther Rothschild seinen Verlag erst 1905 gründete, macht die Korrespondenz mit Kohler zu einem wichtigen Zeugnis seiner verlegerischen Überlegungen und Strategien, die er gegenüber dem Geheimrat freilich verklausuliert, aber doch stetig kommunizierte. Sie verrät uns mittelbar auch etwas über den Autor Kohler im wissenschaftlichen Publikationsmarkt des Kaiserreichs.

---

[7] Dazu etwa *Kuhbandner*, Unternehmer zwischen Markt und Moderne. Verleger und die zeitgenössische deutschsprachige Literatur an der Schwelle zum 20. Jahrhundert, 2008; *Parr/Schönert*, Autoren, in: Jäger (Hrsg.), Geschichte des deutschen Buchhandels im 19. und 20. Jahrhundert. Bd. 1: Das Kaiserreich 1871–1918, Teil 3, 2010, 342–408.

[8] *Bettmann*, Staat und Menschheit. Ideengeschichte des Verlags Dr. Walther Rothschild zu seinem 25jährigen Bestehen dargebracht von Freunden und Mitarbeitern, 1930.

[9] *Henschel*, Vermittler des Rechts. Juristische Verlage von der Spätaufklärung bis in die frühe Nachkriegszeit, 2015, 12 u. 379; *Fischer*, Walther Rothschild, in: ders. (Hrsg.), Verleger, Buchhändler & Antiquare aus Deutschland und Österreich in der Emigration nach 1933. Ein biographisches Handbuch, 2011, 272.

[10] *A. Kohler* (Fn. 5), VII.

B. Ein Zugpferd für einen jungen Verlagsunternehmer

Walther Rothschild baute sein Verlagsgeschäft zielstrebig für die Bereiche Recht, Staat und Geschichte auf. In diesem Aufbauprozess trat nicht etwa der Autor Kohler an Rothschild heran, sondern der erste Kontakt ging von Rothschild selbst aus. 1907 schrieb er Kohler erstmals an, um dessen „klangvollen Namen nicht nur als Herausgeber, sondern auch als Verfaßer" für sein Haus zu gewinnen[11]. Auf den schnellen Gewinn kam es Rothschild zunächst nicht an. Vielmehr ging es darum, mit ausgewiesenen Autoren im geplanten Marktsegment Fuß zu fassen und hier brachte Kohler zwei entscheidende Vorteile mit: Er war nicht nur bekannt, sondern auch außerordentlich produktiv.

Rothschild fing behutsam an und bot sich – aus seiner Sicht verständlich – zunächst für jede Form der Publikation an, wenn ihm auch eine Monographie oder ein Handbuch zu einem juristischen Themenfeld am ehesten zugesagt hätte. Kohler ließ sich nicht lange bitten: Noch 1907 kamen erste Publikationen bei Rothschild zustande. Kohler verfasste zunächst eine dreiseitige Einführung für die bei Rothschild erschienene Schrift „Das Urheberrecht an Tonkunstwerken" von Ernst Eisenmann[12]. Zudem bot er dem jungen Verleger eine „Essaysammlung" an, die Kohlers Reiseberichte enthalten sollte. Rothschild ging höflich, aber mit gebremster Begeisterung darauf ein:

> „Wenn schon der buchhändlerische Erfolg von Essays-Sammlungen überhaupt kein grosser zu sein pflegt, wenn schon in diesem Fall hinzukommt, dass es sich um bereits gedrucktes Material handelt, weiss ich den Vorzug, den Herrn Geheimrat unter meine Autoren zählen zu dürfen, doch zu sehr zu schätzen."[13]

Mit dem 1908 bei Rothschild erschienen Band „Aus vier Weltteilen" wurden vor allem frühere Beiträge aus Berliner Tageszeitungen und Gesellschaftsjournalen neu abgedruckt. Für Rothschild, wie sich bald zeigte, zwar ein schlechtes Geschäft; aber ein Verlag, der in den juristischen Buchmarkt drängte, musste Kohler im Programm haben.

Kohler wiederum wusste den Geschäftsdrang des jungen Verlegers geschickt auch für eigene Pläne und Projekte zu nutzen. Beim „Archiv für Rechts- und Wirtschaftsphilosophie mit besonderer Berücksichtigung der Gesetzgebungsfragen", das seit 1908 bei Rothschild verlegt wurde, war Koh-

---

[11] Rothschild an Kohler am 2.8.1907, SBB-PK, Nachl. Joseph Kohler, Sign. 20 (Ro-Rz); ebd., 8.8.1912: „Ich brauche Ihnen nicht zu versichern, hochgeehrter Herr Geheimrat, welchen Wert ich auf den Verlag der Werke lege, die den Namen Josef Kohler tragen, und welche Ehre ich darin sehe, Ihnen meine Dienste zur Verfügung stellen zu dürfen."

[12] Berlin 1907, 1–3.

[13] Rothschild an Kohler am 10.10.1907, SBB-PK, Nachl. Joseph Kohler, Sign. 20 (Ro-Rz).

ler das auslösende Moment. Und an diesem Beispiel zeigt er sich als strategisch denkender „Wissenschaftsmanager" mit durchaus ambitionierten Plänen: Das Archiv verstand er als persönliches Prestigeprojekt. Es ging nicht nur um seine Form der Rechtsphilosophie, die er gerne mit rechtspolitischen Überlegungen verband[14], sondern auch um internationale Sichtbarkeit. Aufschlussreich ist ein Aufruf seines Schülers Walter Pollak, den dieser im ersten Jahrgang prominent mit einem Geleitwort Kohlers publizierte. Der Beitrag enthielt eine „Denkschrift betreffend die Gründung eines Internationalen Verbandes der gelehrten Arbeit" und lieferte den Vorschlag für eine passende Satzung gleich mit. Kohlers Geleitwort zugunsten des „begabten Schülers" macht unmissverständlich klar, dass er dieses Projekt nicht nur „mit den besten Wünschen" begleitete, sondern auch nachdrücklich unterstützte; ja es spricht sogar einiges dafür, dass die Idee zumindest auch von ihm stammte. Konzeption und Zielsetzung dieses Verbandes trugen eindeutig seine Handschrift oder orientierten sich zumindest an seinen Vorstellungen und Leitsemantiken. Ziel war die Errichtung einer internationalen Organisation, um „die wissenschaftlichen Institute sämtlicher Kulturstaaten in einheitlichem Verband zusammenzufassen" und um die „gelehrte Arbeit" zu fördern. Das gehe einher „mit jener grossen neuen Bewegung, welcher als höchstes Ziel die friedliche Annäherung der Nationen sowie die Begründung und die Entwickelung einer Weltkultur" vorschwebe[15]. Nun waren solche Initiativen für die Zeit nicht ungewöhnlich, für den ersten Jahrgang einer neuen Zeitschrift aber ein Aufmerksamkeitsmoment, zitier- und diskussionswürdig allemal.

Aus den ambitionierten Plänen wurde freilich nichts; jedoch ging daraus die 1909 gegründete „Internationale Vereinigung für Rechts- und Wirtschaftsphilosophie samt den Gesetzgebungsfragen" hervor, die ebenso wie das Archiv bis heute existieren[16]. Die Vereinigung sollte auch dem Abonnentenstand des Archivs und damit Rothschild zugutekommen. Kohler ließ sich zum „Ehrenpräsidenten" küren und hielt auch im Archiv die Fäden weitgehend in der Hand. Drei Kongresse zu Lebzeiten Kohlers (1910/1911/1914) strebten nicht nur die Zusammenführung rechtsphilosophischer Strömungen und juristischer Disziplinen an, sondern widmeten sich auch Themen der Rechtspolitik, sowohl national wie international, etwa die Klärung des „Weltmarkenrechtssystems" oder auch des Kommunalrechts[17]. Auch die Vereinigung verstand er von Anfang an als Diskussionsforum rechtspolitischer

[14] Vgl. auch den Beitrag von *Diethelm Klippel* in diesem Band.

[15] Archiv für Rechts- und Wirtschaftsphilosophie 1 (1908), Beiheft, 3 u. 6.

[16] *Ziemann*, Archiv für Rechts- und Sozialphilosophie. Bibliographie und Dokumentation (1907–2009), 2010.

[17] *Mollnau*, Eine Liaison zwischen Rechtsphilosophie und Gesetzgebung. Skizze anhand der frühen Jahrgänge des Archivs für Rechts- und Wirtschaftsphilosophie, in: Sprenger (Hrsg.), Deutsche Rechts- und Sozialphilosophie um 1900, 1991, 111–120.

Themen. Hermann Kantorowicz berichtete 1925 darüber: Die Vereinigung „war ganz auf die Eitelkeit der Leute im In- und Auslande zugeschnitten und hatte daher einen Bombenerfolg“[18]. Davon profitierte dann auch das Archiv, das Kohler mit einer Vielzahl von Beiträgen[19] zu einem Sprachrohr seiner Ideen machte. Dadurch strahlte freilich auch die Verlagsbuchhandlung, die damit einen ersten internationalen Erfolg verzeichnen konnte. Nicht selten wies Kohler Beiträge allein wegen persönlicher Ressentiments zurück, etwa im Fall von Rudolf Stammler, dessen Neukantianismus er rundweg ablehnte. Stattdessen wurde erheblicher Aufwand betrieben, wenn es um die Aufmachung seiner Autoren- oder Herausgeberschaft ging. Differenzen über die richtige Positionierung seines Namens führten 1907 dazu, dass erste Hefte sogar aus dem Buchhandel zurückgerufen werden mussten[20].

Rothschild, der mit Kohler zunächst tatsächlich nur geringe Erträge erwirtschaftete, versuchte die ersten Kontakte und Erfolge zu nutzen, um Kohler als Autor von Erstpublikationen, insbesondere der juristischen Lehr- und Handbuchsparte zu gewinnen. Hier lag für Rothschild aus verlegerischer Sicht das Hauptinteresse, denn auch damals ließen sich mit solchen Werken die höchsten Margen erzielen. Schon 1907 schrieb er in den ersten Briefen an Kohler:

> „Hoffentlich geben mir der Herr Geheimrat recht bald Gelegenheit einen Vertrag mit Ihnen abzuschliessen, der mehr in die Richtung meiner eigentlichen Verlegertätigkeit hineingehört [...] Wenn ich in aller Bescheidenheit diesbezügliche Wünsche äussern darf, so würde ich gern von Ihnen ein Werk der praktischen Jurisprudenz verlegen. Vielleicht ein Buch über Rechtsfälle zum Studium des deutschen Civilrechts, oder auch ein Lehrbuch des Strafrechts, oder des Strafprozessrechtes, oder des Handelsrechts. Gerade das letzte Thema scheint mir einer Bearbeitung von Ihnen besonders wert zu sein, es würde zweifellos ein Werk von tiefster Eigenart und dauerndem Werte sein, und würde ich auf das höchste erfreut sein, wenn der Herr Geheimrat mir diesbezüglich eine Zusage würde machen können.“[21]

Am 29. April 1909 bekräftigte er sein Anliegen und fragte „ergebenst“, ob Kohler sich in der Lage sehe, „eine Verlagsabrede mit mir zu tätigen“, diesmal nahm er die Strafrechtsreform zum Anlaß, ob die „Edition eines ‚Strafprozesspraktikums‘ genehm“ sei; auch „jeder andere Vorschlag würde mich sehr erfreuen“[22]. Bemerkenswert auch hier: Kohler schien für alle angefragten Rechtsgebiete ein tauglicher Autor zu sein. Für Kohlers Lehrbuch „Der

---

[18] *Kantorowicz*, Erinnerungen an Josef Kohler, in: Bensheimers Studienführer für Rechts- und Staatswissenschaften mit Bücherverzeichnis, Heft 1, 1925, 7–10, 9.

[19] *Ziemann* (Fn. 16) zählt 113 von Kohler, einige davon sogar nicht in der Bibliographie von A. Kohler verzeichnet, ebd., 176–180. Dazu auch der Beitrag von *Klippel* in diesem Band.

[20] SBB-PK, Nachl. Joseph Kohler, Sign. 20 (Ro-Rz), 23.11.1907.

[21] SBB-PK, Nachl. Joseph Kohler, Sign. 20 (Ro-Rz), 10.10.1907.

[22] SBB-PK, Nachl. Joseph Kohler, Sign. 20 (Ro-Rz), 29.4.1909.

unlautere Wettbewerb" kamen beide dann auch ins Geschäft; allerdings war Kohler ein zäher Verhandler: ein schriftlicher Verlagsvertrag war, sehr zum Unmut des Verlegers, noch im November 1912 nicht unter Dach und Fach[23].

Vor allem in den juristischen Disziplinen, u.a. dem Immaterialgüter- und Wettbewerbsrecht war es unübersehbar, dass Kohler ein für den Verlag gefragter und bedeutsamer Autor war. Gerade hier häuften sich verlagseigene, aber auch Anfragen diverser anderer Herausgeber und Redaktionen. Nach einem Gespräch mit Martin Wassermann, dem Herausgeber der bei Rothschild verlegten Zeitschrift „Markenschutz und Wettbewerb", schrieb Rothschild an Kohler: Wassermann

> „erzählte mir, dass er von verschiedenen Lesern Zuschriften erhalten habe, die nach Erhalt Ihrer Photographie den Wunsch ausgedrückt hätten, auch mal etwas aus Ihrer sehr geschätzten Feder zu lesen, und die, nachdem sie das Faximile Ihrer Unterschrift gesehen hätten, auch gern mal eine Ueberschrift von Ihnen lesen möchten. Auch ich würde es sehr begrüssen, wenn der Herr Geheimrat auch diese Zeitschrift einmal bedenken möchten"[24].

Gut ein Jahr später muss man sich dort mit einer „Uebersetzung des Erfindungsgesetzes für Panama" zufrieden geben[25]. Doch waren solche Anfragen keine Einzelfälle und sie blieben auch nicht auf rechtswissenschaftliche Periodika beschränkt. Nach Beginn des Krieges fragten etwa die Herausgeber der „Zeitschrift für Polizei- und Verwaltungsbeamte" bei Kohler an, ob nicht „auch einmal Ihr verehrter Name in unserer Zeitschrift vertreten sein" könne; als Themenwunsch gab man weiter: „Schutz des gewerblichen Eigentums im Kriege"[26]. Kohler lehnte offenbar ab, Beiträge von ihm fanden sich nach der Bibliographie seines Sohnes in dieser Zeitschrift keine. Aber die Anfrage unterstreicht, welche Strahlkraft Kohler über die Grenzen der tradierten Rechtswissenschaft inzwischen genoß und wie er etwa im wachsenden, auch weiteren Umfeld des juristischen Zeitschriftenmarktes Beachtung fand.

In diesem Umfeld blieb Rothschild bei allem betriebswirtschaftlichen Druck ein überlegt agierender Verleger, dessen Strategie nicht nur mittel- und langfristig eine beständige Textproduktion durch Kohler, sondern auch die jeweilige Absatzfähigkeit im Blick behielt. Dabei blieb er stets höflich und ließ keine Gelegenheit aus, seinen Autor mit einer schmeichelhaften Aussage oder durch ein attraktives Angebot an sich zu binden. Das belegt bereits seine Ausdauer, wenn es um das Lehrbuch des Wettbewerbsrechts ging. Darüber hinaus machte er immer wieder eigene Vorschläge für mögliche Publikationen, wie etwa 1911 für einen Sammelband über „Probleme des Warenzei-

---

[23] SBB-PK, Nachl. Joseph Kohler, Sign. 20 (Ro-Rz), 14.11.1912.

[24] SBB-PK, Nachl. Joseph Kohler, Sign. 20 (Ro-Rz), 20.8.1909.

[25] SBB-PK, Nachl. Joseph Kohler, Sign. 20 (Ro-Rz), 21.11.1910.

[26] SBB-PK, Nachl. Joseph Kohler, Sign. 20 (Ro-Rz), 3.10. u. 10.10.1914.

chenrechts", der Kohlers Beiträge dazu enthalten sollte[27]. Realisiert wurde unter diesem Titel dann eine Aufsatzreihe in der bei Rothschild verlegten Zeitschrift „Markenschutz und Wettbewerb"[28].

Die Akquise von neuen Werken war aber nur die eine Seite, eine gute Vertriebsstrategie mindestens genauso wichtig. Rothschild war in Sachen Marketing durchaus ideenreich: Absatzfördernd sollte etwa eine begrenzte Anzahl besonders bibliophil gestalteter Bände wirken, von denen Kohler zehn handsignieren sollte[29]. Besondere Aufmerksamkeit widmete er auch dem Erscheinungsbild des „Archivs für Rechts- und Wirtschaftsphilosophie", für das allein zwischen Juli und Oktober 1907 fast ein ganzes Dutzend Briefe an Kohler versendet wurden, um das Titelblatt zu gestalten. Ähnlich vorsichtig musste auch mit Co-Autorschaften umgegangen werden. Für eine Publikationsreihe auf dem Gebiete des geltenden Rechts[30], von Kohler zunächst mit Paul Posener und später mit Fritz Stier-Somlo herausgegeben, band er den Geheimrat frühzeitig ein[31].

Aufmerksam verfolgte er auch die Produktion der Konkurrenz. Als die Drucklegung der Essaysammlung „Aus vier Weltteilen" im Herbst 1907 anstand, drängte Rothschild selbst auf eine Verschiebung, da Kohler für Weihnachten bereits andernorts einen Roman ediere. Er befürchtete Absatzschwierigkeiten, weil die „sehr zahlreiche Lesergemeinde [...] sonst leicht durch diesen embarras de richesse zu sehr verwöhnt"[32] werde. Blumiger konnte wohl kaum beschrieben werden, dass Kohlers poetisches oder literarisches Schaffen im Grunde Ladenhüter waren. Solche und andere Überlegungen, die nicht selten durch Glückwünsche über eine Neuerscheinung oder das ungeduldige Erwarten einer solchen auch dem Geheimrat gegenüber kommuniziert wurden[33], machten Rothschild für Kohler zu einem stra-

---

[27] Rothschild an Kohler am 13.3.1911, ebd.

[28] Bd. 10 (1911), 197–200 u. Bd. 11 (1911), 61–62.

[29] SBB-PK, Nachl. Joseph Kohler, Sign. 20 (Ro-Rz), 2.6.1908: „[...] wie der Herr Geheimrat aus den Aushängebogen ersehen haben werden, gebe ich dieser Publikation ein etwas bibliophiles Aussehen, es werden 500 Exemplare abgezogen, und handschriftlich nummeriert, und ich möchte den ersten 10 Exemplaren durch die eigenhändige Unterschrift des Herrn Geheimrates einen besonderen Wert verleihen."

[30] Die Rechtseinheit. Sammlung von Monographien auf dem Gebiete des geltenden, sowie des zur reichsgesetzlichen Regelung gelangten früheren Landesrechts und der vergleichenden Rechtswissenschaft, 1909 ff.

[31] SBB-PK, Nachl. Joseph Kohler, Sign. 20 (Ro-Rz), 10.2.1909: „[...] ich hoffe auch, dass Sie nichts dagegen haben, dass Herr Professor Dr. Stier-Somlo auf dem Umschlag (Rückseite des Titelblatts) als der redaktionelle Herausgeber in derselben Weise ausdrücklich bezeichnet wird, wie es in den Abhandlungen aus dem Staats-Verwaltungs- und Völkerrecht geschieht, die er in Gemeinschaft mit Herrn Geheimrat Zorn herausgibt. Das Umschlagsmuster füge ich mit der ergebenen Bitte um gelegentliche Rückgabe bei."

[32] SBB-PK, Nachl. Joseph Kohler, Sign. 20 (Ro-Rz), 17.10.1907.

[33] SBB-PK, Nachl. Joseph Kohler, Sign. 20 (Ro-Rz), 24.10.1907.

tegisch bedeutsamen Geschäftspartner, wenn es um die effiziente Verbreitung seiner Arbeiten ging. Mit Rothschild bekam Kohler einen Verleger an die Hand, der den Markt stets aufmerksam beobachtete und der ihm wichtige Impulse und Ratschläge frei Haus lieferte, wenn es um die eigene Werkproduktion und -vermarktung ging.

C. Verwertungsstrategien: Honorare und Zweitrechte

Genaue Einblicke eröffnet die Korrespondenz mit Rothschild auch über die konkreten Vertragsbedingungen. Das ist schon deshalb bedeutsam, weil detaillierte Daten zu Autorenhonoraren im Kaiserreich bislang nur vereinzelt vorliegen[34]. Schon der Vorsitzende des „Schutzverbandes deutscher Schriftsteller" stellte 1910 im Rahmen einer Umfrage fest, dass es über „jeden Stand [...] Statistiken, Tabellen, Untersuchungen über Einnahmen und Lebensführung" gebe, nur nicht für Autoren[35]. Daran hat sich im Grunde bis heute wenig geändert. Neuere Arbeiten zeigen, dass sich mit den im Kaiserreich deutlich größer gewordenen Verwertungsmöglichkeiten von Druckerzeugnissen aller Art auch die Praxis der Honorierung von Autorenleistungen änderte. Für den Großteil der Autoren ging der Trend dabei weg von Einmal-, Fest- und Garantiehonoraren und hin zu anteilig-erfolgsbasierten Vertrags- und Zahlungsformen, wie sie auch die Berner Übereinkunft zum Schutz von Werken der Literatur und Kunst von 1886 vorsah. Das für eine Bemessung der Autorenhonorare am tatsächlichen Verkaufserlös nötige Bezugskriterium wurde schrittweise aus der 1888 eingeführten Buchpreisbindung gewonnen, die auch das verlegerische Risiko der Amortisierung vorab gezahlter Gesamthonorare deutlich verringerte[36]. Für die Autoren wurde damit die Chance auf einen höheren Verdienst bei hohen Verkaufszahlen zugleich deutlich erhöht[37]. Das vielfältige Spektrum möglicher Honorierungsformen und Verwertungsmöglichkeiten hatte zur Folge, dass auch die Autoren dazu Aspekte wie Werbung, Buchausstattung, Vermarktungsformen oder die Akquisition von Rezensionen aktiv mitgestalteten. Bei Kohler ist das schon bei seinem Patentrecht von 1878 zu beobachten: Geschickt organisierte er dafür tatkräftig und erfolgreich Rezensionsplatzierungen, und thematisierte viele der dort behandelten Fragen noch einmal separat in Einzelaufsätzen[38].

---

[34] *Kuhbandner* (Fn. 7); *Parr/Schönert* (Fn. 7), 342–408, 372–375.

[35] Zit. nach *Parr/Schönert* (Fn. 7), 373.

[36] *Löhr*, Die Globalisierung geistiger Eigentumsrechte. Neue Strukturen internationaler Zusammenarbeit 1886–1952, 2010; *Kühnert*, Die Geschichte der Buchpreisbindung von ihren Anfängen bis ins Jahr 1945, 2009.

[37] *Parr/Schönert* (Fn. 7), 373 f.

[38] Siehe auch den Beitrag von *Obergfell* in diesem Band.

Auch im Verhältnis zu Rothschild wird schnell erkennbar, dass er die Klaviatur möglicher Honorarvariationen wie auch Zweitverwertungsformen beherrschte. Für das „Archiv für Rechts- und Wirtschaftsphilosophie" ließ sich Kohler neben dem Bogenhonorar als Autor auch ein erfolgsorientiertes Redaktions- wie auch ein Herausgeberhonorar auszahlen. Beide wurden an die Auflagenhöhe gekoppelt, so dass sich sein Jahresverdienst bis zum Ersten Weltkrieg von 48,75 Mark (1907) rasch auf 493,90 Mark (1914) erhöhte[39]. Auch bei den juristischen Monographien ließ er sich je nach Titel großzügig entlohnen. Für den „Unlauteren Wettbewerb" von 1914 zahlte ihm Rothschild ein Bogenhonorar von insgesamt 2.012,50 Mark aus, für sein „Lehrbuch der Rechtsphilosophie" pauschal 1.400 Mark[40]. Zum Vergleich: das monatliche Bruttogehalt eines Reichsgerichtsrates lag um 1900 bei 1.075 Mark inklusive Wohnungsgeldzuschuß[41]. Unterm Strich dürfte Kohler beim Honorar besser weggekommen sein als viele seiner juristischen Kollegen. Es finden sich zahlreiche Briefkorrespondenzen, in denen er sich höhere Honorare verbuchen ließ und nicht selten ließ sich Rothschild „tale quale" darauf ein[42].

Im Verhältnis zur „schönen Literatur" im Kaiserreich, die Birgit Kuhbandner eingehend untersucht hat, muss man Kohler sogar generell ein überdurchschnittliches Autorenverdienst zuschreiben. In der Belletristik waren auch bei bekannteren Schriftstellern wie Stefan Zweig oder Arthur Schnitzler Druckkostenbeteiligungen üblich; das erfolgsabhängige Honorar bildete zwar deutlich den Trend der Zeit, setzte sich aber keinesfalls vollständig durch. Gerade bei jungen Autoren stellte der Verzicht auf Honorare einen üblichen Weg zur Publikation eigener Werke dar. Ergänzend oder alternativ bot sich die Beteiligung der Autoren an den Produktionskosten an[43]. Bei einer Auflage von 500 bis 1000 Exemplaren kalkulierten die Verleger gegenüber den Autoren 1904 offen mit Gesamtkosten in Höhe von 40–60 Mark pro Bogen, um anschließend den Autoren ein Bogenhonorar von 25 Mark pro Bogen anzubieten[44].

Bei Kohler ergab sich ein komplett anderes Bild: Rothschild musste 1912 mit Kohler allein für dessen Neuauflage des „Shakespeare vor dem Forum der Jurisprudenz" ein Bogenhonorar von 60 Mark pro Bogen bei einer geplanten Auflage von 1200 Exemplaren akzeptieren. Allerdings wurde Rothschild schnell klar, dass das Geschäft mit Kohler auch Risiken barg. Er

[39] SBB-PK, Nachl. Joseph Kohler, Sign. 20 (Ro-Rz), 10.10.1907 u. 12.1.1915.

[40] SBB-PK, Nachl. Joseph Kohler, Sign. 20 (Ro-Rz), 6.11.1913 u. 28.2.1917.

[41] *Müller*, Die Hüter des Rechts. Die Stellung des Reichsgerichts im Deutschen Kaiserreich 1879–1918, 1997, 94.

[42] SBB-PK, Nachl. Joseph Kohler, Sign. 20 (Ro-Rz), 10.10.1907.

[43] Weitere Beispiele bei *Kuhbandner* (Fn. 7), 214–217, 217.

[44] *Kuhbandner* (Fn. 7), 221.

realisierte das Projekt zwar, wollte die zweite Hälfte des vereinbarten Honorars von 60 Mark pro Bogen aber erst bezahlen, wenn 600 Exemplare abgesetzt waren. Später bat er Kohler, statt des Bogenhonorars ein Pauschalhonorar zu akzeptieren, um „in der Ausstattung freie Hand zu haben", und statt Großoktav ein mittleres Oktav zu wählen[45]. Das hätte für ihn die Herstellungskosten zweifellos verringert und damit die Risiken minimiert. Kohler ließ sich nach einigem Zögern darauf ein. Als Rothschild aber später erfahren musste, dass ein Restposten von 300 Exemplaren von Kohlers „Shakespeare's Verbrechertypen" vom Antiquariat Fock verramscht wurde, kann er seinen Unmut gegenüber Kohler kaum verbergen:

„Im Hinblick auf die von Ihnen beabsichtigte Neuauflage Ihres Werkes ‚Shakespeare vor dem Forum der Jurisprudenz', welche in meinem Verlage erscheinen soll, ist es ausserordentlich unangenehm, dass das vorgenannte Werk […] nunmehr vom Antiquariat zum ermässigten Preise angeboten werden wird. War es nicht möglich, dies zu verhindern?"[46]

Für den „Laotse" mit gerade einmal 93 Seiten operierte Rothschild dagegen vorsichtiger und hier verständigte man sich rasch auf ein Pauschalhonorar von lediglich 200 Mark[47]. Kohler ging geschickt an die Grenze dessen, was seiner Stellung als Wissenschaftsautor angemessen war, und was ein noch junges Verlagshaus verkraften konnte.

Natürlich bauschte Rothschild die Enge des finanziellen Spielraums mitunter geschickt auf, um sich an anderer Stelle neue Verhandlungsoptionen zu eröffnen. Kohlers Honorarvorschlag für eine Aufsatzsammlung akzeptierte Rothschild zwar, aber nicht ohne im Gegenzug ein knapp darunter liegendes Pauschalhonorar von 180 Mark anzubieten, „um eine spätere Umrechnung zu vermeiden"[48]. Das galt auch für den Umgang mit Zweitverwertungsrechten, die Rothschild als Ausgleich erwartbarer Defizite mitunter frühzeitig ins Spiel brachte: Als mit dem besagten Archiv Anfang August 1907 grundsätzlich alles unter Dach und Fach war, versuchte Rothschild wiederum die Zweitverwertungsrechte für Sonder- und Sammelausgaben des Archivs zu erhalten. Denn schon damals war, so Rothschild in einem Brief an Kohler, ein

„wißenschaftliches Archiv […] meistens nicht sehr rentabel, so daß der Verlager [sic!] sich freut, wenn er gelegentlich auf diese Weise einen Zuschuß zu seinen Kosten erfährt. Würden Sie daher mit der Faßung wie folgt einverstanden sein: den für das Archiv erworbenen Manuscripten behält sich die Verlagsbuchhandlung das Recht der Verwertung für Sonder= und Sammel-Ausgaben vor?"[49]

[45] SBB-PK, Nachl. Joseph Kohler, Sign. 20 (Ro-Rz), 14.11.1912.
[46] SBB-PK, Nachl. Joseph Kohler, Sign. 20 (Ro-Rz), 3.1.1913.
[47] SBB-PK, Nachl. Joseph Kohler, Sign. 20 (Ro-Rz), 2.6.1908.
[48] SBB-PK, Nachl. Joseph Kohler, Sign. 20 (Ro-Rz), 10.10.1907.
[49] SBB-PK, Nachl. Joseph Kohler, Sign. 20 (Ro-Rz), 7.8.1907.

Kohler ging darauf zwar nicht ein, kam seinem Verleger aber insoweit entgegen, als er vertragliche Lösungen in der Zukunft nicht ausschloss. Unproblematisch verlief dagegen die Lizenzierung von Auszügen aus seiner Rechtsphilosophie in „wissenschaftlichen Volksbüchern für Schule und Haus“, die für Rothschild einen willkommenen Nebenverdienst darstellte[50].

Ebenso schien Kohlers internationales Ansehen bestens dazu geeignet, durch den Verkauf von Übersetzungsrechten zusätzlich zu profitieren. Das bot sich insbesondere bei seinem „Lehrbuch der Rechtsphilosophie“ an, dessen Thesen u.a. in Japan Bekanntheit erlangte. Japan sei für die deutsche Rechtswissenschaft „ein sehr jungfräulicher Boden“, schrieb Rothschild am 20. August 1909 an Kohler, schließlich habe man dort bereits 10 Abonnenten des Archivs gewinnen können. Allerdings musste Rothschild erst einmal sicherstellen, dass Kohler nicht selbst „das Uebersetzungsrecht unentgeltlich aus der Hand“ gab, ohne das ein Erscheinen sichergestellt sei[51]. Kohler, der 1886 einen Ruf auf eine dreijährige Professur in Tokio erhalten hatte, stellte hier offenbar aus persönlicher Verbundenheit mit japanischen Kollegen die kommerziellen Interessen des Verlegers kurzerhand hinten an. Als ein Anteil von 5 % anvisiert war, statt einer gewünschten Einmalzahlung, hielt Rothschild dieses Angebot „durchaus nicht für günstig“, lenkte aber ein, „falls der Herr Geheimrat dies für richtiger halten“[52].

Die langfristige Sicherstellung einer guten Autor-Verleger-Beziehung schien auch hier wichtiger als der kurzfristige Gewinn. Das galt auch für den wenig schmeichelhaften Abverkauf von Verlagsrechten, um Ladenhüter loszuwerden. Die schon angesprochene Essaysammlung „Aus vier Weltteilen“ stand hier bereits drei Jahre später zum Verkauf[53]. Im Erfolgsfall sicherte Rothschild Kohler zu, einen Teil des Gewinns an ihn weiterzuleiten – ein auch im damaligen Verlagsgeschäft ungewöhnlicher Vorschlag, von dem wir auch nicht wissen, ob er tatsächlich realisiert wurde. Aber er zeigt, wie bedeutsam Kohler für den Verleger Rothschild war und dass er auf ihn auch weiterhin nicht verzichten konnte.

---

[50] SBB-PK, Nachl. Joseph Kohler, Sign. 20 (Ro-Rz), 19.10.1912.

[51] SBB-PK, Nachl. Joseph Kohler, Sign. 20 (Ro-Rz), 20.8.1909: „Ich bin selbstverständlich gern bereit, Ihren diesbezüglichen Wünschen nachzukommen, nur würde ich mich gern persönlich einmal mit Herrn Dr Yamaoka unterhalten, ob auch das Erscheinen des Werkes sicher gestellt ist. Denn es wäre doch auch für Sie ärgerlich, wenn Sie das Uebersetzungsrecht unentgeltlich aus der Hand gegeben hätten, und das Buch würde dann in der japanischen Uebersetzung nicht mehr erscheinen können.“

[52] SBB-PK, Nachl. Joseph Kohler, Sign. 20 (Ro-Rz), 25.11.1910.

[53] SBB-PK, Nachl. Joseph Kohler, Sign. 20 (Ro-Rz), 26.5.1910: „Da wir über die Verlagsrechte seiner Zeit zur Hauptsache mündlich verhandelt haben, bin ich mir nicht ganz sicher, ob ich über die Verlagsrechte in dieser Weise verfügen darf. Bevor ich in derartiger Verhandlungen eintrete, möchte ich mich daher gern Ihrer Zustimmung vergewissern. Ich hoffe, dass sich der Verkauf wird ermöglichen lassen, da der Absatz des Buches recht gering war, und ich wesentliche Restbestände nicht absetzen konnte.“

Insgesamt dürften Kohlers literarische Arbeiten keine Erfolgsgarantie für das junge Verlagshaus gewesen sein. In bestimmten Bereichen wie dem Patent-, Urheber- oder Markenrecht hatten seine Werke freilich Gewicht, und hier waren seine Bücher und Beiträge überaus willkommen, die Rendite gesichert und hohe Honorare verkraftbar. Dem stehen aber auch seine nichtjuristischen Schriften gegenüber, die für den Verlag vor allem aus strategischen Gesichtspunkten zwar mitgetragen wurden, die aber unternehmerisches Geschick erforderten, um die Risiken zu minimieren. Hier stellte sich Kohler – soweit erkennbar – keineswegs quer, sondern kam seinem Verleger durchaus entgegen. Insgesamt begegnet uns damit kein Autor-Verleger-Verhältnis, indem der Verleger den entscheidenden Erfahrungsvorsprung besaß, der in der Regel auf einer besseren Marktübersicht beruhte. Anfangs war die Situation zwischen Kohler und Rothschild geradezu umgekehrt: Kohler, der ohnehin im Urheber- und Verlagsrecht bestens ausgewiesen war, verfügte über die längere Erfahrung im juristischen Publikationsmarkt und setzte seine Maßstäbe nicht selten durch. Erst allmählich entwickelte Rothschild eigene Strategien, um Kosten und Risiken zu minimieren.

D. Dynamiken im Wissensmarkt des Kaiserreichs

Unter den wissenschaftlichen Autoren des Kaiserreichs stand Josef Kohler zweifellos an exponierter Stelle. Er publizierte in zahlreichen juristischen Fachzeitschriften, trat als Herausgeber oder Buchautor in Erscheinung, war zudem in diversen Tageszeitungen, Familienblättern und Gesellschaftsjournalen (u.a. Berliner Morgenpost, Berliner Tageblatt, Die Frau, Gegenwart, Neue Badische Landeszeitung, Roter Tag, Westermanns Monatshefte, Vossische Zeitung) präsent. Nicht nur mit seinen anthropologischen und rechtsvergleichenden Arbeiten bediente Kohler seit längerem das öffentliche Interesse am Neuen und Fremden, sei es über die deutschen „Schutzgebiete“, sei es in einer durch den technischen Fortschritt scheinbar immer enger zusammenwachsenden Welt. Und keineswegs standen nur juristische Themen im Vordergrund.

Kohler gehörte damit zu den Popularisierern von Wissen, also jenen akademischen Autoren, die sich nicht nur als abgeschottet schreibende Spezialisten verstanden, sondern auch gegenüber einer breiteren Öffentlichkeit als Gelehrte und Aufklärer inszenierten. Popularisierende Sachautoren wie Kohler waren im Kaiserreich keineswegs ungewöhnlich, wie auch andere prominente Beispiele belegen[54]. Der Anteil von Wissenschaftlern an der da-

[54] *Mojem*, Literaturbetrieb und literarisches Selbstbewußtsein. Der Briefwechsel Wilhelm Raabes mit Eduard Engel. In: Jahrbuch der Raabe-Gesellschaft, 1995, 27–87; *Parr/Schönert* (Fn. 7), 385; siehe auch den Beitrag von *Kraus* in diesem Band.

maligen Autorenschaft war beachtlich: Eine Auswertung der Namenseinträge in Kürschners Deutschem Literatur-Kalender für das Jahr 1895 ergab bei nahezu 14.000 Einträgen ca. 6.280 für wissenschaftliche und Fachschriftsteller[55]. Rückblickend resümiert das SPD-Vorstandsmitglied für Verlagswesen und Pressearbeit Adolf Braun, „wächst die wissenschaftliche Arbeit aus der Isolierung der Studierstube heraus und nimmt Anteil an der geistigen Unterrichtung des Volkes. Was ein Faraday und andere Engländer begonnen hatten, die Universitätsausdehnungsbewegung, ist heute eine internationale Erscheinung und wirkt auch auf Art und Stil bei der Publizierung wissenschaftlicher Arbeit. Das Streben, einen möglichst großen Kreis von Menschen zu unterrichten, dürfte wohl zu den Wesenheiten einer Epoche der Wissenschaft, die schon eingesetzt hat, gehören“[56]. Die Publikationsbreite, auch die Vielfalt an Periodika, die Kohler bediente, waren im Kaiserreich also keineswegs ungewöhnlich; und noch waren die Gepflogenheiten in diesem wachsenden Segment erst im Entstehen, eine „wissenschaftliche Publikationskultur“, wie sie heute vielleicht selbstverständlich ist, noch keineswegs etabliert.

Möglich gemacht hat diese Expansion der Wissensproduktion und -verbreitung auch ein tiefgreifender Wandel in den Produktionsbedingungen des Buch- und Zeitschriftenmarktes selbst. Trotz einer nur unvollständigen Datenlage lassen sich auf dem Gebiet des Buch- und Verlagswesens deutlich jene Expansionstendenzen und Strukturwandlungen erkennen, die auch in anderen Sektoren und Branchen des Kaiserreichs zum Tragen kamen: Die deutsche Buchproduktion stieg von der Mitte bis zum Ende des 19. Jahrhunderts um mehr als das Doppelte. Entsprechend vermehrte sich die Zahl der Buchverlage (zwischen 1865 und 1880 von 668 auf 1238) und der Buchhandlungen (zwischen 1840 und 1860 allein in Berlin um das Doppelte)[57]. Die Ursache für diese Dynamik lag zum einen in der zunehmenden Nachfrage nach Druckerzeugnissen, was mit dem Anstieg der Lesefähigkeit, aber auch mit einem wachsenden Informationsbedürfnis einer sich zunehmend emanzipierenden Gesellschaft zu tun hatte. Zum anderen verbesserten sich aber auch die Herstellungstechniken ganz erheblich, um diesen dynamisch wachsenden Massenmarkt bedienen zu können: neue Möglichkeiten der Papiererzeugung, die Beschleunigung und Vereinfachung des Druck-, Gieß- und Setzvorgangs, neue Bilddruckverfahren, schließlich der Bindevorgang bis hin zum maschinengefertigten Verlagseinband[58]. Diese veränderten Produktionsbedin-

---

[55] *Kleemann*, Zwischen symbolischer Rebellion und politischer Revolution. Studien zur deutschen Boheme zwischen Kaiserreich und Weimarer Republik, 1985, 31.

[56] Zit. nach *Parr/Schönert* (Fn. 7), 385–387, 385.

[57] *Wittmann*, Buchmarkt und Lektüre im 18. und 19. Jahrhundert. Beiträge zum literarischen Leben 1750–1880, 1982, 111–123, insb. 116/119; *Rarisch*, Industrialisierung und Literatur, 1976, 40–75, 57.

[58] *Kuhbandner* (Fn. 7), 31–39, 35; *Gerhardt*, Buchkultur und Drucktechnik im 19. Jahr-

gungen ermöglichten gegen Ende des 19. Jahrhunderts den Eintritt in eine Massenproduktion von Wissen, die sich nicht nur auf die Verlags-, Schreib- und Lesekultur, sondern auch auf die Autoren-Verleger-Beziehung auswirken musste.

Die Forschung zur Buchhandelsgeschichte hat in dem „hohen Grad der Kommerzialisierung" des literarischen Lebens im Vorfeld der Reichsgründung bereits eine Zäsur gesehen. Mit der Expansion neuer Publikationsformen wie etwa der Familienblätter und Romanreihen, letztlich der Buchverlage insgesamt, verbesserten sich auch die materiellen Möglichkeiten für viele Autoren ganz erheblich, weil diesem Prozess letztlich auch eine stetig steigende Nachfrage zugrunde lag[59]. Der Schwerpunkt der Entwicklung lag deutlich bei den Periodika, die die Herstellung geeigneter Textgattungen (etwa eine „Novelle") gewerbsmäßig vorantrieben und für „bestellte" oder „angefragte" Ware zahlten. In diesem Umfeld wurde auch der Autor zunehmend in übergreifende Strukturen der Arbeitswelt eingebunden und „diszipliniert": Sie lieferten auf Bestellung nach bestimmten Vorgaben abgrenzbare Textmengen zu vorab festgelegten Terminen wie das Weihnachtsgeschäft oder zum Redaktionsschluss einer Zeitschriftennummer[60]. Verleger, Herausgeber und Redaktionen nahmen zunehmend die Rolle eines Auftraggebers, ja Arbeitgebers an, die den Autor demgegenüber eher als Arbeitnehmer, denn als freischaffenden Künstler oder unabhängigen Wissenschaftler erscheinen lassen[61].

Auf der Autorenseite führten diese Veränderungen zu einer Ausdifferenzierung und Diversifizierung ihrer Textproduktion. Exemplarisch veranschaulichen lässt sich das an Theodor Fontane, der kaum noch als Autor eines allein erzählerischen Werkes und damit als eine aus einem traditionellen Dichterverständnis resultierende Einheit verstanden werden kann, sondern in dem verschiedene Autorrollen zusammenlaufen: Journalist, Auslandskorrespondent, Kriegsberichterstatter, Reiseschriftsteller, Balladendichter, Theaterkritiker, Rezensent[62]. Der im 18. Jahrhundert noch weitgehend au-

---

hundert, in: Raabe et al., Gutenberg. 550 Jahre Buchdruck in Europa, 1990, 131–141; *Rarisch* (Fn. 57).

[59] *Wittmann* (Fn. 57), 123–153 u. 192–231.

[60] Davon zeugen die Verlegerkorrespondenzen und autobiographischen Äußerungen Wilhelm Raabes oder Theodor Fontanes, vgl. *Koller*, Wilhelm Raabes Verlegerbeziehungen, 1994; *Denkler*, Wilhelm Raabe. Legende – Leben – Literatur, 1989, 141–148; zu den zahlreichen Auftragsbeziehungen Fontanes zu Zeitungen und Zeitschriften *Berbig*, Theodor Fontane im literarischen Leben. Zeitungen und Zeitschriften, Verlage und Vereine, 2000.

[61] *Fred*, Literatur als Ware. Bemerkungen über die Wertung schriftstellerischer Arbeit, 1911, 7 f.

[62] *Helmstetter*, Die Geburt des Realismus aus dem Dunst des Familienblattes. Fontane und die öffentlichkeitsgeschichtlichen Rahmenbedingungen des Poetischen Realismus,

tonom gedachte „Dichter aus Berufung" ist unter den ökonomisch-literarischen Produktionsbedingungen des späten 19. Jahrhunderts zum Ort der Bündelung derjenigen Möglichkeiten geworden, die der zeitgenössische Literaturbetrieb bot[63].

Diese Transformations- und Anpassungsprozesse machten auch vor dem juristischen Publikationsmarkt nicht halt. Und auch hier sind ganz ähnliche Entwicklungen zu beobachten, die für das Verständnis von Kohlers Werkschaffen nicht unwichtig sind. Veranschaulichen lässt sich das bereits anhand des juristischen Zeitschriftenmarktes: Dominierten um die Jahrhundertmitte noch weitgehend jährlich oder halbjährlich erscheinende Jahrbücher oder Archivzeitschriften den juristischen Markt, entstehen gegen Ende des Jahrhundert zunehmend monatlich oder sogar wöchentlich erscheinende „Zeitschriften" oder „Wochenschriften": „Deutsche Juristenzeitung", „Juristische Wochenschrift", „Leipziger Zeitschrift", „Central-Blatt des Handelsrechts", „Rundschau für Steuerrecht" usw.[64] Entsprechend wandelte sich der Umfang des einzelnen Heftes und mit ihm der Umfang der einzelnen Beiträge. Der Mannheimer Rechtsanwalt Max Hachenburg nannte das 1927 rückblickend „Juristische Journalistik". Nicht „Perlen juristischer Literatur" wie noch zu Zeiten Jherings oder Goldschmidts seien darin enthalten, sondern es würden „neue rechtliche Gebilde" darin „rechtlich gewürdigt", nicht mehr, als „die gute Tagespresse auf politischem Gebiet" vollbringe[65]. Das hatte zunächst etwas mit einem veränderten Lese- und Nachfrageverhalten der Juristen selbst zu tun, vor allem der ansteigenden Zahl von Anwälten und Syndici, auch einem Ausbau der Richterschaft. Beide Berufsgruppen waren zunehmend an einer raschen und zuverlässigen Information über aktuelle Rechtsentwicklungen interessiert. Es sind aber auch die Verleger und die damals nicht selten mit ihnen eng verbundenen oder, wie im Fall von Otto Liebmann und seiner „Deutschen Juristenzeitung", sogar identischen Schriftleiter, die ihre Zeitschriften primär nach unternehmerischen Gesichtspunkten organisierten und den Markt nachfrageorientiert bedienten. Schriftleitung und Herausgeber begannen, sich aktiv an potentielle Autoren zu wenden und Aufsätze zu einem bestimmten Thema zu erbitten, nicht selten unter Vorgabe einer bestimmten Seiten- oder Spaltenzahl. Herausgeber wurden in diesem Umfeld zunehmend zur „zierende[n] Aufschrift, die Garanten für den Inhalt und die würdige Form"[66].

1997, 13–37, insb. 14 u. 23 f.; *Berbig*, Theodor Fontane im literarischen Leben. Zeitungen und Zeitschriften, Verlage und Vereine, 2000.

[63] *Parr/Schönert* (Fn. 7), 356; *Helmstetter* (Fn. 62), 20, 37–46.

[64] Stolleis (Hrsg.), Juristische Zeitschriften: die neuen Medien des 18.–20. Jahrhunderts, 1999; ders. (Hrsg.), Juristische Zeitschriften in Europa, 2006.

[65] *Hachenburg*, Lebenserinnerungen eines Rechtsanwalts und Briefe aus der Emigration, 1978, 132–145, 133/134.

[66] *Hachenburg* (Fn. 65), 134.

Auch das Verlagshaus Rothschild macht hier keine Ausnahme: Kohler war von Anfang an als „Zierde des Verlages“ akquiriert worden, seine für die Rechtspraxis relevanten Themen und Expertisen sollten auf eine größtmögliche Leserschaft abzielen und gute Absatzbedingungen sicherstellen. Allerdings wäre es zu kurz gegriffen, strategische Interessen allein bei Rothschild zu unterstellen. Wie auch andere wissenschaftliche Autoren des Kaiserreichs lässt sich Kohler gut als „Wissensschaftsmanager“ beschreiben[67]. Das Beispiel des Archivs für Rechts- und Wirtschaftsphilosophie mit einer angegliederten „Internationalen Vereinigung“ zeigt exemplarisch, dass er Zeitschriften und Organisationen gezielt für die Verbreitung seiner Lehren, aber auch strategische Überlegungen nutzte, um sich in seinem eigenen Fach, aber auch international zu profilieren. Vermögensinteressen dürften für ihn eine eher nachrangige Rolle gespielt haben. In diesem Bestreben unterschied er sich keineswegs von anderen Kollegen, die ihn wegen dieser Popularisierung von Wissen mitunter sogar kritisiert haben.

Kohler entschied stets autonom, ob, was und wie er publizierte, hatte aber gegenüber neuen, auch populärwissenschaftlichen Gazetten und Zeitschriften, auch gegenüber Zweitverwertungen keine Berührungsängste, diente es doch stets der eigenen Bekanntheit und damit auch dem eigenen „Marktwert“. Wie stark sein Name bereits in bestimmten Bereichen zur „Marke“ geworden war, belegen die zahlreichen Anfragen für Beiträge, Monographien und Sammelbände, nicht selten mit gezielten Themenvorschlägen, bei denen offenbar nicht nur die wissenschaftliche Autorität des Autors, sondern auch die Interessen der Leserschaft tonangebend waren. Kohler dürfte das wachsende Interesse an ihm, die Nachfrage nach seiner Expertise gegenüber juristischen oder rechtspolitischen Fragen aufmerksam wahrgenommen haben.

Im Verhältnis zu Rothschild kann Kohler kaum als abhängiger Autor beschrieben werden: Im verhandelbaren Spektrum an Honorierungsformen und Verwertungsmöglichkeiten operierte Kohler durchaus versiert, auch in eher autorfremden Bereichen wie der Werbung, Buchausstattung, Vertriebsformen, Akquisition von Rezensionen etc. war er früh aktiv und agierte keineswegs ungeschickt. Das lässt sich auch bei den Honoraren gut veranschaulichen: Im Verhältnis von Rothschild und Kohler finden sich bemerkenswert viele Varianten der Autorenvergütung, etwa erfolgsbasiert wie beim Archiv oder der Zweitauflage seines „Shakespeare vor dem Forum der Jurisprudenz“, bis hin zu pauschalen Bogen- oder Werkhonoraren, einschließlich nachträglicher Anpassungen und wochenlanger Aushandlungsprozesse. Auf der anderen Seite wurde für Rothschild seine Rechtsphilosophie im Umfeld

[67] Ebenso und mit weiteren Beispielen *Seckelmann* in diesem Band.

des Neuhegelianismus durchaus zu einer „Sammelstätte", die sich für das Verlagshaus auch nach 1918 auszahlen sollte[68].

Rothschild und Kohler waren nicht nur Vertragspartner zwecks Drucklegung von wissenschaftlichen Manuskripten, wie sie heute wie damals üblich sind. Beide gingen vielmehr eine dauerhafte geschäftliche Symbiose ein, um die sich bietenden Chancen in einem sich dynamisch wandelnden Buchmarkt effizient zu nutzen. Der junge Verlagsunternehmer profitierte von Kohlers Namen, seiner Reputation und dem breiten Spektrum seiner Themen und Interessen, der Wissensproduzent Kohler von einem aufstrebenden Verlagshaus, das unterschiedliche Kommunikationsformate, auch solche mit einem nicht unbeträchtlichen Risiko, rasch realisierte, um seine Ideen möglichst breit zu streuen. Doch diese Produktivität hatte auch Defizite: Manches entpuppte sich als Flop, aber nicht nur weil es dem eiligen Verlangen von Verlagen und Herausgebern geschuldet war, sondern weil Kohler auch seine Leserschaft unter-, vielleicht auch überschätzte. Kohler war aber sicher kein Einzelfall. Auch andere Wissenschaftler machten sich die vielfältigen medialen Strukturen zunutze, veröffentlichten keineswegs nur in wissenschaftlichen Periodika oder nutzten vielfältige Honorar- und Vertriebsformen.

Vor diesem Hintergrund erscheint die bemerkenswerte Vielzahl seiner Veröffentlichungen in einem anderen Licht. Zwar nahm auch Kohler nicht jede Anfrage an, aber im Vergleich doch häufiger als andere ließ er sich darauf ein; und für ihn waren qualitative Aspekte oder ein hoher wissenschaftlicher Anspruch mitunter nachrangig. Sicher war er keiner, der ein Manuskript noch einmal liegen ließ, bevor es zu früh erscheint. Seine Themenvielfalt und die schier ungebremste Arbeits- und Publikationswut machten ihn schon zu seinen Lebzeiten zum „bunten Hund" unter den Professoren, und er gefiel sich offenbar darin. Das zeigen auch die zahlreichen Kuriositäten, die sich in seiner Bibliographie finden, vom „Recht auf den Vollbart"[69] bis zu einer „Marsreise"[70] – letzteres von seinem Sohn als „humoristische Skizze" kategorisiert. Die enorme Produktivität nicht nur juristischer, sondern gesellschaftspolitischer Themen machte auch Herausgebern und Verlegern deutlich, dass seine Produktivität durchaus Leserinteressen weckte und steigende Nachfrage erzeugen konnte, auch und gerade weil er ein schneller und zuverlässiger Textlieferant war. Beides bedingte sich, und kam den beschriebenen Logiken des juristischen Publikationsmarktes im Kaiserreich durchaus entgegen, dessen Gepflogenheiten und Grenzen für die Wissenschaft sich noch in einer Erprobungsphase befanden. Das wird gerne übersehen, wenn Kohlers Werknachlass unausgesprochen an heutigen Maßstäben und Ge-

---

[68] *Bettmann* (Fn. 8), 17–44, 22.

[69] Berliner Tageblatt v. 25.1.1914.

[70] Marsreise, in: Vom Lebenspfad. Gesammelte Essays, 1902, 151–157 (zuvor in Vossische Zeitung v. 1.1.1892, 1. Beilage).

wohnheiten gemessen wird. Seine wechselvollen, sprunghaften, auch redundanten Inhalte waren freilich selbstverschuldet, aber auch den damaligen Logiken und Dynamiken geschuldet; geschadet hat es ihm, nach allem was wir wissen, nicht.

Autorenverzeichnis

PD Dr. *Peter Collin*, Forschungsfeldkoordinator am Max-Planck-Institut für Rechtsgeschichte und Rechtstheorie, Frankfurt am Main.

Prof. Dr. *Hans-Peter Haferkamp*, Inhaber des Lehrstuhls für Bürgerliches Recht, Neuere Privatrechtsgeschichte und Deutsche Rechtsgeschichte, Universität zu Köln.

Prof. Dr. *Diethelm Klippel*, ehem. Inhaber des Lehrstuhls für Bürgerliches Recht und Rechtsgeschichte, Universität Bayreuth.

Prof. Dr. *Hans-Christof Kraus*, Inhaber des Lehrstuhls für Neuere und Neueste Geschichte, Universität Passau.

Prof. Dr. *Gabriele Metzler*, Inhaberin des Lehrstuhls für die Geschichte Westeuropas und der transatlantischen Beziehungen, Humboldt-Universität zu Berlin.

Prof. Dr. *Eva Inés Obergfell*, Inhaberin des Lehrstuhls für Bürgerliches Recht, Gewerblichen Rechtsschutz und Urheberrecht, Internationales Privatrecht und Rechtsvergleichung, Humboldt-Universität zu Berlin.

Prof. Dr. *Louis Pahlow*, Inhaber des Lehrstuhls für Neuere und Neueste Rechtsgeschichte, Zivilrecht und Gewerblichen Rechtsschutz, Goethe-Universität Frankfurt am Main.

Prof. Dr. *Margrit Seckelmann*, Geschäftsführerin des Deutschen Forschungsinstituts für öffentliche Verwaltung, Speyer.

Grundlagen der Rechtswissenschaft

herausgegeben von
Marietta Auer, Horst Dreier und Ulrike Müßig

Die Schriftenreihe *Grundlagen der Rechtswissenschaft* (GRW) widmet sich Fragen nach den Grundlagen des Rechts, aber auch Rechtsfragen allgemeinerer Art. Die Entwicklung der Rechtswissenschaft wird nicht nur von den Einzeldisziplinen und ihren Nebengebieten getragen, sondern entscheidend auch durch historische, philosophische, soziologische und methodische Fragestellungen bestimmt. Rechtsgeschichte, Rechtsphilosophie, Rechtssoziologie und Rechtstheorie ist gemeinsam, daß sie das Recht selbst zum Gegenstand ihrer Forschung machen und sich so auf ihre je eigene Art mit den Grundlagen des Rechts beschäftigen. Diese Fragen sind bei der täglichen Arbeit der Juristen, auch der der Rechtswissenschaftler, vielfach aus dem Blick geraten. In Zeiten, in denen sich auch die Rechtswissenschaft immer weiter ausdifferenziert, droht damit ein eher an der Oberfläche bleibendes, zusammenhangloses Nebeneinander. Die Auseinandersetzung mit Grundlagen sensibilisiert demgegenüber für die Abhängigkeit des Rechts von der Entwicklung der eine Rechtsordnung tragenden Gesellschaft, weckt Verständnis für Zusammenhänge und gibt Orientierung im Dickicht zahlloser Einzelfragen.

ISSN: 1614-8169
Zitiervorschlag: GRW

Mohr Siebeck
www.mohrsiebeck.com